Das Weimar-Experiment

Walter Mühlhausen

Das Weimar-Experiment

Die erste deutsche Demokratie 1918–1933

DIETZ

Umschlagbild: Feier zum 75. Jahrestag der Eröffnung der Nationalversammlung von 1848 in der Paulskirche von Frankfurt: Massenauflauf am 18. Mai 1923 auf dem Frankfurter Römerberg.

Bibliografische Information der Deutschen Nationalbibliothek
Die Deutsche Nationalbibliothek verzeichnet diese Publikation in der Deutschen Nationalbibliografie; detaillierte bibliografische Daten sind im Internet über http://dnb.dnb.de abrufbar.

ISBN 978-3-8012-4261-9
1. Auflage 2019

Verlag J. H. W. Dietz Nachf. GmbH
Dreizehnmorgenweg 24, 53175 Bonn
Umschlag: Jens Vogelsang, Aachen
Layout: Petra Strauch, Bonn
Druck und Verarbeitung: CPI books, Leck

Printed in Germany 2019

Besuchen Sie uns im Internet: *www.dietz-verlag.de*

Inhalt

Einleitung

Ostersonntag 1914. An diesem 12. April verkündet der 55-jährige Kaiser Wilhelm II. in seiner Thronrede vor dem Reichstag umfangreiche Verfassungsreformen. Er hebt alle Wahlrechtsbeschränkungen auf und erklärt das gleiche und geheime Wahlrecht für Männer und Frauen für allgemeinverbindlich. Das die wachsende Arbeiterschaft eklatant benachteiligende preußische Dreiklassenwahlrecht soll ebenso wie das ungerechte Mehrheitswahlsystem des Reiches durch ein alle Stimmen berücksichtigendes Verhältniswahlrecht ersetzt werden. Sogleich erklärt er, dass nunmehr die Regierung aus dem Parlament erwachse und der Reichskanzler künftig nicht mehr von ihm ernannt, sondern vom Reichstag gewählt werde und nur diesem verantwortlich sei. Dabei dürfe die stärkste Fraktion, die SPD, nicht von der Mitbestimmung ausgeschlossen, sondern müsse, da hinter ihr ein Drittel der Wähler steht, führend in die Regierung eingebunden werden. Als Monarch wolle er künftig fast nur noch repräsentative Aufgaben wahrnehmen. Vor dem vollbesetzten Haus erklärt er weiterhin die Flottenrüstung für beendet und kündigt außenpolitisch eine Phase der Entspannung, innenpolitisch eine Periode des sozialstaatlichen Ausbaus in Fortführung der Bismarck'schen Sozialgesetzgebung an. Beim anschließenden Zusammentreffen mit führenden Sozialdemokraten fordert er diese zur Regierungsteilnahme auf. Die beiden Vorsitzenden Friedrich Ebert und Hugo Haase erklären sich dazu bereit, und für den linken radikalsozialistischen Flügel bekundet Karl Liebknecht angesichts der baldigen umfassenden Reformen den Verzicht auf umstürzlerische Bestrebungen. Die erzkonservative »Neue Preußische Zeitung (Kreuz-Zeitung)«, bis dahin der Sozialistenfresser par excellence, zollt den Neuerungen Beifall.

Nachdem es der neuen zivilen und der alten militärischen Führung im Juli/August des Jahres gelungen ist, den Bündnispartner Österreich-Ungarn von einem Waffengang gegen Serbien abzuhalten, und die Krise zur Bildung multilateraler Sicherheitspakte nutzt, geht das demokratische Kaiserreich vor dem Hintergrund wirtschaftlicher Prosperität und gesellschaftlicher Nivellierung unter Fortsetzung der um die Jahrhundertwende begonnenen Modernisierung einer glücklichen Entwicklung entgegen. Alles in allem: Deutschland stehen rosige Zeiten bevor. Was für eine Geschichte! Aber sie ist eine kontrafaktische Erzählung. So lief die Entwicklung im wilhelminischen Deutschland eben nicht ab.

Es bedurfte eines Weltkriegs, bis der sich in Pomp und Pose sonnende Wilhelm II. Ostern 1917 demokratische Reformen ankündigte. Und es bedurfte erst der deutschen Niederlage in dem mehr als vierjährigen Weltenbrand, um die Regierung auf parlamentarische Füße zu stellen und die ausgegrenzten Sozialdemokraten mit ins Boot zu nehmen. Doch es war zu spät, viel zu spät, denn das unzufriedene und ausgemergelte Volk nahm das Heft in die Hand und stürzte die Monarchie. Wäre der Kaiser vier Jahre zuvor zu der Einsicht von der Notwendigkeit der Reformen gelangt, wer weiß, welchen Lauf das Geschehen genommen hätte. Wäre es so, wie einleitend beschrieben, gekommen, dann hätte Wilhelm II. möglicherweise unter Huldigung des Großteils der Bevölkerung 1928 sein vierzigjähriges und 1938 sein fünfzigjähriges Thronjubiläum gefeiert. Aber weil ihm die Einsicht fehlte, verbrachte er diese Jahre im Exil, seiner Kaiserwürde seit dem 9. November 1918 verlustig.

So strömten die auf dem Umschlagbild dieses Bandes zu sehenden Massen am 18. Mai 1923 nicht auf dem Römerberg in Frankfurt a. M. zusammen, um einen amtierenden und nach wie vor weithin beliebten Kaiser zu Gesicht zu bekommen, sondern das erste demokratische Staatsoberhaupt in der deutschen Geschichte, den am 11. Februar 1919 von der Nationalversammlung gewählten Reichspräsidenten Friedrich Ebert, der zum 75. Jahrestag des Paulskirchenparlaments gekommen war. Der Tag in Erinnerung an die Revolution von 1848 wurde insgesamt zu einer imposanten Manifestation der Republik und der Republikaner; zu dieser Volksfeier versammelten sich 30.000 Bürger und Bürgerinnen. Dem abendlichen Fackelzug wohnten etwa 60.000 Menschen bei. Hatte auch manch führender Politiker wie der parteilose Reichskanzler Wilhelm Cuno durch Abwesenheit Gleichgültigkeit zu diesem symbolträchtigen Ereignis offenbart, mochte auch die Paulskirche an diesem Tag mit Hakenkreuzschmierereien besudelt worden sein: Der 18. Mai des Krisenjahres war ein Tag eindrucksvoller republikanischer Heerschau, Werbung für die Demokratie, erlebte man doch so etwas wie die klassenübergreifende freiheitliche Bürgergesellschaft in Harmonie. Zehn Jahre später jedoch war die Republik, die mit so viel Enthusiasmus und Aufbruchsstimmung, aber auch mit Lasten und Belastungen gestartet war, zerstört.

Die vierzehn Jahre der ersten deutschen Demokratie gelten als weithin ausgeleuchtet: »Kaum eine Epoche der deutschen Geschichte ist so gut erforscht wie die Zeit der Weimarer Republik«, leitet DETLEV PEUKERT seine bahnbrechende Studie von 1987 ein. Doch existiert keine Einigkeit in den Betrachtungen der Jahre von 1918 bis 1933, auch wenn die Zeit der großen interpretatorischen Meinungskämpfe passé ist. Weimar galt lange lediglich als Zwischenkriegsperiode, als Bindeglied zwischen Monarchie und Diktatur. Die erste Republik war damit Nachgeschichte von Kaiserreich und Krieg und vor allen Dingen Vorgeschichte der nationalsozialistischen Diktatur. Mittlerweile herrscht Einigkeit, sie als eine eigenständige Periode der deutschen Geschichte durchaus mit Chancen und Entwicklungsmöglichkeiten zu sehen. Ebenso wird die lange als steckengeblieben und unvollendet bezeichnete Revolution jüngst nahezu euphorisch als »größte aller Revolutionen« bejubelt (ROBERT GERWARTH).

Nur wenige Darstellungen verteidigen die deterministische Sicht, dass die erste deutsche Republik, entstanden aus dem Zusammenbruch des Kaiserreiches, von Anbeginn an wegen versäumter Weichenstellungen in der Revolution den Virus einer tödlichen Krankheit in sich getragen habe, der 1930 zum Ausbruch gekommen sei und 1933 zum Exitus geführt habe. Diese Sichtweise machte fundamentale Fehler und Unterlassungen in der Entstehungsphase aus, das Ausbleiben einer Republikanisierung von Militär und Verwaltung und einer Entmachtung demokratiefeindlicher Gruppen, Akteure und Zentren. Das alles sei möglich und notwendig gewesen, hätte zumindest in Ansätzen versucht werden müssen. Der Untergang 1933 sei so schon in der Revolutionszeit begründet worden. Nunmehr geht die jüngere Wissenschaft in Ablehnung einer Zwangsläufigkeit des Endes aufgrund des mangelhaften Anfangs von einer bis zum Schluss existierenden relativen Offenheit der Situation aus. Auch dieser Übersicht liegt die These zugrunde, dass keine Einbahnstraße von Scheidemann zu Hitler führte. Denn zu fragen bleibt: Hatte man nicht die entsprechende Medizin zur Hand, um die nach dem revolutionären Umsturz vom 9. November 1918 ins Leben gerufene Demokratie zu stärken und dauerhaft gegen den Ansturm antirepublikanischer Kräfte zu immunisieren? In der Beschreibung der kurzen Lebensdauer war der Blick immer auf Fehlentwicklungen und Mängel gerichtet, die letztlich zum Scheitern führten. Aber hatte die Republik nicht auch Erfolge vorzuweisen? Andersherum: »Würde man die Weimarer Republik nicht stets von ihrem Untergang her beurteilen, so müsste man ihr großartige Leistungen binnen kürzester Zeit attestierten« (HORST MÖLLER).

Die Republik von Weimar, der das Kainsmal der Unvollkommenheit anhaftete, wurde in der historischen Beschreibung mit ganz unterschiedlichen Kennzeichnungen versehen. Sie galt als improvisierte, überforderte und missbrauchte Demokratie, als »Laboratorium der Moderne« (PETER FRITZSCHE), als System, das seine Freiheit – allzu leichtfertig – verspielte (HANS MOMMSEN), dabei zumeist in Verbindung gebracht mit dem Schlagwort von der »Krise«, dauerhafter wie phasenweiser. Hier wurde sich für das Etikett »Experiment« entschieden – Experiment, weil die Republik nach ihrer Sturzgeburt mit einer kollektiven Verunsicherung auf zahlreichen Feldern Neuland beschritt, dabei Neues schuf, das über ihr Ende hinaus Bestand haben sollte oder nach den

Jahren der Diktatur restauriert wurde. Der vielfach verwandte Begriff findet weite Verbreitung. So hat Bundespräsident Frank-Walter Steinmeier in seiner Rede im Deutschen Bundestag zum 100. Jahrestag des 9. November 1918 die Revolution 1918/19 als einen Aufbruch in die Demokratie, »in ein politisches Experiment mit offenem Ausgang« beschrieben. Vieles war neu, wurde ausprobiert und ausgetestet, musste gestaltet, erlernt und akzeptiert werden. Aber lag nicht vielleicht genau im Experiment und im Experimentellen auch eine Gefahr für das Neue? So fragt MARTIN LLANQUE, ob es nicht zu riskant gewesen sei, angesichts der Konfliktlagen »demokratische Experimente zu wagen«.

In Anlehnung an TIM B. MÜLLER wird nachfolgend die Geschichte Weimars »als das große Experiment und die große Erwartung«, als eine »offene Geschichte der Unwägbarkeiten und Risiken, aber auch der Stabilisierungen und Konsensstiftungen« verstanden. Weimar wird als Versuch gesehen, nach dem Umsturz von 1918 eine Demokratie aufzurichten und sie mit Leben zu erfüllen, trotz retardierender Altlasten.

Die ganz unterschiedlichen, zum Teil überhöhten Erwartungen, die an das Experiment gestellt wurden, und die tatsächliche Entwicklung drifteten auseinander, so dass schon der Zeitgenosse den Begriff der Krise als das prägende Charakteristikum für seine Gegenwart verwandte. In der inflationären Nutzung von »Krise« drückte sich nicht nur eine Beschreibung von Lebensumständen und Zeit aus, sondern auch die Suche nach einer Lösung aus eben der Notlage, die durchaus jenseits der demokratischen Verfasstheit liegen konnte.

Die Geschichte der Weimarer Republik wird allgemein in drei Phasen unterteilt, der ersten Findungsperiode bis hin zur Überwindung der Existenzkrise 1923, den mittleren Jahren von 1924 bis 1929 als Periode der relativen Stabilität, auf die Überlebenskampf und Untergang folgten. Nur im Vergleich mit den Wirren der Gründerjahre und des Endspiels erscheint die Mittelperiode einigermaßen stabil, denn auch in diesen Jahren kam die Republik nicht zur Ruhe. Auch unserer kleinen Analyse liegt dieses Drei-Phasen-Modell zugrunde, das sich jedoch nicht adäquat in der Gliederung niederschlägt. Denn nach der Beschreibung der Grundsteinlegung 1918/19, also Revolution und Verfassungsschöpfung, folgen thematische Längsschnittanalysen, zunächst zu den traditionellen Politikfeldern Parteien, Parlamentarismus und Außenpolitik, ehe dann die in Gesamtdarstellungen bislang doch recht kurz kommende Geschichte der Länder (und Kommunen), die ihren Beitrag zur Entwicklung der ersten Demokratie leisteten, kursorisch beleuchtet wird. Weil Weimar sich als Sozialstaat positionierte, widmet sich ein Abschnitt dem Ringen um die sozialstaatliche Ausformung, wo sich Erwartungen, Interessen und finanz- und wirtschaftspolitische Krisen in einem besonderen Maße niederschlugen. Verpackt unter dem weithin gängigen Schlagwort von den »Goldenen Zwanziger Jahren« findet der vielschichtige kulturelle Aufbruch als eine prägende Entwicklung Weimars Berücksichtigung. In der mehrfach gespalteten Gesellschaft spielten die Klassen- und Konfessionsgrenzen eine besondere Rolle, zu denen sich Konflikte zwischen den Generationen und den Regionen gesellten (HEINRICH AUGUST WINKLER). Diese gesellschaftlichen Veränderungen in Schichten, Milieus, Berufsgruppen u. a. bleiben außen vor, doch wird die Rolle der Frau in Wandel und Kontinuität skizziert. Aus dem Bereich der Staatsgewalt, zu der auch Verwaltung, Justiz und Polizei zuzurechnen sind, wird beispielhaft das Militär in einem Kapitel zum Gegenstand gemacht. Gefragt wird weiterhin, ob die von Beginn an bedrängte Demokratie wirklich eine machtlose »Republik ohne Republikaner« war oder aber doch über wirkungsvolle Abwehrmechanismen gegen die Gefahren verfügte.

Weimar war, was die externen und internen belastenden Bedingungsfaktoren nach dem Krieg betraf, im europäischen Nationenvergleich zwischen »Normalität und Fragilität« (TIM B. MÜLLER/ADAM TOOZE) kein Einzelfall, aber mit einem in eine Diktatur sondergleichen mündenden Ende doch ein Solitär. Endkampf und Untergang werden hier zwar auch in einem eigenen Abschnitt, aber nicht wie bei anderen knappen Überblicken in minutiöser Beschreibung von Abläufen, Interessen und Ränkespielen ausgebreitet, da seit den Wahlen von 1930 die Demokratie schon beschnitten war und es mit der Übernahme der Kanzlerschaft durch Franz von Papen 1932 nur noch darum ging, wer letztlich die Demokratie erfolgreich in eine Diktatur umbiegen würde. »Der lange Untergang der Republik« (URSULA BÜTTNER) ist in zahlreichen Übersichten – gemessen am Gesamtumfang – doch unverhältnismäßig breit rekapituliert worden. Solche Detailliertheit erübrigt sich hier auch aus inhaltlichen Gründen.

Die jeweiligen Kapitel sind angereichert durch eine sehr begrenzte Anzahl exemplarischer »Stichworte« und einige vertiefende Darstellungen zu diesem Bereich gehörender oder ihm inhaltlich doch sehr nahestehender Unterthemen (»Im Fokus«). Dabei hätte manches Unterkapitel auch einem anderen Komplex zugeordnet werden können (etwa »Konservative Revolution« in den Abschnitt über das Ende der Republik oder die »Wehr- und Kampfverbände« zu »Die bedrängte und die wehrhafte Republik«).

Angesichts von Breite und Tiefe der Weimarer Entwicklung musste verknappt und ausgewählt werden. Außen vor bleibt weitgehend die von gravierenden Strukturproblemen geschüttelte Wirtschaft wie auch die von Agrarkrisen heimgesuchte Landwirtschaft. Determinierende wirtschaftliche, gesellschaftliche und soziale Entwicklungen finden nur insoweit Berücksichtigung, als diese Politik verständlich machen, sie diese herausforderten oder aber andersherum von der Politik wesentlich geprägt oder gar gesteuert bzw. »geplant« wurden.

Angesichts der Fülle von Gesamtdarstellungen und einer schier endlosen Zahl an Betrachtungen zu Einzelkomplexen wird auf eine den essayistischen Charakter des Bandes sprengende Annotation verzichtet; im Text werden die Urheber grundlegender Wertungen aus späterer Zeit angeführt (und in Versalien kenntlich gemacht). Dafür finden sich am Ende Hinweise auf ausgewählte Literatur vornehmlich neueren Datums, die jedoch nicht über die Periode von Weimar hinausreichende Handbücher oder sachthematische Beiträge in Aufsatzsammlungen oder Zeitschriften enthält, die herausgezogen wurden und aus denen vereinzelte Zitate anderer Autoren stammen.

Alles in allem: Die Darstellung mit ihren thematischen Überblicken ist nicht *die* Geschichte Weimars (und kann sie auch nicht sein), sondern sie ist *eine* konzentrierte und beschnittene Geschichte, dabei eine traditionell historiographische Betrachtung der ersten Republik, sie versteht sich als eine solche – nicht mehr, aber auch nicht weniger.

Demonstration der Belegschaft der sozialdemokratischen Buchdruckerei »Vorwärts« in Berlin um 1932.

Prolog – Vorwärts in die Republik

»Die Nacht zum 9. November war schlaflos gewesen, sie kam mir endlos vor.« Mit diesen Worten beginnt Philipp Scheidemann das Kapitel seiner 1928 veröffentlichten Memoiren über den entscheidenden Tag zehn Jahre zuvor, an dem er Geschichte geschrieben hat. An diesem 9. November 1918 erreicht die von den meuternden Matrosen der Kriegsmarine in den Seehäfen ausgehende revolutionäre Welle die Reichshauptstadt Berlin. Am Morgen verkündet die SPD den Generalstreik. Scheidemann, neben Friedrich Ebert einer der beiden Vorsitzenden der SPD, tritt von seinem Amt als Minister in der knapp fünf Wochen zuvor gebildeten Reichsregierung unter Prinz Max von Baden zurück. Die SPD fordert erneut die Abdankung von Kaiser Wilhelm II. Zudem beansprucht sie nun die Regierungsgeschäfte, und zwar »gründlich und restlos«. Schließlich verkündet Max von Baden eigenmächtig den Thronverzicht des Kaisers und überträgt Friedrich Ebert die Kanzlerschaft.

An diesem schicksalhaften Tag kommt es gegen 14 Uhr am Reichstag zu einem bedeutungsvollen Ereignis. Der Hauptbeteiligte Philipp Scheidemann schildert später diesen Moment und überliefert die Worte, mit denen er sich an die vor dem Reichstag zusammenströmende Menschenmenge gewandt haben will: »Arbeiter und Soldaten! Furchtbar waren die vier Kriegsjahre. Grauenhaft waren die Opfer, die das Volk an Gut und Blut hat bringen müssen. Der unglückselige Krieg ist zu Ende; das Morden ist vorbei. [...] Der Kaiser hat abgedankt; er und seine Freunde sind verschwunden. Über sie alle hat das Volk auf der ganzen Linie gesiegt! Prinz Max von Baden hat sein Reichskanzleramt dem Abgeordneten Ebert übergeben. Unser Freund wird eine Arbeiterregierung bilden, der alle sozialistischen Parteien angehören werden. Die neue Regierung darf nicht gestört werden in ihrer Arbeit für den Frieden, in der Sorge um Arbeit und Brot. Arbeiter und Soldaten! Seid euch der geschichtlichen Bedeutung dieses Tages bewusst. [...] Das Alte und Morsche, die Monarchie ist zusammengebrochen. Es lebe das Neue! Es lebe die Deutsche Republik!«

Was der begnadete und begeisternde Redner wirklich den Massen vor dem Reichstag zugerufen hat, darüber streiten sich die Historiker. Egal wie es abgelaufen ist, wie seine genaue Wortwahl auch gewesen sein mag: Die Rede schafft Fakten. Denn eines ist mit diesem spontanen Auftritt, den die zeitgenössische Presse bereits als einen historischen Augenblick wertet, entschieden: Von nun an gibt es kein Zurück mehr, weil Scheidemann die Republik schon als Tatsache feststellt. Das 1871 begründete Deutsche Kaiserreich gehört der Vergangenheit an. So gilt der 9. November 1918 auch und vor allem wegen des Auftritts des sozialdemokratischen Volkstribuns zu Recht als ein »zentrales Datum der deutschen Demokratiegeschichte« (REINHARD RÜRUP).

Immer wieder wird dieses Bild oder ein ähnliches vom gleichen Moment als Aufnahme von Philipp Scheidemann bei der Ausrufung der Republik vom Reichstag publiziert. Das trifft nicht zu – ebenso wie die jüngste Behauptung, es handele sich um eine zehn Jahre später erfolgte Nachstellung der Szene. Dies sei, da der Reichstag nicht zur Verfügung gestanden habe, von der Reichskanzlei aus geschehen. In der Tat zeigt das Foto Scheidemann in einem Fenster der Reichskanzlei; das Bild jedoch stammt vom Mai 1919, als der seinerzeitige Reichsministerpräsident das Wort an einen Demonstrationszug gegen den Versailler Vertrag richtet.

I. Grundsteinlegung der Republik

1. Weichenstellungen in der Revolution

Im August 1914 war die Mehrheit der Deutschen in den von der kaiserlichen Regierung bewusst in Kauf genommenen, ja forcierten Krieg mit der Zuversicht gezogen, dass die Truppen spätestens zum Weihnachtsfest wieder siegreich heimgekehrt sein würden. Doch aus dem erhofften kurzen Waffengang wurde ein industrieller Krieg, ein Schlachthaus für Millionen. Der vermeintliche Verteidigungskrieg, der – so wollte die deutsche Staatsleitung in der Verschleierung der eigenen Schuld Glauben machen – vom zaristischen Russland als Aggressor den Deutschen aufgezwungen worden sei, erstarrte in einem Stellungskampf. Der Krieg hatte auch die Heimat im Würgegriff und verschlechterte die Lage der Bevölkerung in dramatischer Weise.

Zu Beginn des fünften Kriegsjahres, im Frühherbst 1918, stand die lange Zeit kaum für möglich gehaltene Niederlage Deutschlands fest. Seit der alliierten Sommeroffensive waren die deutschen Kampfverbände zurückgeworfen worden. Die Fahnenflucht wurde zu einem regelrechten Massenphänomen, das den Zusammenbruch beschleunigte. Die am 29. September vorgebrachte Forderung nach sofortigen Waffenstillstandsverhandlungen seitens der Obersten Heeresleitung (OHL), die im Krieg auch innenpolitisch zum entscheidenden Machtfaktor geworden war, traf die politisch Verantwortlichen und die Parteien des Reichstags nahezu unvorbereitet, da die Militärs zuvor immer Siegesgewissheit vermittelt hatten. So schlug der militärische Offenbarungseid wie eine Bombe ein. In dieser Situation entschlossen sich militärische und zivile Reichsleitung, die lange verwehrte Demokratisierung des Reiches einzuleiten, die Regierung auf eine parlamentarische Basis zu stellen und auf sie die Verantwortung für Kriegsende und Friedensschluss abzuwälzen. Mit den Worten des Generalquartiermeisters der OHL, Erich Ludendorff, sollten die nun die Suppe auslöffeln, »die sie uns eingebrockt haben«. Andersherum entsprach es der Wirklichkeit: Die Militärs stahlen sich aus der Verantwortung für das, was sie angezettelt hatten. Sie tischten die von ihnen gekochte »Suppe«, also Krieg, Niederlage und die ungewissen Folgen, der neuen Regierung auf.

Die sich im Zeichen der Niederlage vollziehende Parlamentarisierung entsprach den Forderungen des im Juli 1917 aus Zentrum, SPD und liberalen Parteien gegründeten Interfraktionellen Ausschusses, der auf eine vom Vertrauen des Reichstags getragene Regierung drängte. Die Bildung einer neuen Regierung am 3. Oktober 1918, mit der faktisch der Schritt zum parlamentarischen System vollzogen wurde, war somit das Resultat einer Revolution »von oben« und gleichzeitig auch »von unten«, gefordert vor allem von der SPD.

Die im Kaiserreich ausgegrenzte SPD als Emanzipationsbewegung der Arbeiterschaft hatte im August 1914 durch die Zustimmung zu den Kriegskrediten zugleich einen Burgfrieden geschlossen. Über dieses Stillhalteabkommen im politischen Kampf gegen das undemokratische und sie benachteiligende System trennten sich im April 1917 diejenigen, die den Burgfrieden nicht länger mitzutragen bereit waren. Sie sammelten sich in der neuen Unabhängigen Sozialdemokratischen Partei Deutschland (USPD), darunter auch der radikalsozialistische internationalistisch-pazifistische Spartakusbund. Als die SPD, die seit dem Jahreswechsel 1916/17 stärker auf Reformen drängte, im Frühsommer 1917 dann angesichts der Verhärtung der innenpolitischen Fronten und einem beharrlichen Verweigern der geforderten demokratischen Reformen durch die Reichsleitung den Burgfrieden mit der Ablehnung neuer Kriegskredite aufzukündigen drohte, gingen die demokratischen Parteien auf sie zu. Die offerierte Zusammenarbeit im Interfraktionellen Ausschuss als einem informellen Koordinationsgremium der Reichstagsfraktionen war der erste wirkliche Schritt zur Anerkennung der SPD. Erst die Abspaltung des linken Flügels hatte dies überhaupt möglich gemacht.

Doch der vom Interfraktionellen Ausschuss angestrebte und schließlich im Oktober 1918 vollzogene Wandel wurde mit der Berufung von Prinz Max von Baden, dem als liberal geltenden badischen Thronfolger und Vetter des Kaisers, zum neuen Reichskanzler nach außen hin nicht hinreichend deutlich, obwohl das neue Kabinett unter maßgeblicher Beteiligung der Parteien der Reichstagsmehrheit gebildet worden war. Mit Gustav Bauer und Philipp Scheidemann gehörten der Regierung erstmalig auch Sozialdemokraten an, die im Kaiserreich noch als Reichsfeinde außerhalb der Gesellschaft gestellt worden waren. Die SPD durfte es auch als besonderen Erfolg verbuchen, dass mit dem Reichsarbeitsamt ein Ressort für Sozialpolitik eingerichtet wurde.

Nicht von ungefähr feierte der SPD-Vorsitzende Friedrich Ebert in der parlamentarischen Aussprache am 22. Oktober 1918 die neue Regierung und die Art und Weise ihres Zustandekommens als einen »Systemwechsel von großer Tragweite«, als »Geburtstag der deutschen Demokratie«. Doch das war der SPD beileibe nicht genug, denn die von der »Regierung des Volksvertrauens« eingeleitete innenpolitische Wende konnte und durfte nur der »Anfang eines Überganges« sein. Sie war für die SPD ein Etappenziel – nicht mehr, aber auch nicht weniger.

Die Ende Oktober verabschiedeten Verfassungsreformen, die das Gewicht des Reichstags gegenüber der Regierung stärkten, zugleich zentrale Rechte des Kaisers an Reichstag und Regierung delegierten und letztlich die konstitutionelle Monarchie in eine parlamentarische transferierten, lagen ganz auf der Linie der SPD, die neben ihrer klassenspezifischen nun auch staatspolitische Verantwortung übernahm. Auch in manchen Ländern des Reiches wurden im Sog der Berliner Entwicklung noch kurz vor Toresschluss rasch neue Regierungen unter Einschluss von Sozialdemokraten gebildet (in Sachsen am 26. Oktober, in Württemberg am 6. November) oder zumindest Reformen angekündet (wie in den Großherzogtümern Baden und Hessen). In Bayern stimmte König Ludwig III. den zwischen Regierung und Landtagsfraktionen ausgehandelten Fortschritten zu; der Weg in eine parlamentarische Regierung war eigentlich frei. Doch all diesen Neuerungen oder Plänen haftete von vorherein ein Manko an: Sie kamen zu spät, viel zu spät.

In der SPD gab es eine starke Strömung, die Monarchie, demokratisch reformiert, vorerst zu erhalten, allerdings ohne den völlig diskreditierten Kaiser. Das speiste sich aus der Erkenntnis, dass nach dem verlorenen Krieg ein radikaler verfassungsrechtlicher Schnitt die Situation der tiefen Niedergeschlagenheit noch zusätzlich verschärft hätte. Auf friedlichem Wege sollte der wilhelminische Semiparlamentarismus in den vollendeten, sozial ausgeprägten Verfassungsstaat verwandelt werden. Das konnte auch unter monarchischem Signet erfolgen. Doch wurde die Abdankung des Kaisers immer mehr zur Schlüsselfrage. Denn nach dem sich über Wochen hinziehenden diplomatischen Notenwechsel mit den Vereinigten Staaten, spätestens seit der dritten Note des US-amerikanischen Präsidenten Woodrow Wilson vom 23. Oktober, musste jedem klar sein, dass die Alliierten mit Wilhelm II. keinen Frieden schließen würden. Die mehrfachen sozialdemokratischen Vorstöße bei den zivilen und militärischen Entscheidungsinstanzen in Sachen Thronverzicht des Kaisers liefen allesamt ins Leere, so dass die Partei nur noch warnen konnte, dass nunmehr die Dinge ihren Lauf nehmen müssten. Sie nahmen ihren Lauf, auch weil die Oktoberreformen keine kühlende Wirkung auf die überhitzte Stimmung draußen im Lande erzielten und so auch kein verlorenes Vertrauen bei der Bevölkerung zurückgewinnen konnten. Der ersten parlamentarischen Reichsregierung war daher keine lange Lebensdauer beschieden.

Die kampfesmüden Soldaten in den Schützengräben und die ausgelaugten Massen in der Heimat erblickten – den nächsten Hungerwinter vor Augen – in Wilhelm II. den eigentlichen Hinderungsgrund für den ersehnten Frieden. Seine beharrliche Verweigerung des Rücktritts war die Hefe im revolutionären Gärungsprozess. Immer mehr griffen Wut und Verzweiflung um sich, getragen von der Erkenntnis, dass der Frieden nicht mit denen erreicht werden konnte, die Deutschland 1914 in den Weltenbrand geführt hatten. Immer lauter wurde die Abdankung des Kaisers gefordert, der sich am 29. Oktober ins Große Hauptquartier im belgischen Spa absetzte.

Keine Hand rührte sich mehr für ihn. Das alte Reich brach im revolutionären Sturm wie ein Kartenhaus zusammen. Es bedurfte in dieser hochexplosiven Situation nur eines Funkens, um das Pulverfass zum Detonieren zu bringen. Und die Lunte entzündete die Seekriegsleitung mit dem ebenso unsinnigen wie rechtswidrigen Befehl vom 24. Oktober, die bis dahin kaum eingesetzte Kriegsflotte zu einem letzten Gefecht gegen die überlegene britische Royal Navy auslaufen zu lassen, was unweigerlich in den Tod geführt hätte.

Auftakt zur Revolution: Demonstration meuternder Matrosen auf dem Marktplatz in Kiel am 4. November 1918.

Es war ein hochverräterisches Vorhaben der Seekriegsleitung, nachdem die militärische Führung auf Waffenstillstandsverhandlungen gedrängt und die neue Regierung mit den Siegern bereits diesbezüglich Kontakt aufgenommen hatte. Gegen den Befehl meuterten die Matrosen, denen es gelang, die Macht in den Flottenstützpunkten an sich zu reißen. Kiel fiel am 4. November als erstes in ihre Hände. Die Rebellion löste einen revolutionären Sturm aus, der in Windeseile das ganze Land erfasste. Er fegte die vom demokratischen

Bürgertum und vielen Sozialdemokraten gehegte Hoffnung auf einen an die Oktoberreformen anknüpfenden allmählichen Übergang in die Demokratie fort. Die Matrosen als »Sturmvögel der Revolution« trugen, zumeist mit fahrplanmäßigen Zügen durch das Reich ziehend, den revolutionären Impuls in die Orte, die noch in Unsicherheit, was da kommen würde, abwarteten. In zahlreichen Großstädten war man aber schon längst zur Tat geschritten. Selbst in kleineren Städten artikulierte sich Protest: Im Taunusstädtchen Oberursel mit seinen 10.000 Einwohnern gingen am 8. November 1918 tausend Arbeiter einer Motorenfabrik auf die Straße und verlangten Frieden und Demokratie. Überall bildeten sich revolutionäre Arbeiter- und Soldatenräte.

Die Gründe für die wie ein Flächenbrand sich ausbreitenden Massenproteste lagen in der wachsenden Unzufriedenheit mit dem politischen System und in der Fortdauer des Krieges. Immer lauter erklang der Ruf nach Frieden, Freiheit und Brot. Im fünften Kriegsjahr war die Not in der Heimat durch Hunger, Tuberkulose und einer seit dem Frühjahr 1918 grassierenden »Spanischen Grippe«, die allesamt die Frauen- und Kindersterblichkeit noch weiter anschwellen ließen, ins Unermessliche gesteigert worden.

In München, wo unabhängig von der Entwicklung in den Seehäfen die Revolution ausbrach, stürzte am 7. November als erstes Herrscherhaus in Deutschland jenes der Wittelsbacher nach mehr als 700 Jahren der Regentschaft. Mindestens 60.000 Demonstranten strömten am Nachmittag des Tages auf die Theresienwiese. In der Nacht zum 8. November proklamierte der USPD-Mann Kurt Eisner den »Freistaat Bayern«. Am gleichen Tag unterzeichnete Ernst August, der regierende Herzog von Braunschweig, widerstandslos die von den Revolutionären präsentierte Abdankung und verschwand ins österreichische Exil. Ebenso büßten die anderen 20 Regenten ihre Macht ein. Sang- und klanglos verabschiedeten sich die Fürsten, mochte auch mancher Landesherr wie die im deutschen Südwesten – der badische Großherzog Friedrich II., der württembergische König Wilhelm II. oder der hessische Großherzog Ernst Ludwig – durchaus hohe Sympathiewerte im Volk verzeichnen. Ihre Zeit war vorbei, doch manche blieben uneinsichtig: Sachsens König Friedrich August III. soll sich, einer kolportierten Anekdote zufolge, mit den Worten »Macht Euren Dreck alleene« unwirsch verabschiedet haben. Er unterzeichnete auf einfachem Papier seinen Thronverzicht. Der Waldecker Fürst quittierte die ihm vom Arbeiter- und Soldatenrat vorgelegte Abdankungsorder bürokratisch knapp mit den Worten »Kenntnis genommen, Friedrich«.

Die Kronen landeten für immer im Staub der Geschichte, aber die Fürsten, die ihre Standesvorrechte verloren, fielen nicht ins Bodenlose. Um manche Fürstenentschädigung wurde lange gerungen. Die vermögensrechtlichen Auseinandersetzungen mit dem Großherzog von Hessen, der als einziger der gekrönten Häupter, Zufälligkeiten der Geschichte geschuldet, keine offizielle Abdankungsurkunde unterschrieb, sollten erst nach dem Zweiten Weltkrieg zum Abschluss kommen. Enteignet wurden die Herrscherhäuser nicht. Die Fürsten zu Schaumburg-Lippe, Regenten des kleinen 340 qkm Territoriums, zählten zu den reichsten Familien der Zeit. Und sie blieben es. Die einzige per Gesetz erfolgte Enteignung, die von Herzog Carl Eduard von Sachsen-Coburg und Gotha, der einen Abfindungsvertag abgelehnt hatte, wurde 1925 vom Reichsgericht wieder aufgehoben. Die neue Republik kaufte also: So residierte der Reichspräsident der Republik ab November 1919 im königlichen Hausministerium in der Wilhelmstraße 73, nachdem das Reich das Palais vom königlichen Hause zu einem stolzen Preis erworben hatte.

An der Stelle der dynastischen Herrscher traten Revolutionsregierungen zumeist aus SPD und USPD, aber auch in Kooperation mit Vertretern bürgerlich-demokratischer Parteien. In den Kommunen übernahmen die aus Arbeitern und Soldaten gebildeten Räte ohne nennenswerte Gegenwehr die Macht. Verwaltungen und militärische Kommandobehörden akzeptierten vor Ort widerstandslos die neuen Machthaber und arbeiteten einfach wie bisher weiter. An der Spitze der Stadtverwaltungen weinte man »dem Untergang der Monarchie im allgemeinen keine Tränen nach« (HERMANN BECKSTEIN). Es herrschte auch dort Erleichterung über das Ende des Krieges. So verlief der Umsturz ohne Blutvergießen, ja ohne irgendwelche Schäden: »Hier in Worms ist keine Fensterscheibe gesprungen«, schrieb der überraschte Bürgermeister der Stadt im Rheinhessischen am Ende der ersten Revolutionswoche an seine Frau. Dieses Fazit konnte quer durch das Reich gezogen werden. In Berlin wurden acht Tote aus den unmittelbaren Tagen des Umbruchs nach einem großen Trauerzug am 20. November auf dem Friedhof der Märzgefallenen beigesetzt. Ein jedes Opfer war zuviel; im Vergleich zu den späteren Zahlen nehmen sich die in den ersten Tagen jedoch nachgerade gering aus.

Mit der Unterstellung unter die revolutionären Gewalten übernahmen die lokalen Militärs auch die Verantwortung für die Sicherung der neuen Ordnung. Die Kooperation zwischen kommunalen Verwaltungen und Arbeiter- und Soldatenräten verlief draußen im Reich, von den Regierungszentren bis hinunter in die Kleinstädte, überwiegend friedlich, wenn auch nicht reibungslos. Werfen wir beispielhaft einen Blick in die Mitte des Reiches, nach Erfurt: 125.000 Einwohner, Sitz des preußischen Regierungsbezirks mit bedeutenden Industrie- und Rüstungsbetrieben. Am Nachmittag des 8. November streikten 150 Arbeiter eine Lokomotivbaufirma, denen sich andere Arbeiter und Soldaten der Garnison anschlossen. Der in der Nacht zum 9. November gebildete Arbeiter- und Soldatenrat wurde nachmittags im Rathaus vorstellig, wo der Oberbürgermeister sich den Forderungen nach Unterordnung fügte.

Am Abend akzeptierte auch der Regierungspräsident die Abordnung von zwei ständigen Delegierten des neuen Revolutionsrates als Kontrolleure seines Amtes.

Überwiegend friedlich verlief es auch in der Reichshauptstadt, wo die revolutionäre Fackel am 9. November loderte. Unter dem Druck der Massen verkündete Max von Baden um die Mittagszeit eigenmächtig und ohne Zustimmung des Kaisers dessen längst überfällige Abdankung. Eben weil er sich bis zuletzt dagegen sträubte, fiel nicht nur der uneinsichtige Monarch, sondern sogleich die ganze Monarchie. Wilhelm II. ging auf Dauer ins holländische Exil. Sodann übergab Prinz Max die Regierungsgewalt an Friedrich Ebert, den Vorsitzenden der SPD, die vehement die Bildung einer vom Volk getragenen Regierung gefordert hatte. Die Übertragung der Kanzlerschaft auf Ebert war ein verfassungsrechtlich höchst problematischer, politisch aber unausweichlicher Schritt. Er kennzeichnete eine historische Wende: Der letzte Regierungschef des kaiserlichen Deutschland legte das Schicksal der erodierenden Nation dem Vorsitzenden der im Kaiserreich bekämpften und ausgegrenzten SPD in die Hände.

Obwohl die SPD sich als eine revolutionäre, in weiten Teilen jedoch nicht als eine Revolution machende Kraft verstand, stellte sie sich an die Spitze der Umsturzbewegung, um ein Abgleiten in das Chaos zu vermeiden. Ebert sollte zur Schlüsselfigur in der Revolutionszeit werden. Doch seine Hoffnung, die parlamentarische Monarchie fortzuführen – allerdings ohne die vollkommen diskreditierten Hohenzollern, sondern mit einem dem demokratischen Fortschritt aufgeschlossenen Reichsverweser –, um den Reformprozess ohne revolutionäre Verwerfungen zu vollenden, durchkreuzte endgültig dann Philipp Scheidemann, sein Co-Vorsitzender an der Spitze der SPD. Er proklamierte gegen 14 Uhr vom Reichstag die »Deutsche Republik«. Wenn auch scheinbar an allen Ecken in Berlin und im Reich die Republik ausgerufen wurde – etwa auch auf einer Großkundgebung im sächsischen Chemnitz am 8. November durch den SPD-Mann Alfred Fellisch –, so besaß Scheidemanns Aktion die größte Tragweite. Er versetzte damit der in Agonie liegenden Monarchie den Todesstoß. Zwei Stunden später verkündete Karl Liebknecht, Führer des radikal-sozialistischen Spartakusbundes, am Berliner Stadtschloss »die freie sozialistische Republik und die Weltrevolution«.

In welche Staatsform der Weg der Revolution führen würde, musste sich erst noch zeigen. Fest stand in diesem Moment, dass es kein Zurück mehr gab. Der monarchische Obrigkeitsstaat war nicht mehr, nunmehr sollte das Volk selbst bestimmen. Das kam in den neuen Bezeichnungen wie »Freistaat« oder »Volksstaat« für die alten Fürstentümer zum Ausdruck. Das 1871 gegründete Kaiserreich war durch das Volk in einer überwiegend unblutigen Revolution

Die Revolution in Berlin: Soldaten mit einem Militärauto am Brandenburger Tor.

gestürzt worden, die Herrschaft der Hohenzollern für immer gebrochen. Der 9. November 1918 markierte einen Epochenwechsel, den Beginn eines neuen Abschnitts in der deutschen Geschichte.

Bereits am Tag darauf bildete sich der »Rat der Volksbeauftragten«, die paritätisch aus beiden sozialdemokratischen Parteien besetzte Revolutionsregierung, der Friedrich Ebert, Philipp Scheidemann und Otto Landsberg von der SPD und Hugo Haase, Wilhelm Dittmann und Emil Barth von der USPD angehörten. Am Abend des 10. November bestätigte eine Versammlung von 3.000 Arbeiter- und Soldatenräten im Zirkus Busch in turbulenter Atmosphäre die provisorische Regierung. Gleichzeitig wurde als Kontrollinstanz der Regierung und zentraler Räteorgan der Vollzugsrat gewählt. Zwischen dem radikaleren Vollzugsrat und dem Rat der Volkbeauftragten kam es in der Folge immer wieder zu einem konfliktreichen Kompetenzgerangel.

Im Revolutionskabinett saßen die alten Parteigenossen wieder gemeinsam an einem Tisch, die eineinhalb Jahre zuvor in einem fundamentalen Streit auseinandergegangen waren. Dazwischen lag eine Zeit der erbitterten Auseinandersetzung um Erbe und Infrastruktur der Partei. Diese Erfahrung musste nun zurückgestellt werden. Belastend wirkte es auf das Regieren, dass in der USPD sich die radikale Linke, der von Liebknecht geführte Spartakusbund, wie eine Opposition zur Regierung verhielt und die gemäßigte Führung der USPD nicht sogleich die eigentlich folgerichtige organisatorische Trennung vollzog. Die kam dann Ende Dezember 1918 mit der Gründung der KPD – zu spät.

Der Rat der Volksbeauftragten, die am 10. November ins Leben gerufene Revolutionsregierung; v. l. n. r.: Emil Barth (USPD), Otto Landsberg (SPD), Friedrich Ebert (SPD), Hugo Haase (USPD), Wilhelm Dittmann (USPD) und Philipp Scheidemann (SPD).

Die Regierung war ein aus der Not geborenes Zweckbündnis zweier sozialdemokratischer Parteien, die sich dieser Aufgabe mit unterschiedlichen Zielsetzungen in einigen Punkten annahmen. Der Rat der Volksbeauftragten, der bürgerliche, von sozialistischen »Aufpassern« kontrollierte Fachminister zur Seite standen, übernahm die Geschäfte in einer der komplexesten Problemlagen deutscher Geschichte in neuerer Zeit. Die neuen Machthaber, und zwar auf allen Ebenen, standen vor einer Herkulesaufgabe. Sicherheit musste garantiert, die Versorgung der ausgemergelten Bevölkerung mit Nahrung und Brennstoff gewährleistet werden.

Der Großteil der Arbeiter- und Soldatenräte verstand sich als ausführendes Organ der Revolutionsregierung aus SPD und USPD. Oft agierten dabei vor Ort Vertreter der SPD und der USPD gemeinsam, mitunter aber auch in scharfer Konkurrenz. Die mittelgroße Industriestadt Hanau gehörte wie einige wenige andere Städte zu den Ausnahmen, als in dem bereits am 8. November geschaffenen Arbeiterrat die dort von Beginn an überaus starke USPD die Führung innehatte. Für Braunschweig galt gleiches.

Das Bürgertum sammelte sich mit einiger Zeitverzögerung in sogenannten »Bürgerräten« zur Wahrung seiner Interessen gegenüber den neuen Machtinstitutionen der Arbeiterbewegung. Sie sollten als ein bremsender Klotz in der Umwälzung fungieren, also den Weg nach links verhindern. Das Bürgertum in der altehrwürdigen Universitätsstadt Heidelberg reagierte auf die ersten revolutionären Tage recht unterschiedlich. Während einige Professoren der Ruperto Carola wie Ernst Fraenkel, Gerhard Anschütz und Richard Thoma bald glaubten, sich mit den neuen Verhältnissen arrangieren zu können, brach für den Mediävisten Karl Hampe eine Welt zusammen. Man weinte im Hause Hampe über das Verlorene und das Geschehene. Am 10. November notierte er im Tagebuch Zeilen von höchster Niedergeschlagenheit und Pessimismus: »Der elendste Tag meines Lebens! Was ist aus Kaiser und Reich geworden! Nach außen steht uns Verstümmelung, Willenlosigkeit, eine Art Schuldknechtherrschaft bevor; im Innern brutale Klassenherrschaft unter trügerischem Schein der Freiheit, Bürgerkrieg, Hungersnot und Chaos.« Die von ihm befürchtete »brutale Klassenherrschaft« des Pöbels blieb aus. Denn die an die Macht gespülten Arbeiter- und Soldatenräte im Reich und auch in Heidelberg waren keineswegs radikal oder gar bolschewistisch. Auch sie wollten die parlamentarische Demokratie.

In zahlreichen Klein- und Mittelstädten arbeiteten von Anfang an sozialdemokratische und bürgerliche Kräfte Hand in Hand. An einigen Orten aber sahen die aus Arbeiter und Soldaten bestehenden Revolutionsräte keine Notwendigkeit zur Kooperation mit den später zur Bündelung der Interessen der über die Revolution verstörten Mitte gebildeten Bürgerräten oder den auf dem Land ins Leben gerufenen Bauernräten, was zu einer Beeinträchtigung des Verhältnisses mit den örtlichen Behörden führte. Auf dem platten Land erschien die Revolution ohnehin nur als »ein fernes Feuerchen«. Dort nahm man das Ende der Monarchie zur Kenntnis, auch wenn einige junge Soldaten »innerhalb der Dorfgemeinschaft ein wenig ›Revolution zu machen‹« versuchten, wie ein Dorfpfarrer notierte.

Die Arbeiter- und Soldatenräte der Großstädte spielten in der Phase des Umbruchs eine bedeutende Rolle und traten mit dem Anspruch auf Mitbestimmung an. Ihr Einfluss und Politisierungsgrad waren größer als die der Revolutionsorgane in den Klein- und Mittelstädten. Die aktiven Räte in den Großstädten prägten das Bild in den Revolutionsmonaten, ein verzerrendes Bild der mitunter tiefen Konflikte, das eben nicht überall zutraf. Je weiter man sich von den Zentren entfernte, desto geringer war die Wirkung der Arbeiter- und Soldatenräte im politischen Raum. Die kleinstädtischen und ländlichen Regionen wurden weit weniger von revolutionären Erschütterungen heimgesucht. Der zwar nicht immer konfliktfreie, jedoch weitgehend ohne nachhaltige Verwerfungen gekennzeichnete Dualismus von bestehenden Verwaltungen und revolutionären Kräften führte zu einer raschen Beruhigung der Lage auch in den Gemeinden.

Dabei hatten die neuen zentralen Machthaber keinen fertigen Plan für sofortige oder mittelfristige Maßnahmen bei einer Machtübernahme in der

Schublade. Schon gar nicht verfügten sie über ein Logbuch, wie ein schlingerndes, vom Untergang bedrohtes Staatsschiff wieder auf Kurs zu bringen war. Akute Probleme verlangten Entscheidungen in kürzester Frist. Die von einem höchst zeitaufreibenden und vielschichtigen Krisenmanagement überbordete Tagesarbeit minimierte die Möglichkeiten zu einer intensiven Debatte um Neuordnung und Strukturwandel. Der mehr als vierjährige Krieg mit einer alle gesellschaftlichen Bereiche erfassenden Mobilisierung hatte das Sozialgefüge deformiert und die Klassengegensätze verschärft. Deutschland war ausgezehrt, die Bevölkerung demoralisiert. Für eine Stabilisierung mussten die im Krieg gewachsenen Klassenspannungen abgebaut und die zerrissene Gesellschaft befriedet werden. Die Mehrheit der sozialdemokratischen Führung fühlte sich zum einen als Nachlassverwalter des Kaiserreiches, zum anderen als Treuhänder der Macht. Sie sahen sich vor eine Doppelaufgabe gestellt: das Erbe von Krieg und Monarchie abzuarbeiten, die unmittelbare Not zu überwinden und den drohenden wirtschaftlichen Kollaps abzuwenden – und zudem die Spur in die Demokratie freizulegen.

Blicken wir zunächst auf die Nachlassverwaltung. Am 11. November schwiegen die Waffen mit dem vom Zentrumspolitiker Matthias Erzberger im französischen Compiègne unterzeichneten Waffenstillstand, um den die Regierung Max von Baden bereits am 4. Oktober nachgesucht hatte. Ein vertraglich abgesicherter Friedensschluss war der zeitlich befristete und mehrfach zu erneuernde Waffenstillstand noch nicht. Die als diskriminierend empfundenen Bedingungen der Waffenruhe stellten eine zusätzliche Belastung der Regierungsarbeit dar. Das schlug sich besonders auf dem ernährungspolitischen Sektor nieder.

Absicherung und Akzeptanz der Revolutionsregierung hingen wesentlich von Erfolgen an der Ernährungsfront ab. Denn ein Grund, der die Massen im November 1918 auf die Straße getrieben hatte, war die höchst prekäre Versorgungslage gewesen. Nach zwei Hungerwintern und in der Aussicht auf einen dritten mit weiteren zahlreichen Opfern hatte ganz oben auf den Fahnen der Unzufriedenen neben Frieden und Freiheit auch »Brot« gestanden. Für »Brot« hatte nun der Rat der Volksbeauftragten zu sorgen. Nur durch Lebensmitteleinfuhren war die Grundversorgung einigermaßen zu gewährleisten. Doch die Siegermächte hielten die Seeblockade aufrecht, was die Krise verschärfte. Die Sorge um die Nahrungs- und Energieversorgung bestimmte das Handeln. Beides hing eng miteinander zusammen. Denn falls es nicht gelingen sollte, die Kohleförderung mindestens einigermaßen aufrechtzuerhalten (wenn schon nicht zu steigern, was zur Deckung des Bedarfs eigentlich notwendig war), so würde sich dies auch verheerend auf die Lebensmittelversorgung auswirken.

Für zusätzliche Erschwernisse sorgte die Umstellung der Kriegsproduktion auf Friedenswirtschaft. Davon betroffen waren immerhin drei Millionen Rüstungsarbeiter. Der Staat fiel abrupt als Hauptabnehmer der Rüstungsgüter aus, an seine Stelle trat jedoch keine sofortige Nachfrage nach zivilen Produkten. Die Industrie musste nunmehr für die zivilen Erfordernisse produzieren. Der Markt verlangte keine Granaten mehr, sondern bald wieder Kochtöpfe. Und diese mussten nun nicht nur hergestellt, sondern auch gefüllt werden. In diese vor einem grundlegenden Wandel stehende Wirtschaft waren insbesondere die sechs Millionen noch den Waffenrock tragenden Soldaten einzugliedern. Schon vor dem Waffenstillstand wurde Vorsorge für die Demobilisierung getroffen, sodann von den Volksbeauftragten am 12. November das Demobilmachungsamt unter Oberst Joseph Koeth, seit 1915 als Nachfolger von Walther Rathenau Leiter der Kriegsrohstoffabteilung, eingerichtet. Mit einer Verordnung vom 4. Januar 1919 mussten Betriebe ab 20 Mitarbeitern Heimkehrer einstellen, ohne dass sie hierfür aktuell Beschäftigte entlassen durften. Ein weiterer Erlass zwanzig Tage später verpflichtete den letzten Arbeitgeber in Friedenszeiten, den von der Front zurückkehrenden ehemaligen Mitarbeiter wieder zu beschäftigen. Koeth hielt seine Aufgabe schon im April 1919 im Wesentlichen für beendet; der Rest könne vor Ort erledigt werden. Mit der Verordnung über die Erwerbslosenfürsorge vom 13. November 1918 wurde dauerhaft das Prinzip der Unterstützung der Arbeitslosen aus öffentlichen Mitteln verankert. In der Tat hatte das Arbeitsministerium in seiner Denkschrift vom Mitte März 1919 Recht, wenn es feststellte, dass auf dem Feld der Sozialpolitik seit dem Umbruch »gesetzgeberische Maßnahmen von außerordentlicher Tragweite« getroffen worden waren.

Zu den schwierigen Folgen des Krieges gehörten etwa 2,7 Mio. Soldaten, die mit einer dauerhaften Kriegsbeschädigung zurück aus den Kämpfen kamen. Am Arbeitsmarkt konkurrierten sie mit den Frauen, die mitunter eben Stellen in einfacher Arbeit innehatten, die auch für die Kriegsversehrten geeignet waren. Nach einer Verordnung vom 9. Januar 1919 mussten öffentliche und private Arbeitgeber ein Prozent, landwirtschaftliche Betriebe zwei Prozent »Schwerbeschädigte« beschäftigen. Die Kriegsversehrten, körperlich Beeinträchtigte und psychisch Traumatisierte, entwickelten auf Dauer wenig Vertrauen in den neuen Staat, der seinen Fürsorgepflichten langfristig gesehen nur unzureichend nachkam. Zu versorgen waren zudem ca. 530.000 Kriegerwitwen und 1,2 Mio. Kriegswaisen.

Über das Krisenmanagement hinaus setzte die Revolutionsregierung Marksteine der neuen Ordnung. Mit ihrem Aufruf am 12. November verankerte sie Grundrechte wie Vereins- und Versammlungsrecht, Meinungs-, Presse- und Religionsfreiheit. Neben gesetzesändernden Bestimmungen wie der Aufhebung des die Freiheitsrechte einschränkenden Belagerungszustandes, einer Amnestie für politische Straftaten und der Inkraftsetzung der bei Kriegsbeginn aufgehobenen Arbeiterschutzbestimmungen führte das Manifest mit Gesetzescharakter den achtstündigen Maximalarbeitstag zum 1. Januar 1919 ein und erfüllte damit die sozialpolitische Kernforderung der Arbeiterbewegung aus der Vorkriegszeit. Alle künftigen Wahlen sollten gleich, geheim, direkt und allgemein sein; abstimmen durften von nun an alle mindestens 20 Jahre alten Männer und Frauen – in den Augen der Sozialdemokratie gab »es kein besseres Mittel zur Politisierung des Volkes, als das Wahlrecht möglichst früh beginnen zu lassen«, wie der erste Justizminister Otto Landsberg, der vormalige Volksbeauftragte, vor der Nationalversammlung im Februar 1919 die Senkung des Alters verteidigte. Mit dem Wahlrecht für Frauen legten die Volksbeauftragten die Basis für die politische Gleichberechtigung von Mann und Frau. Die neue Verhältniswahl anstelle des den Wählerwillen verzerrt widerspiegelnden Mehrheitssystems im Kaiserreich garantierte, dass jede Stimme gleich viel wert war. Die spätere Reichsverfassung schrieb das dann in den Artikeln 17 und 22 für alle Ebenen fest.

Herrschte bei diesen Reformen breite Übereinstimmung innerhalb der Revolutionsregierung, so waren sich SPD und USPD über das weitere Vorgehen uneins. Während die Mehrheit der USPD weitere sofortige Reformen forderte, verzichteten die SPD-Vertreter in der Revolutionsregierung, die sich lediglich als Treuhänder der Macht bis zur Konstituierung demokratischer Organe verstanden, in Anbetracht der Kriegsfolgelasten und in Sorge vor unabsehbaren Folgen auf wirtschaftspolitische Reformen und auf einen Elitenwechsel in Politik, Militär und Verwaltung. Die SPD setzte auf evolutionären Fortschritt und hielt nur die durch Wahlen legitimierten Vertretungen für berechtigt, weitreichende Strukturmaßnahmen vorzunehmen.

Unangetastet blieben so im Wesentlichen die Reichsbehörden und Militär. Bereits am 10. November verständigten sich Ebert und General Wilhelm Groener auf eine Zusammenarbeit: Der General, als Nachfolger von Ludendorff als Generalquartiermeister der entscheidende Mann in der OHL neben deren Chef Paul von Hindenburg, sicherte in einem, von der Forschung bisweilen mit zu weiten politisch-taktischen Interpretationen verknüpften, von ihm erst 1925 öffentlich gemachten Telefongespräch der neuen Regierung die Unterstützung der militärischen Zentrale zu. Im Gegenzug erwartete sie die Beibehaltung der Kommandostrukturen. Ebert, dem die Bereitschaft der OHL zur Unterstützung in diesem Moment, als die Macht noch nicht gesichert war, willkommen sein musste, machte keine politischen Zugeständnisse. Ein konspirativer »Pakt« mit den alten militärischen Gewalten zur Niederhaltung der Arbeiterbewegung, wie dies später behauptet wurde, war dies nicht. Die Übereinkunft entsprach schlicht politischer Zweckmäßigkeit und stellte einen entscheidenden Akt zur Stabilisierung der soeben erst von den beiden sozialdemokratischen Parteien übernommenen Regierungsverantwortung dar. Mit der gegenseitigen Akzeptanz von neuer ziviler und alter militärischer Führung sollte auch die Gefahr eines antirevolutionären Gegenschlags aus dem kaiserlichen Offizierskorps gebannt werden. Zudem erforderte in den Augen der neuen Machthaber die doch kurzfristige Rückführung der noch weit in Feindesland stehenden Truppen, die nach dem Waffenstillstandsabkommen innerhalb von gerademal 15 Tagen erfolgen musste, einen eingespielten militärischen Apparat, über den, so glaubte die Regierung mehrheitlich, eben nur die OHL verfügte.

Wie auf dem militärischen Gebiet unternahmen die Volksbeauftragten auch in anderen Feldern keine nachdrücklichen Versuche zu einem personellen Revirement. Die Möglichkeit, in den administrativen Kernbereichen Männer der alten Systemzeit abzuberufen und Kräfte aus den eigenen Reihen in leitende Funktionen zu bringen, um so einen Neuanfang zu signalisieren, wurde nicht ausgetestet. Bei diesem Verzicht auf eine personelle Erneuerung und auf die Einleitung von Reformen spielte neben einem auf das Funktionieren des Staates ausgerichteten Denken die Sorge um die Konsolidierung der wirtschaftlichen und sozialen Lage eine zentrale Rolle. Daher ließen die neuen Machthaber das personalpolitische Gefüge der obersten Behörden weitgehend unangetastet, hielten ganz im Gegenteil die kaiserlichen Beamten dazu an, sich in den Dienst der neuen Regierung zu stellen. Und als zwei zentrale Ämter im Dezember durch Rücktritt neu zu besetzen waren, griffen die Volksbeauftragten auf Fachmänner des alten Apparats zurück: Als Staatssekretär des Äußeren holten sie den Berufsdiplomaten Ulrich Graf Brockdorff-Rantzau, als neuen preußischen Kriegsminister den Württemberger Offizier Walther Reinhardt. Der von der USPD als fähig für den letzteren Posten angesehene Ernst Däumig, Mann der linksradikalen Revolutionären Obleute, der wohl auch von den führenden Mehrheitssozialdemokraten akzeptiert worden wäre, zog sich zur großen Enttäuschung der Unabhängigen zurück, weil er fürchtete, sich durch eine Übernahme dieses militärischen Postens bei der eigenen Gefolgschaft zu diskreditieren. Das Fehlen von geschultem Personal in den eigenen Reihen wurde überdeutlich. Fast schon verzweifelt rief der Volksbeauftragte Barth aus: »Haben wir denn gar keinen Genossen mit dem nötigen Organisationstalent?« Offensichtlich fehlte den neuen Machthabern das personelle Reservoir, um Lücken zu schließen. Vielleicht auch deshalb vermied man Rauswürfe. Von Bedeutung war zudem die Berufung des liberalen Rechtsprofessors Hugo Preuß Mitte November zum Staatssekretär des Innern, der wesentlich die spätere Reichsverfassung entwerfen sollte.

Die sich in den Arbeiter- und Soldatenräten manifestierende, das ganze Reich erfassende Volksbewegung, dominiert von SPD-Vertretern, zielte mehrheitlich auf eine parlamentarische Demokratie und baldige Wahlen zur Nationalversammlung. Dabei galt vor allem für die SPD die anzustrebende »Nationalversammlung als Bollwerk der Demokratie und des Sozialismus«, wie es in einer Resolution einer Regionalkonferenz hieß. Die Losung »Alle Macht den Räten« wurde nur von einer linken Minderheit vertreten, die jedoch weithin das Bild der Rätebewegung prägte. Sie strebte ein »Rätesystem« nach sowjetischem Modell an und war zu einem »Weitertreiben« der Revolution, auch mit gewaltsamen Mitteln, bereit. Doch eine sozialistische Räterepublik stand angesichts der politischen Kräfteverhältnisse nicht auf der Tagesordnung, denn auch der rechte Flügel der USPD setzte auf die parlamentarische Demokratie. Das Rätesystem als Gegenmodell zur parlamentarischen Demokratie basiert auf der Idee einer permanenten Volksbeteiligung mit »Räten« im Zentrum, die jeweils die nächsthöhere Vertretung bis zum Zentralrat als Staatsspitze wählen (Pyramide). Dieses Modell kommt ohne Parteien aus, eine Gewaltenteilung existiert nicht, denn alle drei Gewalten und die Macht liegen in den Händen der Räte. Nur wenige in Deutschland träumten von einer derartigen Staatsform.

Der Allgemeine Kongress der Arbeiter- und Soldatenräte in Berlin im Dezember 1918 mit den Volksbeauftragten in der ersten Reihe: Scheidemann (3. v. l.), Landsberg (4. v. l.), Haase (3. v. r.), Ebert (2. v. r.) und Barth (ganz r.).

*

DAS STICHWORT: Der Allgemeine Kongress der Arbeiter- und Soldatenräte
Die Entscheidung über das künftige Regierungssystem fiel auf dem in Berlin tagenden zentralen Allgemeinen Kongress der Arbeiter- und Soldatenräte (16. bis 21. Dezember 1918), auf dem die Linke in der Minderheit war. Die Führer des Spartakusbundes, Rosa Luxemburg und Karl Liebknecht, hatten kein Mandat erhalten. Nichts unterstreicht ihre geringe Gefolgschaft in der organisierten Arbeiterbewegung mehr als das Scheitern des Antrages, beiden zumindest als Gäste Gehör zu verschaffen.

Das Verfahren der Delegiertenbestimmung war uneinheitlich. Es reichte von geheimer Wahl über Akklamation bis zur Abordnung. Wählen durften dabei nur »Arbeiter« – Männer und Frauen! – verstanden als »Kopf- und Handarbeiter« sowie Soldaten. Der Kongress repräsentierte so zwar eine Massenbewegung, nicht aber den Querschnitt des ganzen Volkes. Rund 80 Prozent waren Vertreter von SPD (60 Prozent) und USPD (20 Prozent). Es dominierten die Delegierten, die sich der Vorkriegssozialdemokratie und deren politischen Zielen verpflichtet fühlten. Der Konvent war recht eigentlich Gradmesser für die Wunschvorstellungen der sozialdemokratischen Basis. Das revolutionäre Parlament beschloss mit überwältigender Mehrheit in einem Verhältnis von etwa 8:1, Wahlen zur Nationalversammlung am 19. Januar 1919 abzuhalten. Der Antrag, am »Rätesystem als Grundlage der Verfassung einer sozialistischen Republik« festzuhalten, fiel mit 344 gegen 98 Stimmen glatt durch. Damit war der Weg für allgemeine Wahlen frei. Der als Kontrollorgan der Revolutionsregierung gewählte »Zentralrat der deutschen Republik«, nach dem Boykott der USPD zu seinen Wahlen allein aus Mitgliedern der SPD bestehend, spielte in der Folgezeit keine große Rolle. So legten die Arbeiter- und Soldatenräte mit dem Kongress ihre in der Revolution erkämpfte Macht zentralstaatlich endgültig in die Hände der Revolutionsregierung, blieben örtlich allerdings noch bis weit in das Jahr 1919 bestehen und bestimmten das Geschehen regional und lokal in ganz unterschiedlicher Intensität mit. Mit der Konstituierung der sich nach den ersten Wahlen bildenden demokratischen Organe vor Ort verloren sie dann ihre eigentliche Legitimation und verfielen jenseits der größeren Städte fast durchweg der Auflösung.

Wenn der Kongress mit den Entscheidungen über Regierungsform und Wahltermin auch die auf baldige Konstituierung der parlamentarischen Republik ausgerichtete Politik der SPD bestätigte, so setzte er mit der Forderung, die Sozialisierung der vermeintlich reifen Sektoren sofort in Angriff zu nehmen, und mit der Verabschiedung von Eckwerten eines Militärprogramms die Revolutionsregierung auch unter Zugzwang. Die sogenannten »Hamburger Punkte« sahen eine demokratische Organisation des Heeres unter der Kommandogewalt der Regierung vor; dabei sollten Rangabzeichen entfernt werden und die Soldaten ihre Führer selbst wählen. Wenn auch manches in den »Hamburger Punkten« überzogen und unrealistisch war, so spiegelten sich in ihnen Konturen einer demokratischen Militärreform. Doch umgesetzt wurden sie nie.

*

In derartigen strukturpolitischen Fragen übten sich die Mehrheitssozialdemokraten in Zurückhaltung. Das betraf auch die Sozialisierung, die von jeher den wirtschaftspolitischen Nukleus im sozialdemokratischen Forderungskatalog darstellte. Angesichts der gebetsmühlenartigen Wiederholung dieses Postulats seit den Gründertagen stand eigentlich zu erwarten, dass sie sogleich umgesetzt werden würde. Doch besaß die Sozialdemokratie kein tragfähiges und innerhalb der Partei akzeptiertes Konzept. Die lange Zeit in den Parteikreisen allgemeingültige Annahme vom zwangsläufigen Weg in den Sozialismus aufgrund einer zunehmenden Konzentration des kapitalistischen Systems hatte zu einer Vernachlässigung der praktischen Seite geführt. Eine Rechtsform der Sozialisierung mit entsprechenden Selbstverwaltungskörperschaften fehlte. Zu dem Glauben an die Naturnotwendigkeit – eine Floskel, die wie eine »ermüdende Beruhigungspille« (HELGA GREBING) wirkte – kamen aktuelle Hemmnisse, die Ebert auf der Konferenz der Ländervertreter am 25. November herausstrich: »Jetzt, wo die Produktivkräfte fast völlig erschöpft sind, ist es ungemein schwer, ja fast unmöglich, diese Absicht in die Tat umzusetzen. Deshalb gilt es zunächst, unseren Arbeitern und den von der Front zurückströmenden Soldaten Arbeit und Lebensmöglichkeit zu schaffen.« Die MSPD-Führung hielt es in dieser Phase des Übergangs von der Kriegsindustrie zur Friedensproduktion nachgerade für ein Wagnis, den Wiederaufbau der Wirtschaft und die damit eng zusammenhängende arbeitsmarktpolitische Integration der von der Front zurückkehrenden Soldaten durch Umstrukturierungen in Gefahr zu bringen. Sie glaubte sich in einer Situation, in der man zwischen Notstandspakt und Strukturreform zu entscheiden hatte. Beides gleichzeitig schien in diesen Tagen nicht realisierbar: Brot (und Kohle) brauchte man jetzt, Strukturreformen konnten aufgeschoben werden.

Dabei schwang immer die Frage mit, ob man die von der Verfügbarkeit von Kohle abhängige Ernährungslage durch Eingriffe in die Eigentumsstruktur des Kohlebergbaus zusätzlich gefährden sollte. »Keine Experimente« lautete daher die Parole. Hinzu gesellte sich die Befürchtung, dass in Gemein- oder Staatseigentum überführte Industriezweige viel leichter dem Zugriff der Siegermächte ausgesetzt gewesen wären. Ob die Furcht begründet war oder nicht: Sie stand den Handelnden vor Augen.

Der Druck der Basis erhöhte sich erst später. Die in erster Linie betroffene Bergarbeiterschaft richtete in der ersten Phase der Revolution im November und Dezember 1918 angesichts einer dramatischen Mangelsituation das Hauptaugenmerk auf die Beseitigung der Lebensmittelknappheit und auf sozialpolitische Besserungen. Die von den Bergarbeitergewerkschaften und dem

Zechenverband abgeschlossenen Regelungen über die Achtstundenschicht und einen Mindestlohn wurden zunächst begrüßt, dann aber kritisiert, weil mit dem reichseinheitlich verordneten Achtstundentag die Vereinbarung keinen Vorteil für die Bergarbeiter bedeutete, da die Ein- und Ausfahrtzeiten nicht einberechnet wurden. Die Streiks im Ruhrgebiet waren zunächst eine Lohnbewegung; Sozialisierung war nur eine nachgeordnete Forderung. Sie gewann in der zweiten Phase der Revolution 1919 an Gewicht und führte zu Massenstreiks an der Ruhr.

Die SPD-Führung betrachtete eine Entscheidung über die Eigentumsordnung als Obliegenheit des künftigen Parlaments. Außerdem war die Sozialisierung ein Feld, für das man einen breiten Konsens über das sozialdemokratische Lager hinaus herstellen wollte, so dass zunächst eine Kommission von Sachverständigen, der auch bürgerliche Vertreter angehören sollten, zu klären hatte, welche Industrien überhaupt als sozialisierungsreif gelten konnten. Das wäre am ehesten eben der Bergbau gewesen. Das Expertengremium konstituierte sich bereits am 5. Dezember 1918. Die Sozialisierung wurde nachfolgend von der Regierung nur auf Sparflamme gekocht. Eine parlamentarische Mehrheit hierfür fand sich nicht mehr. Die Kommission tagte bis 1923 – und blieb wirkungslos. Die Besitzverhältnisse blieben unangetastet. Eine Enteignung der Schlotbarone, »der autoritärsten Gruppe aus dem Unternehmerlager« (HEINRICH AUGUST WINKLER) erfolgte nicht.

Zurück in die ersten Wochen nach dem Umsturz: Die Lage vor allem in Berlin verschärfte sich. Die Auseinandersetzungen verlagerten sich immer mehr auf die Straße. Am 6. Dezember waren bei Schießereien zwischen linksgerichteten Demonstranten und Gardefüsilieren 16 Menschenleben zu beklagen. Die Gereiztheit wuchs. Ausgangspunkt für den Bruch der Revolutionsregierung waren die Weihnachtskämpfe, in denen Friedrich Ebert den Truppeneinsatz gegen die meuternde »Volksmarinedivision« angeordnet hatte, die Schloss und Marstall besetzt und den Berliner Stadtkommandanten Otto Wels (SPD) als Geisel festgehalten hatten. Für die USPD-Mitglieder war der nicht mit ihnen abgesprochene Militäreinsatz der äußere Anlass, aus dem Rat der Volksbeauftragten auszutreten. Der tiefere Grund lag in den wachsenden Differenzen zwischen der SPD und der immer stärker unter Druck der Linksradikalen geratenen USPD, vor allem in Fragen der Militärpolitik.

Der Austritt der drei USPD-Vertreter aus dem Rat der Volksbeauftragten, die durch die beiden Sozialdemokraten Gustav Noske und Rudolf Wissell ersetzt wurden, führte direkt zu den Januar-Unruhen. In den weithin als »Spartakus-Aufstand« bekannten Kämpfen versuchte die radikale Linke, darunter in vorderster Front die neue KPD unter der Führung von Karl Liebknecht, in frappierender Überschätzung des eigenen Kräftepotentials und bar jeder

Chance, die »Regierung Ebert-Scheidemann« gewaltsam zu stürzen. In diesem Moment, dem Kulminationspunkt der Revolutionszeit, übernahm der neue Volksbeauftragte Gustav Noske den Oberbefehl über die Truppen. Vermittlungsversuche fruchteten nicht; Aufrufe aus den Reihen der Arbeiterschaft, den »Bruderkrieg« der Arbeiterparteien zu vermeiden, verhallten folgenlos, so dass der Konflikt mit Waffen ausgetragen wurde.

Hier spielte es auch eine Rolle, dass im demokratischen Lager die Furcht vor einem »bolschewistischen« Gegenschlag herrschte. Der Wortradikalismus der revolutionären Linken schlug nun in Aktion um. Zur Begleitmusik gehörte es seit dem Umsturz, dass Spartakus ein Weitertreiben der Revolution predigte, die Weltrevolution mit Deutschland als der zweiten Station nach Russland propagierte und keine Gelegenheit verstreichen ließ, die Mehrheitssozialdemokraten um Ebert und Scheidemann zu attackieren, die von Rosa Luxemburg zu Todfeinden der Revolution erklärt wurden. »Das Scheidemann-Ebertsche Nest« wollte sie schon am 11. Dezember zerstampfen und wünschte auf dem Gründungsparteitag der KPD »mit einem fanatischen Hass in der Stimme« (so der Historiker der Arbeiterbewegung Gustav Mayer als »Ohrenzeuge« der Szene) die beiden SPD-Vorsitzenden ins Zuchthaus. In das gleiche Horn stieß Liebknecht mit der Hoffnung, Ebert als »Verkörperung aller Gegenrevolution« werde »unter den wuchtigen Schlägen des Proletariats« bald zusammenbrechen. Die »Verschwörung« der Mehrheitssozialdemokraten müsse »mit eiserner Faust niedergemacht« werden. Die SPD-Presse zahlte mit gleicher Münze heim; die bürgerlichen Zeitungen schürten kräftig die Angst vor dem bolschewistischen Unheil. Aber wenn einerseits dieser verbale Radikalismus von SPD und Bürgertum als ein Grund für eine gegen Spartakus gerichtete Pogromstimmung gesehen wird, die dann im Mord an Rosa Luxemburg und Karl Liebknecht eskalierte, so darf andererseits die spartakistische Hetze gegen die »Regierungssozialisten« nicht klein geredet oder gar ignoriert werden. Die verbalen Attacken dürften die Mehrheitssozialdemokraten nicht unbeeinflusst gelassen haben; sie sahen den Weg in die Demokratie in Gefahr, überschätzten dabei zweifelsohne das tatsächliche »bolschewistische« Potential.

Die grassierende Bolschewistenfurcht mochte angesichts der wirklichen Stärke der linksradikalen Kräfte im revolutionären Deutschland überzogen sein. Im Gravitationszentrum Berlin aber ballten sich die Konflikte und polarisierten sich die Kräfte, was die Wahrnehmung der ohnehin einer enormen Belastung ausgesetzten Entscheidungsträger beeinflusste. Im Hexenkessel Berlin musste man, so Philipp Scheidemann, ein »Fell wie ein Rhinozeros« haben. Gewiss – er und seine Genossen waren dickhäutig. Ihr Arbeitspensum war enorm. Sie gingen bis an die Grenzen der physischen und psychischen Kraft – und darüber hinaus. Zudem mussten sie in diesen zum Bersten aufgeladenen Tagen um Leib und Leben fürchten. Das alles dürfte nicht ohne Einfluss auf ihr Handeln geblieben sein.

Der Januar 1919 machte deutlich, dass eine zu allem entschlossene Minderheit durchaus eine reale Gefahr darstellte. Und dass Minderheiten die Macht an sich reißen konnten, hatte die Bolschewiki in Russland bewiesen, als sie, vom Wählerzuspruch enttäuscht, im Januar 1918 das frisch gewählte Parlament vertrieben hatte. Das sich dann im Bürgerkrieg zerfleischende, von Hungersnot, Massensterben und Wirtschaftschaos gepeinigte Land stand als Schreckensvision vor Augen. Ein solches Schicksal sollte Deutschland um jeden Preis erspart bleiben: »Es ist nicht mehr auszuhalten, immer in der Gefahr schwebend, ob wir auch einen Bürgerkrieg nach russischem Muster bekommen«, schrieb der SPD-Parteiveteran Hermann Molkenbuhr an seinen Sohn Artur Ende 1918.

Dass die junge KPD keineswegs nur eine zu vernachlässigende Randerscheinung in der deutschen Revolution war, war nun offensichtlich. Kommunisten und radikale Linke wollten den Weg zur Nationalversammlung stoppen und die Diktatur des Proletariats verwirklichen. Im Abwehrkampf der Regierung stellte es sich nun als Versäumnis heraus, dass keine zuverlässige republikanische Truppe aufgebaut worden war. Das Volkswehrgesetz der Volksbeauftragten vom 12. Dezember 1918, nach dem eine Freiwilligentruppe auf demokratischer Grundlage zur inneren Sicherheit, direkt dem Rat der Volksbeauftragten unterstehend, geschaffen werden sollte, verfolgte das mit der Ausführung betraute preußische Kriegsministerium lediglich dilatorisch – wenn überhaupt. Die Ereignisse überrollten schließlich die Planungen.

Die nur noch aus Männern der SPD bestehende Revolutionsregierung griff in höchster Bedrängnis auf das alte Militär zurück und zementierte damit die Rolle der Obersten Heeresleitung als Ordnungsfaktor. Ohne die Januarkämpfe wäre die OHL – nach Abschluss der Rückführung der Truppe – wohl aufgelöst worden. Jetzt hatte sie die Chance zum Überleben. In den Kämpfen zog die militärische Führung vor allem auch rechte Freiwilligenverbände aus zumeist entwurzelten Soldaten heran. Noske wollte Ordnung schaffen. Die Freikorps, zum Schutz der deutschen Ostgrenzen gegen polnische Übergriffe eilends aufgestellt, schlugen den Aufstand innerhalb weniger Tage nach wechselvollen Kämpfen nieder. Auch wenn das rücksichtslose Vorgehen der Regierungstruppen gegen die Putschisten auf berechtigte Kritik stieß, so war die Notwendigkeit unbestreitbar, mit militärischen Mitteln gegen die Aufständischen vorzugehen, wollte die Regierung die Tür zur Demokratie offenhalten. Der Aufstand war nichts weniger als der Versuch, die parlamentarische Demokratie im allerletzten Moment, zwei Wochen vor den ersten wirklich freien und gleichen Wahlen, zu verhindern. Das schien in Gefahr. Offen bleibt die

Frage, ob man für diese »Politik der gepanzerten Faust« (MICHAEL GEYER) nicht andere Ordnungsinstrumente hätte heranziehen können als jene in Distanz zu Demokratie und Republik stehenden militärischen Kräfte.

Von den Januar-Kämpfen 1919 in Berlin: Das zerstörte Gebäude des »Vorwärts«, der sozialdemokratischen Zeitung.

Zwei Tage nach dem Ende der Kämpfe, am 15. Januar 1919, wurden die beiden KPD-Führer Rosa Luxemburg und Karl Liebknecht durch Soldaten der Garde-Schützen-Kavallerie-Division brutal misshandelt und ermordet. Die vereinzelt behauptete, stets kolportierte These, die SPD-Führung in Gestalt von Noske und Ebert sei in den Mord verstrickt, habe ihn gar direkt angeordnet, basiert auf Aussagen des eigentlichen Kopfes der Mörderzentrale Jahrzehnte später, der so den untauglichen Versuch machte, seine abscheuliche Tat quasi nachträglich zu »legitimieren«. Die zeitgenössischen Dokumente liefern keine Belege für eine solche Interpretation – im Gegenteil: Sie widerlegen sie. Die Täter kamen vor einem Militärgericht mit äußerst glimpflichen Strafen davon; die am Mordkomplott maßgeblich beteiligten Offiziere wurden freigesprochen.

Die Folge des Januar 1919 war eine Radikalisierung der USPD, während die SPD die Kooperation mit den bürgerlichen Parteien suchte, die nach den Wahlen zur Nationalversammlung mit der Bildung der »Weimarer Koalition« institutionalisiert wurde. Der Januar-Aufstand und seine Niederwerfung durch Freikorps, der Mord an den beiden prominenten kommunistischen Führern sowie die milden Urteile gegen ihre Mörder vertieften insgesamt die Kluft innerhalb der Arbeiterbewegung und lagen wie ein Schatten auf der Bilanz der Revolution, die mit dem Januar 1919 aus der nahezu unblutigen Phase in einen örtlich und regional blutigen Bürgerkrieg übergehen sollte.

Das Land wurde im Frühjahr 1919 von einer zweiten Welle der Revolution heimgesucht, die mit einer Vielzahl von Opfern ungleich konfliktreicher verlief als die erste Phase nach dem 9. November 1918. Auch hier setzte Noske auf eine Politik der eisernen Faust u. a. in den Berliner »März-Kämpfen«. Eine Falschmeldung, dass 60 Polizisten von Aufständischen in Berlin-Lichtenberg ermordet worden seien, nahm der nunmehr zum Reichswehrminister ernannte Noske am 9. März 1919 zum Anlass für seinen berüchtigten Schießbefehl, nach dem jeder, der mit der Waffe in der Hand angetroffen werde, zu erschießen sei: Die Eskalation der Gewalt folgte. Am Ende zählte man in Berlin 1.200 Tote.

Nicht nur hier stiegen die Opferzahlen dramatisch. Im Januar und Februar streikten die Arbeiter im rheinisch-westfälischen Industrierevier, um ihrer Forderung nach Sozialisierung Nachdruck zu verleihen. Es kam zu blutigen Zusammenstößen von Polizei, Militär und Arbeitern. Das setzte sich dann im April fort, als auf dem Höhepunkt des Protestes drei Viertel der Zechenbelegschaften, um die 300.000 Kumpel, in den Ausstand traten. In Mitteldeutschland steuerte die USPD-Linke einen Generalstreik, der am 8. März sein Ende fand.

Vereinzelt versuchte die radikale Linke, trotz der deutlichen Niederlage auf dem Reichsrätekongress das Rätesystem zu realisieren. Sie scheiterte. Die am 10. Januar 1919 in Bremen proklamierte Räterepublik wurde vier Wochen später von Freikorps niedergeschlagen. Der von radikalen Linken angezettelte »Karfreitagsputsch« am 18. April 1919 in Offenbach wurde von örtlichen Militärs und Polizei erstickt. Auch dies blieb eine Episode, die jedoch mit 17 Toten und 26 Verwundeten einen hohen Blutzoll forderte. Das waren aber weit weniger, als dann wenige Wochen später in und um München Opfer des Bürgerkriegs werden sollten.

*

DAS STICHWORT: Die Münchner Räterepubliken
In München wurde am 7. April 1919 die bayerische Räterepublik ausgerufen, getragen vor allem von Anarchisten und Unabhängigen Sozialdemokraten, aber auch Sozialdemokraten und Kommunisten. Das war der Höhepunkt eines halben Jahres voll von wechselvollen Ereignissen. Der Thronstürzler Kurt Eisner, dessen USPD bei den ersten Landtagswahlen am 12. Januar 1919 magere 2,5 Prozent eingefahren hatte, war auf dem Weg zur konstituierenden Sitzung des Landtags am 21. Februar ermordet worden. Die Mitte März gebildete neue reguläre Regierung unter dem Sozialdemokraten Johannes Hoffmann setzte sich nach der Proklamation der Rätepublik, der sich zahlreiche Städte Bayerns anschlossen, nach Bamberg ab und suchte die Macht zurückzuerobern, was nach anfänglichen Erfolgen der regierungstreuen »Republikanischen Schutztruppe« aber letztlich fehlschlug. Der gescheiterte sogenannte »Palmsonntagsputsch« vom 13. April markierte den Startschuss zur zweiten Räterepublik, angeführt von den beiden Kommunisten Eugen Leviné und Max Levien. Sie suchten die Räteidee zu verwirklichen, agierten dabei undemokratisch, weil ohne Massenbasis oder plebiszitäre Legimitation. Das irrwitzige Unterfangen, angeführt von Abenteurern, die sich der telegrafischen Solidarität Lenins erfreuten, musste in der Katastrophe enden. Die Rote Armee der Räterepublikaner wurde nach wechselvollen blutigen Kämpfen von den nun zum Einsatz gebrachten weit überlegenen Regierungstruppen und Freikorps Anfang Mai niedergeworfen. Der weiße Terror wütete dabei wie eine Furie. Insgesamt waren über 600 Tote zu beklagen, davon mehr als die Hälfte Zivilisten. Die Regierungstruppen verloren 38 Mann.

Wie schon beim Januar-Aufstand, so war es auch im Fall der Rätediktatur von München legitim seitens der gewählten Regierungen im Reich und Land, die antidemokratische Bewegung zu bekämpfen. Aber die äußerste Brutalität, mit der dies seitens der von der Regierung geschickten Truppen geschah, war durch nichts zu rechtfertigen und klebte als Makel an der jungen Republik und an den Verantwortlichen. Nach wiedererrungener Macht bildete Hoffmann eine Koalitionsregierung aus SPD, DDP und Bayerischer Volkspartei. Gustav Landauer, Mann der ersten Räterepublik, der sich von der kommunistisch geführten zweiten enttäuscht zurückzogen hatte, wurde nach seiner Verhaftung ermordet. Der Anführer der zweiten Räterepublik, der von der KPD-Zentrale in Berlin entsandte Berufsrevolutionär Eugen Leviné, wurde zum Tode verurteilt und hingerichtet. Das Schicksal blieb dem USPD-Mann Ernst Toller dank der Fürsprache u. a. seines Schriftstellerkollegen Thomas Mann erspart. Er bekam fünf Jahre Haft; fünf seiner fünfzehn Jahre Haft musste der Schriftsteller Erich Mühsam absitzen.

Die wie kein zweites Ereignis die Angst vor dem Bolschewismus schürenden Münchner Räterepubliken trugen auch dazu bei, dass sich die bayerische Landeshauptstadt zur Hochburg rechtsextremer Kreise entwickelte, die auf den Sturz der Republik hinarbeiteten.

Mit der Niederwerfung des Münchner Räte-Experiments endete die zweite Phase der Revolution, in der sich die Enttäuschung nicht nur der radikalen Arbeiterschaft über die bisherigen Ergebnisse der Revolution manifestierte und die ungleich blutiger als der Novemberumsturz verlief.

*

Weitere vereinzelte Unruhen hatten ihren Ursprung in der angespannten Versorgungslage. In Frankfurt kam es Ende März nach einer Senkung der Kartoffelration zu Ausständen, bei denen 20 Tote zu beklagen waren. Beim Hamburger Sülzeaufstand Ende Juni, entstanden aus der Annahme der Bevölkerung von der Verwendung fauligen Fleisches durch Metzger, zählte man nach massivem Militäreinsatz 80 Tote. Auch Kassel erlebte Krawalle, die sich an der Weigerung eines Händlers entzündet hatten, Eier zum festgesetzten Richtpreis zu verkaufen. Resultat: vier Tote. Diese Konflikte und die Nichterfüllung traditioneller sozialdemokratischer Reformforderungen trugen wesentlich zu einer Radikalisierung der Arbeiterschaft und einer Abkehr von der alten SPD bei.

Zwischen hohem Erwartungshorizont und eng geschnürten Rahmenbedingungen, umwölbt von fundamentalen Krisen und drohender politischer Eruption hatten die sozialdemokratischen Führer in der Revolutionszeit Kurs gehalten. Nach dem Fall der Monarchie mit dem Credo, im Auftrag des ganzen Volkes handeln zu müssen, sahen sie sich als Nachlassverwalter des alten Reiches und als Treuhänder der Macht, nur als ein provisorisches Organ mit begrenztem Mandat und limitierter Legitimationsbasis. Hinter den die Revolutionsregierung tragenden Parteien der Arbeiterbewegung standen wohl nicht einmal 50 Prozent der Bevölkerung, nimmt man das Wahlergebnis vom Januar 1919 als Bezugsrahmen. Auch wenn man das geringe Potential der sich dem ersten demokratischen Votum verweigernden KPD hinzuzählt, ändert sich nichts am Befund.

Das Tor zur Demokratie war geöffnet; dass nach dem Umsturz vom 9. November bereits drei Monate später die Nationalversammlung zusammentrat, gehört angesichts der desaströsen Rahmenbedingungen zu den großen Leistungen der Revolutionsregierung. Zudem war die staatliche Einheit erhalten geblieben. Die zentrifugalen Kräfte hatte Berlin im Zaum halten können. Insgesamt wurde die Katastrophe abgewendet; die aus der Kriegsniederlage resultierenden akuten sozialen und wirtschaftlichen Probleme wurden im Großen und Ganzen bewältigt.

Der Start in die Republik war jedoch insgesamt ein Beginn mit Wunden – aber: Sie wären vielleicht vernarbt und verheilt, wenn die Gegner der Republik von links und rechts sie nicht immer wieder erneut aufgerissen hätten. Für die Rechte blieb die neue Ordnung eine der Unrechtmäßigkeit und des Mittelmaßes, erwachsen aus dem Landesverrat (wie die Dolchstoßlegende suggerierte), von den »Novemberverbrechern« den Siegern ausgeliefert; für die radikale Linke war es eine von der SPD im Zusammenspiel mit den alten Kräften erstickte Revolution, belastet mit versäumten Chancen einer Neuordnung und einem Übermaß an Kontinuität, schlicht entsprungen aus dem Verrat an der Arbeiterklasse. Das alles gehörte weiter zur Begleitmusik der Republik. Trotz der Unvollkommenheit, der vermeintlichen Fehler und Unterlassungen in den Anfangswochen: In drei Monaten wurde der Grundstein für die Republik gelegt. Die aus der Taufe gehobene Demokratie besaß die Chance auf Fortentwicklung in eine dauerhafte Stabilität. Dass es dazu nicht kommen sollte, war nicht die Schuld der Taufpaten der Republik.

Demonstrationszug von Anhängern der Mehrheitssozialdemokraten in der heißen Phase der Revolution um den Jahreswechsel 1918/19: Aus einem Fenster am Eck der Reichskanzlei in der Wilhelmstraße 77 spricht der kaum auszumachende Volksbeauftragte Friedrich Ebert (Bildmitte).

2. Die Nationalversammlung und ihr Hauptwerk: Die Reichsverfassung

Entsprechend dem Beschluss des Reichskongresses der Arbeiter- und Soldatenräte fanden am 19. Januar 1919 die ersten wirklich allgemeinen, gleichen, geheimen und direkten Wahlen in der deutschen Geschichte statt. Erstmalig durften auch Frauen wählen, die von den Parteien als besondere Zielgruppe angesprochen wurden und die im gleichen Maße wie die Männer zur Wahlurne gingen. Die Einführung des Frauenstimmrechts und die allgemeine Herabsenkung des Wahlalters von 25 auf 20 Jahre bewirkten einen Zuwachs der Wählerschaft um 167 Prozent. Dennoch zeigte sich im Vergleich zu den Ergebnissen der letzten Reichstagswahlen 1912 eine bemerkenswerte Kontinuität.

Bei einer Wahlbeteiligung von 83 Prozent lag die SPD mit 37,9 Prozent vorn. Die USPD erzielte 7,6 Prozent. Die eine Räteherrschaft anstrebende revolutionäre Kommunistische Partei Deutschlands (KPD), zu diesem Zeitpunkt noch eine Splittergruppe, ging aus Ablehnung der parlamentarischen Demokratie nicht an den Start. Auf Platz zwei kam die katholische Zentrumspartei mit 19,7 Prozent. Die linksliberale Deutsche Demokratische Partei (DDP) verbuchte 18,5 Prozent, ihre rechtsliberale Konkurrenz, die Deutsche Volkspartei (DVP), lediglich 4,4 Prozent. Die dem untergegangenen Kaiserreich nachtrauernde konservative Deutschnationale Volkspartei (DNVP) brachte es auf immerhin 10,3 Prozent. Die 423 Abgeordneten verteilten sich wie folgt: SPD 165, USPD 22, DDP 75, Zentrum 90, DVP 22, DNVP 43, andere sechs. Am 6. Februar 1919 um 15:15 Uhr eröffnete der Volksbeauftragte Friedrich Ebert die »Verfassunggebende Versammlung der deutschen Nationen« im Nationaltheater von Weimar.

*

DAS STICHWORT: Weimar als Chiffre

Weimar als Tagungsort der Nationalversammlung gab der ersten Republik ihren Namen. Im Vorfeld der Entscheidung hatten sich sieben Städte als Versammlungsstätte ins Spiel gebracht, darunter Frankfurt a. M. mit der Paulskirche als Herberge des Parlaments von 1848. Über die Ortswahl berieten am 14. Januar 1919 die Regierungsspitzen unter dem Vorsitz von Friedrich Ebert, dessen Plädoyer schließlich den Ausschlag gab für Weimar, die Residenzstadt des ehemaligen Großherzogtums Großsachsen (so die Bezeichnung ab 1903), das mit der Revolution zum Freistaat Sachsen-Weimar-Eisenach geworden war. 1920 sollte der Freistaat im neuen Land Thüringen aufgehen.

Drei Gründe sprachen für die Stadt im Herzen Deutschlands mit ihren 37.000 Einwohnern: Sie galt in jeder Hinsicht als sicher, im Gegensatz zum weiterhin unsicheren Berlin, wo noch der Januar-Aufstand nachwirkte. Außerdem äußerten die Länder im Süden und Westen Deutschlands starke Bedenken gegen die Reichshauptstadt als Tagungsstätte. Als ein Drittes: Der Geist der Stadt der deutschen Klassik, der Stadt Goethes und Schillers, sollte auch auf die neue Republik strahlen und als Leitlinie für die republikanische Verfassungsschöpfung dienen. Die Wahl Weimars würde, nach den Worten Eberts, nicht nur den Einheitsgedanken und die Zusammengehörigkeit im Reich fördern: »Es wird in der ganzen Welt angenehm empfunden werden, wenn man den Geist von Weimar mit dem Aufbau des neuen Deutschen Reiches verbindet.«

Trotz zahlreicher Proteste bekräftigte die Regierung am 20. Januar den Beschluss und bestimmte als Eröffnungstermin den 6. Februar. Die Stadt an der Ilm verlieh der neuen Staatsordnung den Namen: Weimarer Republik. Weimar wurde Chiffre für die erste deutsche Demokratie, von Trägern der Republik positiv gebraucht, von den Gegnern negativ konnotiert und bis heute im historischen Diskurs allseits verwandt. Die am 31. Juli 1919 verabschiedete Verfassung wird daher mehrheitlich als »Weimarer Verfassung« bezeichnet. Schon Hugo Preuß hatte bei der Vorstellung des Verfassungsentwurfs am 24. Februar 1919 vor der Nationalversammlung von der »freistaatlichen deutschen Verfassung von Weimar« gesprochen. Und der Vorsitzende des Verfassungsausschusses, Conrad Haußmann, war in der dritten Lesung am 29. Juli der Ansicht, dass »diese Verfassung in der Geschichte Deutschlands und in der Weltgeschichte künftig den Namen ›Weimarer Verfassung‹ führen« solle, sozusagen als Dank und Hommage an die Stadt für die Beherbergung der Nationalversammlung. Nun – offiziell trug die Verfassung diesen Namen nicht, aber die Bezeichnung bürgerte sich dauerhaft ein, über die Umbrüche deutscher Geschichte hinweg.

Als Urkunde diente ein gedrucktes Exemplar aus der Beratungsphase, das in Druckschrift mit »Entwurf einer Verfassung des Deutschen Reichs« überschrieben war. Kurzerhand strich man die Worte »Entwurf einer« und fügte stattdessen ein handschriftliches »Die« ein. Jetzt lautete die Überschrift: »Die Verfassung des Deutschen Reichs«. Doch auf diesem vom Reichspräsidenten und den Mitgliedern der Reichsregierung unterzeichneten Exemplar findet sich nicht der Name der Stadt Weimar, sondern der des kleinen thüringischen Schwarzburg, das zum seinerzeitigen Freistaat (bis 1918 Fürstentum) Schwarzburg-Rudolstadt gehörte. Der Grund: Hier im 700-Seelen-Ort im Schwarzatal machte Reichspräsident Ebert Urlaub, als ihm am 11. August 1919 die Verfassungsurkunde zur Unterschrift vorgelegt wurde und er Ort und Datum handschriftlich einfügte.

*

Tagungsort der Nationalversammlung 1919: das Nationaltheater von Weimar; Außenaufnahme während der Sitzung am 21. August 1919, auf der Reichspräsident Friedrich Ebert auf die Reichsverfassung vereidigt wird. Mit der 86. Sitzung beendet die Nationalversammlung ihre Tätigkeit in Weimar.

Die Nationalversammlung von Weimar hatte aber nicht allein eine Verfassung auszuarbeiten. Als legislatives Organ musste sie auch zentrale Gesetze erlassen, darunter über die Bildung der vorläufigen Reichswehr, zur Finanzreform oder über die Betriebsräte. § 1 des »Gesetzes über die vorläufige Reichsgewalt« vom 10. Februar – der zeitlich befristeten Rumpfverfassung – machte es zur Aufgabe, neben der künftigen Reichsverfassung »auch sonstige dringende Reichsgesetze zu beschließen«. Zu weiteren wesentlichen Aufgaben der Nationalversammlung gehörte neben der Besetzung der zentralen Regierungsorgane, also Reichspräsident und Regierung, vor allem der Abschluss eines Friedensvertrages.

Zwei Entscheidungen waren eigentlich bereits vor der Parlamentseröffnung gefallen: die Frage der Koalition und die Vergabe der zentralen Staatsämter. Was die Regierung betraf, so lief alles auf die später so genannte »Weimarer Koalition« aus SPD, katholischem Zentrum und linksliberaler DDP hinaus. Wer Staatsoberhaupt und Reichskanzler (offizieller Titel zunächst »Reichsministerpräsident«) werden sollte, lag allein in den Händen der SPD. Zwei aus ihren

Reihen meldeten Ansprüche auf das höchste Staatsamt an: die beiden Parteivorsitzenden Friedrich Ebert und Philipp Scheidemann, wobei Ebert eindeutig der politisch Gewichtigere war und schließlich gegen Scheidemann obsiegte, für den der Chefsessel in der Reichskanzlei übrig blieb.

Am 11. Februar 1919 wurde Friedrich Ebert mit 227 von 379 abgegebenen Stimmen zum provisorischen Reichspräsidenten gewählt – kein überzeugendes Votum, denn er erhielt damit etwa 50 Stimmen weniger, als die drei Fraktionen des kommenden Regierungsbündnisses aus SPD, DDP und Zentrum besaßen. Auch wenn der Auftakt für Ebert und die sogenannte »Weimarer Koalition« nicht pannenfrei verlief: Zum ersten Mal in ihrer Geschichte hatten die Deutschen ein demokratisch gewähltes Staatsoberhaupt.

Ebert beauftragte Scheidemann mit der Regierungsbildung, der als Reichsministerpräsident zwei Tage später dem Parlament sein Kabinett aus SPD, DDP und Zentrum präsentierte, das sich auf eine komfortable Dreiviertelmehrheit stützen konnte. Die zu gleichen Teilen aus Sozialdemokraten und bürgerlichen Ministern bestehende Weimarer Koalition aber zerbrach bereits nach vier Monaten an der Frage des Friedensvertrages. Die DDP trat vorübergehend aus der Regierung aus, gesellte sich aber im Oktober wieder zur Kabinettsrunde.

Im öffentlichen Diskurs überlagerte die Friedensfrage alle anderen Themen, auch die Entwicklung des Staatsgrundgesetzes. Während die Nationalversammlung beim Friedensvertrag notgedrungen die Altlasten des Kaiserreiches zu schultern hatte, ging sie mit hohem Enthusiasmus an die Ausgestaltung der Verfassung, konnte sie doch in Eigenverantwortung den Weg in die Demokratie planieren. Das hieß allerdings nicht, dass man einmütig agierte. Die Spannbreite der politischen Grundanschauungen reichte von überzeugten Anhängern der Republik bis hin zu den schärfsten Gegnern. Dazwischen agierten die »Vernunftrepublikaner« und »Herzensmonarchisten«, die sich nur zögerlich mit der neuen Ordnung anfreunden konnten. Aufgrund der höchst unterschiedlichen Interessenlagen war die Arbeit an der Verfassung von Kontroversen und dem Aushandeln von Kompromissen geprägt.

Rechtliche Grundlage bis zur Verabschiedung der Verfassung bildete das knappe »Gesetz über die vorläufige Reichsgewalt«, das bereits die Grundstruktur der späteren Verfassungsorgane (u. a. die starke Stellung des Reichspräsidenten) vorwegnahm. Lücken der vorläufigen Verfassung wurden durch das Übergangsgesetz vom 4. März und durch den Erlass des Reichspräsidenten über die Errichtung der obersten Reichsbehörden vom 21. März geschlossen.

Eine wichtige Vorentscheidung für die Erarbeitung der Verfassung war mit der Berufung von Hugo Preuß zum Staatssekretär und damit zum Chef des Reichsamts des Innern am 15. November 1918 gefallen. Nicht nur für den Volksbeauftragten Ebert war der Rektor der Berliner Handelshochschule einer der »hervorragendsten Staatsrechtler«, der sich nicht durch Beteiligung an der Kriegspolitik kompromittiert hatte. Unter der Federführung von Preuß, einem Mann der Fortschrittspartei, der sich nach dem Umbruch für die DDP entschied, wurde ein von liberaldemokratischem Gedankengut durchdrungener Verfassungsentwurf entwickelt. Das Ursprungskonzept enthielt schon wesentliche Elemente der späteren Verfassung. So schuf Preuß im Misstrauen gegenüber den Parteien einen starken Präsidenten, den er als Sachwalter des Gemeinwohls verstanden wissen wollte. Der Entwurf wurde in den Gesprächen mit der Revolutionsregierung Mitte Januar 1919 um die von Preuß bewusst ausgelassenen Grundrechte erweitert. In den anschließenden Beratungen mit dem »Staatenausschuss«, der Vertretung der Länder, erfuhr sein Konzept des dezentralisierten Einheitsstaates eine deutliche Abschwächung zugunsten der Länderrechte und einer Institutionalisierung des Ländereinflusses über den Bundesrat. Die von ihm mutig angedachte territoriale Flurbereinigung durch die Schaffung etwa gleich großer Länder, was auf Zerschlagung des übermächtigen Preußen und Zusammenlegung der Kleinstaaten zielte, also die Etablierung eines symmetrisch-demokratischen Föderalismus, wehrten die Ländervertreter ab.

Am 24. Februar 1919 stellte Preuß, nunmehr Reichsinnenminister, den modifizierten Verfassungsentwurf der Nationalversammlung vor. Die eigentlichen Beratungen fanden dann im 28-köpfigen Verfassungsausschuss unter dem Vorsitz des Württembergers Conrad Haußmann (DDP) statt. Entsprechend der Fraktionsstärke entsandten die Parteien ihre Vertreter, unter ihnen 16 Juristen: SPD elf, Zentrum sechs, DDP fünf, DNVP drei, DVP zwei und USPD einen. Angesichts der Beratungen hinter verschlossenen Türen waren die Debatten trotz der Divergenzen geprägt von hoher Kompetenz und einem sachlichen Diskurs, weitgehend frei von polemischen Noten. Der Ausschuss nahm nach der ersten Generaldebatte im Plenum seine Arbeit am 4. März 1919 auf. In zwei Beratungsrunden, deren erste dann bis zum 2. Juni und deren zweite vom 3. bis 18. Juni dauerte, wurde der Entwurf in insgesamt 42 Ausschusssitzungen in eine neue Form gegossen und schließlich dem Plenum zur Beschlussfassung präsentiert. Es folgten dann sogenannte »Nachberatungen« in drei Zusammenkünften zwischen dem 23. Juni und 26. Juli (43. bis 45. Sitzung).

Ein grundlegender Streitpunkt kreiste um die Rechte des Reichspräsidenten, dessen Befugnisse SPD und USPD begrenzt sehen wollten. Schon bei der ersten Lesung am 28. Februar warnte der Sozialdemokrat Richard Fischer vor zu weitreichenden Kompetenzen des Staatsoberhaupts. Er war getragen von der Befürchtung, dass »eines Tages ein anderer Mann, aus einer anderen Partei, vielleicht sogar aus einer reaktionären, staatsstreichlüsternen Partei an dieser Stelle stehen wird« und die Möglichkeiten der Verfassung gegen ihren

Sinn verwenden könne. In das gleiche Horn stieß Oskar Cohn (USPD), der in der zweiten Lesung am 5. Juli Unheil am Horizont heraufziehen sah, dass einmal ein »nichtsozialdemokratischer Präsident«, ein Herr »von den Deutschnationalen« oder – wenn schon nicht gleich ein Mitglied des gewesenen Herrscherhauses – doch zumindest ein »Trabant der Hohenzollern, vielleicht ein General« dieses einflussreiche Amt bekleiden könne. So müsse man sich fragen, wie ein solcher Amtsinhaber die Kompetenzen handhaben würde. Trotz dieses weitsichtigen Mahnrufes wurde in der dritten Lesung die Machtvollkommenheit des Reichspräsidenten sogar noch zementiert. Das mag auch daran gelegen haben, dass mit Friedrich Ebert ein der Republik treuer Diener aus den Reihen der SPD dieses Amt bekleidete, so dass die Befürchtungen im Sinne Cohns eben nicht als akut wahrgenommen wurden. In gewisser Weise war der starke, die Macht der Parteien begrenzende Präsident ein rudimentäres Relikt kaiserlicher Kompetenzen im monarchischen System.

Die vom liberalen Parteiführer Friedrich Naumann angestoßene Diskussion um den knappen Grundrechtskatalog löste langatmige Debatten aus. Insgesamt erfuhr der Grundrechtsteil eine völlige Umgestaltung. Auch in der Schulfrage kam es zu heftigen Kontroversen, die beinahe zur Sprengung der Koalition geführt hätten und erst am Ende durch einen Kompromiss zunächst von SPD und Zentrum, dann unter Einschluss der DDP gelöst wurden. Zwar wurde als Regelschule die gemeinsame »Simultanschule« verankert, aber auch die Möglichkeit des Aufbaus von Bekenntnis- oder Weltanschauungsschulen bei entsprechendem Elternwillen eröffnet (Artikel 146). Die Sache war vertagt, denn: »Das Nähere bestimmt die Landesgesetzgebung nach den Grundsätzen eines Reichsgesetzes.« Bis dahin blieb die bisherige Rechtslage bestehen (Artikel 174).

Es erscheint in der Rückschau doch etwas befremdlich, dass um die künftigen Reichsfarben ein höchst emotionaler Streit in ungewöhnlicher Schärfe entbrannte. Das ist insofern erklärlich, weil es hier um eine leicht verständliche Problematik ging, war dies doch »die volkstümlichste Frage des ganzen Verfassungswerkes«, wie ein Abgeordneter der DNVP meinte. Preuß hatte das kaiserliche Schwarz-Weiß-Rot durch das Schwarz-Rot-Gold der Revolution von 1848 ersetzt und damit bei weiten Teilen im bürgerlichen Lager einen Sturm der Entrüstung ausgelöst. Im Ausschuss mühte man sich um eine Lösung, beide Farbenspiele doch irgendwie zur Geltung zu bringen. Die Nationalversammlung schloss einen ebenso faulen wie fragwürdigen Kompromiss, der am 3. Juli mit 211 gegen 90 Stimmen bei einer Enthaltung angenommen wurde. 119 Abgeordnete fehlten. Der endgültige Artikel 3 legte fest, dass die Reichsfarben schwarz-rot-gold seien, die vor allem von der SPD verfochtenen Farben der Paulskirche von 1848. Aber die Handelsflagge war in den von den

Rechtsparteien sowie Teilen von Zentrum und DDP geforderten kaiserlichen Farben schwarz-weiß-rot gehalten – »mit den Reichsfarben in der oberen inneren Ecke«, wie es hieß.

Der für Befürworter wie Gegner der neuen Farben gleichermaßen wenig zufriedenstellende Kompromiss markierte den Beginn eines Konflikts, der durch spätere Ausführungsverordnungen zusätzlich verkompliziert wurde. Die Regierung des parteilosen Kanzlers Hans Luther sollte gar über eine Flaggenverordnung 1926 zu Fall kommen.

Der vom Verfassungsausschuss entwickelte, gegenüber der ursprünglichen Fassung doch erheblich erweiterte Entwurf wurde im Plenum zwei Lesungen unterzogen: der zweiten vom 3. bis 22. Juli und der abschließenden dritten vom 29. bis 31. Juli. Hierbei wurden noch einige Veränderungen vorgenommen, wobei der Kompromiss zwischen den Regierungspartnern in der leidenschaftlich diskutierten Schulfrage besondere Bedeutung besaß.

In der dritten Lesung positionierten sich die Sprecher der Fraktionen: DNVP und DVP lehnten die Republik als eine den Deutschen wesensfremde Staatsform ab, die letztlich zu einer minderwertigen »Parteiherrschaft« führen würde. Ihre Reden lasen sich nachgerade wie eine Hymne auf das verblichene Kaisertum. Demgegenüber lobten die Redner der drei verfassungstragenden Parteien SPD, Zentrum und DDP die neue staatsrechtliche Grundlage aus ganz unterschiedlichen Perspektiven und Motiven, wenn auch jeder für sich glaubte, Punkte der Kritik anmelden zu müssen. Aber allen drei Parteien war klar, dass hier nur über Kompromisse Lösungen gefunden werden konnten. Gleichwohl konnten sie mit den in den strittigen Punkten ausgehandelten Artikeln leben.

Am 31. Juli 1919 verabschiedete das Parlament mit 262 Stimmen von SPD, Zentrum und DDP gegen 75 Stimmen von DVP, DNVP und USPD (bei einer Enthaltung) die »Verfassung des Deutschen Reichs«. Dass 86 Mandatsträger, davon 67 aus den Reihen der verfassungstragenden Parteien (allein 44 der SPD), nicht an der namentlichen Abstimmung teilnahmen, bei einigen das Protokoll lediglich ein unbestimmtes »fehlt« (und kein »krank« oder »beurlaubt«) vermerkt ist, dokumentiert Unbehagen bei doch vielen Abgeordneten aus dem demokratischen Lager. Nach der Unterzeichnung durch den Reichspräsidenten am 11. August trat die Verfassung drei Tage später mit der Veröffentlichung im Reichsgesetzblatt in Kraft. Damit konstituierte sich das Reich als parlamentarisch-demokratischer Verfassungsstaat. Mit der Vereidigung des Reichspräsidenten auf der 86. Sitzung am 21. August endete die Arbeit der Nationalversammlung in Weimar, die von nun an in Berlin tagte, bis der im Juni 1920 gewählte erste Reichstag an ihre Stelle trat.

Das Votum vom 31. Juli war ein holpriger Start für die Verfassung. Dennoch: Gestützt auf mehr als drei Viertel der Abstimmenden, hinter denen auch drei

Viertel des Wahlvolkes standen, war ein Staatsgrundgesetz geschaffen worden, das in aller Konsequenz auf dem Prinzip der Volkssouveränität basierte. Von daher erklärt sich die nahezu überschwängliche Reaktion von Reichsinnenminister Eduard David (SPD), der die Verfassung als die »einer sozialen Demokratie« feierte. Nirgends auf der Welt sei die Demokratie konsequenter verfassungsrechtlich fixiert worden: »Die deutsche Republik ist fortan die demokratischste Demokratie in der Welt.« Und Nationalversammlungspräsident Constantin Fehrenbach (Zentrum) beendete die Sitzung am 31. Juli 1919 mit den Worten: »Wir stehen am Schlusse eines wichtigen, hochbedeutsamen Werkes, auf das die verfassunggebende deutsche Nationalversammlung stolz sein kann.« In der Tat konnten die Verfassungsschöpfer auf ihr Werk stolz sein. In kurzer Zeit hatten sie Beachtliches geleistet – aber: Die Verfassung mit Leben zu erfüllen, lag nun neben dem Parlament auch in anderen Händen. Es war daher Aufforderung und Mahnung zugleich, wenn Fehrenbach weiter ausführte: »So legen wir nun die Verfassung in die Hände des deutschen Volkes [...]. Möge [...] das deutsche Volk [...] die ihm verliehene Freiheit ausnutzen [...], immer nur bedacht auf das Wohl des Ganzen.« Im Sommer 1919 musste man sich die Frage stellen, ob das Volk und seine Vertreter ihre Chance zur freiheitlichen Gestaltung der Republik nutzen würden.

Das Volk als Inhaber der Macht stand im Zentrum der Republik als der neuen Staatsordnung. Die Weimarer Verfassung sollte die Geburtsfehler der Bismarck'schen Verfassung von 1871 überwinden. Mit ihren 181 Artikeln ging die republikanische Verfassung weit über ihre Vorläuferin mit ihren 57 Artikeln hinaus und rangierte nach Zahl auch vor dem Bonner Grundgesetz von 1949 mit seinen 146 Artikeln. Im Gegensatz zur bundesrepublikanischen konnte sich die Weimarer Verfassung der (indirekten) Weihen des Volkes rühmen, waren doch die Mandatsträger aus einer demokratischen Volkswahl hervorgegangen und nicht wie 1948 die 61 Väter und vier Mütter des Grundgesetzes von den Landtagen einfach nach dem Proporz der Fraktionen, die sie vorschlugen, delegiert worden.

Oberste Volksvertretung nach der Reichsverfassung war der alle vier Jahre zu wählende Reichstag, der das Recht der Gesetzgebung und der Kontrolle der Exekutive besaß. Der Reichstag musste bei der Kanzlerkür nicht einbezogen werden, konnte aber über ein Misstrauensvotum den Rücktritt des Kanzlers oder eines Ministers erzwingen. In diesem Fall konnte der Reichspräsident in die Bresche springen, der in geschickter Ausnutzung seiner Rechte die Demokratie auszuhebeln im Stande war. Artikel 48, mit dem er Maßnahmen zur Sicherung von Ruhe und Ordnung ergreifen und Grundrechte vorübergehend außer Kraft setzen konnte, machte ihn praktisch auch zum unbeschränkten Ersatzgesetzgeber, denn ein die Anwendung begrenzendes und erläuterndes Ausführungsgesetz wurde nie erlassen. Die Verfassungsschöpfer hatten die Mitwirkung des Parlaments gar noch beschnitten, als sie die in einem ursprünglichen Artikel 49 vorgesehene Zustimmungspflicht des Reichstags zu präsidentiellen Verordnungen in eine reine Informationspflicht herabstuften. Aber: Die Maßnahmen waren »auf Verlangen des Reichstags außer Kraft zu setzen«.

Artikel 48 bot auch die Möglichkeit zur Disziplinierung verfassungswidrig handelnder Länder, die über den Reichsrat mitbestimmen konnten. Einsprüche der Ländervertretung konnte der Reichstag jedoch mit Zweidrittelmehrheit abweisen. Am Übergewicht Preußens und an der Existenz von kleinen Staaten rüttelte die Verfassung nicht. Das Reich war damit weiter belastet von einem Ungleichgewicht der Länder, das sich allerdings nicht voll im Reichsrat niederschlug. Denn obwohl die Stimmenzahl von Größe und Einwohnerzahl abhängig war, durfte kein Land über mehr als vier Zehntel der Stimmen verfügen. Dass in diesem asymmetrischen Föderalismus ausgerechnet das von vielen für beschneidungsreif angesehene Preußen zum kampfesstarken Hort der Republik werden sollte, widerlegte die Befürchtungen von einer gefährlichen preußischen Dominanz der auf eine territoriale Neuordnung drängenden Vordenker, die zumindest in Artikel 18 die Länderneugliederung als Verfassungsauftrag verankern konnten. Und auch dem Politikwissenschaftler wird widersprochen, der als das »eigentliche Problem der staatlichen Neugestaltung in der Weimarer Republik [...] die Existenz eines übermächtigen Staates«, eben Preußen, ausmacht (HANS BOLDT). Vielleicht war gerade die Größe des republikanischen Preußen die Stärke des neuen Staates.

Der Reichsrat war Forum der Mitbestimmung der Länder, wenn er auch im Vergleich zum Bundesrat des Kaiserreiches mit weniger Rechten ausgestattet war. Ohnehin hatte die Reichsverfassung eine Schwächung der Länder bewirkt. Die Stärkung der Reichsgewalt durch Heranziehung von Kompetenzen im Steuer-, Post- und Verkehrswesen zu Lasten der Länder, die auch ihre Rechte auf militärischem Gebiet einbüßten, führte zu manch überzogener Kritik aus dem deutschen Südwesten, die neue Nahrung erhielt durch die Finanzreform von Reichsfinanzminister Matthias Erzberger, der die Finanzhoheit des Reiches gegenüber den Ländern stärkte. Alles in allem wurde jedoch eine solide Basis für das Verhältnis von Reich und Ländern gelegt. Allein die Existenz der Verfassung wirkte stabilisierend; denn mit ihr war die seit Kriegsende und Revolution latente Gefahr eines Auseinanderfallens des gemeinschaftlichen organisatorischen Gefüges gebannt. Gleichwohl formierten sich die Protagonisten einer Reichsreform: Auf der einen Seite standen die, die in Abkehr von der in ihren Augen zu starken Zentralisierung eine Föderalisierung wollten; sie hatten im Süden, namentlich in Bayern, ihr Zuhause. Auf der anderen Seite zielten mehrheitlich Sozialdemokraten und Liberaldemokraten auf eine stärkere Unitarisierung des Reiches. Beides kam nicht zum Zuge, so dass bei den Reformbefürwortern beider Richtungen Unzufriedenheit blieb.

Neben liberalen Grundrechten fanden auch sozialstaatliche Prinzipien Einzug, die den Staat zur Fürsorge und zur sozialen Sicherung der Bürger verpflichteten. Der Katalog der »Grundrechte und Grundpflichten der Deutschen« umfasste allein 57 Artikel. Dieser zunächst in Anlehnung an die Paulskirchenverfassung von 1848 entstandene, dann später stark erweiterte zweite Hauptteil war nicht aus einem Guss, sondern spiegelte die unterschiedlichen Interessenlagen der Parteien und Gruppen wider. Jeder hatte etwas von sich hineingebracht.

Der erste Artikel dieses Abschnitts war einer der bedeutendsten: »Alle Deutschen sind vor dem Gesetz gleich. Männer und Frauen haben grundsätzlich dieselben staatsbürgerlichen Rechte und Pflichten«. Das klang höchst fortschrittlich, war es letztlich auch, aber das »grundsätzlich« entpuppte sich als folgenschwere Einschränkung der postulierten Gleichstellung. Die Verfassung machte ein einheitliches Arbeitsrecht zur Pflicht und stellte die »Arbeitskraft [...] unter den besonderen Schutz des Reichs«. Sie verordnete keine bestimmte Wirtschaftsordnung, rückte aber doch in Artikel 151 den Menschen in das Zentrum der Arbeitswelt: »Die Ordnung des Wirtschaftslebens muss den Grundsätzen der Gerechtigkeit mit dem Ziel der Gewährleistung eines menschenwürdigen Daseins für alle entsprechen.« Die Sozialpartnerschaft wurde verankert, man sprach von Gleichberechtigung der Arbeiter und Angestellten mit den Unternehmern. Hier ragte der Betriebsräteartikel heraus, der den Arbeitnehmern und Angestellten gesetzliche Vertretungen zusicherte und bei der Regelung der Lohn- und Arbeitsbedingungen Mitbestimmungsrechte gewährte (Artikel 165). Auch wenn das Streikrecht explizit in der Verfassung keine Erwähnung fand – man konnte es allenfalls aus der zugesicherten Vereinigungsfreiheit herleiten –, so fühlten sich die Gewerkschaften durch die Verfassung in ihrer Macht gestärkt und aufgewertet. Mit dem Reichswirtschaftsrat war ein sozial- und wirtschaftspolitisches Mitbestimmungsorgan von Verfassungsrang intendiert; er sollte seine zugedachte mitwirkende Rolle jedoch nie auch nur annähernd ausfüllen können.

In weiten Teilen prägte Offenheit die Verfassung, die in einzelnen Feldern Reformen ermöglichte, ohne sie selbst zu verankern. Das galt für die nur unbestimmt als Zielperspektive erwähnte Sozialisierung. Diese zu realisieren hing vom Willen der Gesetzgeber ab. Doch eine parlamentarische Mehrheit fand sich hierfür nicht mehr. Die Sozialisierung blieb auf dem Papier stehen.

Ein Kompromiss schlug sich auch in dem Abschnitt über Bildung und Schule nieder, der mit dem Grundsatz der Chancengleichheit im Bildungswesen ernst machen wollte. Der Zugang zu höheren Schulen sollte Kindern aus allen Bevölkerungskreisen ermöglicht werden. Die Reformen umfassten die Einführung einer für alle verbindlichen vierjährigen Grundschule, womit reichen Eltern verweigert wurde, ihre Sprösslinge auf private Schulen zu schicken. Die Verankerung von Bekenntnisschulen und von Religionsunterricht als ordentlichem Fach stieß vor allen Dingen der Linken auf, welche die Reformansätze als zu halbherzig verwarfen, während sie von den Rechten wiederum als zu weitgehend und als Angriff auf wertgeschätzte Privilegien missbilligt wurden. Die Gesetzgebung sollte darüber hinaus unehelichen Kindern die gleichen Bedingungen wie ehelichen sichern.

Volksbegehren für die Fürstenenteignung 1926: »Den Fürsten keinen Pfennig! Sie haben genug! Rettet dem Volk 2 Milliarden! Den Notleidenden soll es zugute kommen!« Es verfehlt die erforderliche Mehrheit.

Durch ein umfassendes Sozialversicherungswesen sollte Vorsorge gegen die wirtschaftlichen Folgen von eingeschränkten Erwerbsmöglichkeiten und zum Schutz der Mutterschaft getroffen werden. Auch der Jugendschutz war Staatsauftrag. Wenngleich die in der Verfassung verankerten sozialen Grundrechte nur als unverbindliche Programmsätze galten, so wurde im Laufe der Zeit doch einiges realisiert wie mit den Schwerbeschädigtengesetz im April 1920 oder dem Mutterschutzgesetz vom Juli 1927 und letztlich dem Gesetz über Arbeitsvermittlung und Arbeitslosenversicherung vom gleichen Monat.

Die Umsetzung der sozialstaatlichen Aufträge hing ganz wesentlich von der Finanzkraft des Staates ab. Sozialpolitik war (und ist heute noch) bei allem Willen von Regierung und Parlament zu einer Sozialreform ganz entscheidend abhängig von der ökonomischen Kraft des Gemeinwesens.

Die Verfassung trug insgesamt in weiten Teilen Kompromisscharakter; aber aus dem Kompromiss der Verfassungsschöpfer entwickelte sich kein dauerhafter gesellschaftlicher Konsens, sondern mit den Kräfteverschiebungen auf dem politischen Tableau gerieten die ausgehandelten Formeln in den Fokus und wurden zu Konfliktherden.

Die mit hohen Hürden versehene Volksgesetzgebung machte einen der Wesenskerne der Verfassung aus, denn über die Möglichkeiten des Plebiszits sollten die Interessen der Bürger stärkere Berücksichtigung finden und das Volk im Sinne von demokratischer Teilhabe auch politisieren. Es schimmerte in dem so manifestierten Vertrauen in das Volk aber auch Misstrauen gegenüber den Parteien durch, denn letztendlich sollte die plebiszitäre Komponente das Korrektiv eines (vermeintlichen) abgehobenen Parlamentsabsolutismus sein.

Artikel 73 sicherte dem Wahlvolk die Eigeninitiative für ein Gesetz zu. So war ein Volksentscheid herbeizuführen, wenn ein Zehntel der Stimmberechtigten das Begehren nach Vorlage eines Gesetzentwurfs stellte. Nach dem Gesetz über den Volksentscheid vom Juni 1921 reichte die Mehrheit der abgegebenen gültigen Stimmen für die Annahme aus. Doch konnte ein Beschluss des Reichstags über einen Volksentscheid nur dann außer Kraft gesetzt werden, wenn sich die Mehrheit der Wahlberechtigten an der Abstimmung beteiligte und dann eine Mehrheit erzielt wurde. Keiner der drei in der ersten Republik angestrebten reichsweiten Plebiszite war erfolgreich. Der von der KPD initiierte, von der SPD mitgetragene Volksentscheid für eine Fürstenenteignung 1926 scheiterte ebenso wie der 1929 von den Rechtsparteien betriebene Volksentscheid gegen den Young-Plan. Nicht einmal die erste Hürde des Volksbegehrens übersprang 1928 die kommunistische Initiative für ein Verbot des Panzerkreuzerbaus.

Zu den direkten Mitbestimmungsmöglichkeiten gehörte die Volkswahl des Reichspräsidenten. Der Reichspräsident konnte bei einem Widerspruch gegen ein Parlamentsgesetz das Volk anrufen, das wiederum, vom Reichstag dazu aufgefordert, auch den Präsidenten über eine Volksabstimmung hätte aus dem Amt jagen können. Beides kam nicht zur Anwendung. Die Verfassung schuf insgesamt einen außerordentlich machtvollen Reichspräsidenten, der nicht nur repräsentative Aufgaben besaß. Schon im »Gesetz über die vorläufige Reichsgewalt« war die starke Position konturiert worden. Das Gesetz hatte festgelegt, dass der von der Nationalversammlung gewählte Reichspräsident nur solange amtierte, bis ein neuer aufgrund der Modalitäten der künftigen Reichsverfassung bestimmt worden war. Doch die in der ein halbes Jahr später verabschiedeten Verfassung vorgeschriebene Volkswahl fand zunächst nicht statt. Erst nach Friedrich Eberts Tod wurde der Präsident im April 1925 direkt vom Volk gekürt. Für die Republik sollte es von Bedeutung sein, dass die beiden Reichspräsidenten – Friedrich Ebert und Paul von Hindenburg – die Möglichkeiten der Verfassung mit nahezu konträrer Zielsetzung anwandten.

*

IM FOKUS: Zwei Präsidenten

In der Republik amtierten mit Friedrich Ebert und Paul von Hindenburg nur zwei Reichspräsidenten, die unterschiedlicher nicht sein konnten: hier der Mann aus dem kleinhandwerklich-proletarischen Milieu, ein Handwerker, Sozialdemokrat, Zivilist und Republikaner, dort der Militär aus einem preußischen Adelsgeschlecht, der Antidemokrat und konservative Monarchist, der Erfinder der Dolchstoßlüge. Beide prägten ihr Amt ganz unterschiedlich. Ihnen gemein war lediglich der erste Berater: Otto Meissner, der von Beginn an zu Eberts Stab gehörte und 1920 zum Büroleiter aufstieg. Als Staatssekretär blieb Meissner auch unter Hindenburg und Hitler der erste Beamte im Präsidentenpalais und spielte vor allem als Berater des greisen Generals beim Untergang der Republik eine unrühmliche Rolle.

Das Misstrauen der Verfassungsschöpfer gegenüber Parteien und Parlament schlug sich in der herausgehobenen Position des Reichspräsidenten nieder: Er konnte den Reichskanzler ernennen und entlassen, den Reichstag auflösen und über Artikel 48 nahezu unbeschränkt Maßnahmen zur Sicherung der Ordnung ergreifen und Notverordnungen erlassen. Hinzu kamen das Recht zur Begnadigung, zur Ernennung der Offiziere und Beamten sowie der Oberbefehl über die Reichswehr und die völkerrechtliche Vertretung. Aufgrund seiner Machtbefugnisse wurde der Präsident oftmals als »Kaiser-Ersatz« beschrieben. Ob er diese Rolle ausfüllte, hing ganz vom Amtsinhaber ab.

Die im Verfassungsartikel vorgesehene Volkswahl des Staatsoberhaupts wertete den Reichspräsidenten gegenüber Parlament und Regierung beträchtlich auf, denn auch er hätte sich auf den direkten Volkswillen berufen können. Doch die erste Volkswahl fand erst nach dem Tod des am 11. Februar 1919 von der Nationalversammlung in Weimar gewählten Friedrich Ebert statt. Obwohl er stets auf Durchführung einer verfassungsmäßigen Wahl durch das Volk drängte, zögerten die Regierungen. Anfang 1922 schien dann doch alles bereit zu sein für ein dem Artikel 41 entsprechendes Plebiszit im Herbst des Jahres. Es kam jedoch nicht dazu, da die DVP aus Furcht vor einer Wahl des Sozialdemokraten Ebert für weitere sieben Jahre auf eine kürzer befristete Fortführung des Provisoriums drängte. Lange war die Sache in der Schwebe, bis die anderen bürgerlichen

11. Februar 1919 vor dem Weimarer Nationaltheater: ein Hoch auf den soeben gewählten Reichspräsidenten Friedrich Ebert (Mitte mit grauem Hut), ausgebracht vom späteren Reichsminister Adolf Köster (SPD).

Parteien auf eine solche Lösung einschwenkten und schließlich auch die SPD sich dem Druck nicht mehr entziehen konnte.

So verlängerte der Reichstag am 24. Oktober 1922 über eine Verfassungsänderung Eberts Amtszeit bis zum 30. Juni 1925. Hier hätte Ebert auf ein Votum des Volkes pochen müssen, konnte man doch im Herbst 1922 mit einiger Sicherheit davon ausgehen, dass er vom Volk auf weitere sieben Jahre gewählt worden wäre. Denn nach dem von Rechtsradikalen verübten Mord an Reichsaußenminister Walther Rathenau wäre das demokratische Wählerlager gewiss zu einem Großteil für den Amtsinhaber mobilisiert worden. Die mit der Entscheidunq auf das Frühjahr 1925 vertagte Volkswahl sollte Ebert nicht mehr erleben: Er starb am 28. Februar des Jahres. Ob er noch einmal ins Rennen gegangen wäre, bleibt fraglich. Zu seinem Nachfolger bestimmten die Deutschen Paul von Hindenburg, der im ersten Wahlgang noch nicht kandidiert hatte.

Dem 78-jährigen kaiserlichen Feldmarschall kam dabei sein Nimbus als Held der Schlacht von Tannenberg 1914 zugute, den er über die von ihm als Chef der OHL ab August 1916 mit zu verantwortende Kriegsniederlage vor allem dank der von ihm gewobenen Dolchstoßlegende hatte retten können, auch weil er

Einweihung des Tannenberg-Denkmals in Hohenstein/Ostpreußen im September 1927: Reichspräsident Paul von Hindenburg (vorn l.), der zum »Sieger von Tannenberg«, der Schlacht 1914 gegen die Russen, verklärte kaiserliche Generalfeldmarschall, mit seinem vormaligen Generalquartiermeister Erich Ludendorff (vorn r.).

bei allen zentralen Aktionen 1918/19, die seinen Mythos hätten gefährden können, General Groener als seinen Adlatus vorgeschickt hatte. Stresemann hätte Hindenburg wegen seiner ungebrochenen Popularität gern schon Anfang 1920 auf den Kandidatenschild für das höchste Staatsamt gehoben. Der aus dem Altersruhestand geholte Hindenburg bezwang im zweiten Wahlgang am 26. April 1925 mit 48,3 Prozent den demokratisch-republikanischen Sammelkandidaten der Mitte, den eher bieder wirkenden Zentrumspolitiker Wilhelm Marx, der auf 45,3 Prozent kam. Ironie der Geschichte: Der Kommunist Ernst Thälmann erreichte 6,4 Prozent. Hindenburg also Sieger von Thälmanns Gnaden? Das wäre zu kurz gedacht. Denn auch die Bayerische Volkspartei traf die Schuld, denn sie rief nicht zur Wahl des »Volksblock«-Kandidaten Marx, sondern des Generals auf. Auch 1932 setzte sich Hindenburg im zweiten Wahlgang am 10. April durch (53 Prozent), wobei der General eine verkehrte Welt erlebte: Er wurde dabei nicht von der ihm politisch doch nahestehenden DNVP oder dem rechtskonservativen Stahlhelm, sondern unter anderem auch von der SPD unterstützt, die damit den Gegenkandidaten Hitler unbedingt verhindern wollte. Das gelang; der Nationalsozialist kam lediglich auf 36,8 Prozent. Die Hoffnung, dass mit der Wahl des kaiserlichen Generals 1925 auch die Monarchisten und Konservativen *sich mit der Republik würden aussöhnen, erwies sich als fehlgehend, zumal der Amtsinhaber nichts in dieser Richtung unternahm.*

Die Wahl Hindenburgs 1925 wurde so zum »Wendepunkt, von dem ab in Deutschland der Abmarsch von der Demokratie erfolgte« – erst langsam, aber dann schneller und immer schneller, so der preußische Innenminister Albert Grzesinski (SPD) in seinen Erinnerungen. Denn während der Sozialdemokrat Ebert die Verfassungsrechte zur Stabilisierung der Republik einsetzte, nutzte sie der kaiserliche Generalfeldmarschall zur Aushöhlung der Demokratie.

Der Reichspräsident konnte als »Ersatz-Monarch« bestimmend in die Politik eingreifen, als Wächter und Stütze der Demokratie agieren und die Rolle des Krisenmanagers übernehmen. Die präsidiale »Reserveverfassung« versetzte ihn auch in die Lage, das Parlament auszuhebeln und als Ersatzgesetzgeber zu agieren. Das mächtigste Amt der deutschen Demokratiegeschichte war auf einen überzeugten Demokraten zugeschnitten, was aber ab 1925 nicht mehr der Fall war und zeitversetzt wesentlich zum Untergang der Republik beitrug.

Fühlte sich das Staatsoberhaupt der Demokratie verpflichtet, konnte er unter Rückgriff auf die präsidialen Rechte eine Bastion gegen die Republikfeinde sein. Lag ihm die Demokratie aber nicht am Herzen, konnte er das Amt auch gegen die Republik instrumentalisieren. In ersterem Sinne handelte Ebert, für den die parlamentarische Demokratie mit dem Reichstag als höchstem Organ unverrückbare Norm darstellte. Dabei verstand sich der Sozialdemokrat als Teil der Reichsregierung und nicht als deren Gegenpol. Am Kabinettstisch bemühte er sich stets um eine Diagonale zwischen den Interessen. Doch intervenierte er immer dann, wenn die Regierung die Verfassungskompetenzen überstrapazieren, ja missbrauchen wollte.

Für Ebert als einem politischen Teamspieler war die Einigkeit der Regierung unverrückbare Maxime. Insofern zeigte er sich hier als ein moderner Präsident, der nicht in die Rolle eines republikanischen Monarchen schlüpfen wollte, obwohl er auf das traditionelle Instrument des kaiserlichen Belagerungszustands und dann auf den Verfassungsartikel 48 zurückgriff. Das aber geschah immer zur Abwehr antidemokratischer Bestrebungen und zur Überwindung der ökonomischen und finanzpolitischen Zwangslagen. Ebert agierte ganz im Sinne einer Stabilisierung der gefährdeten Republik, stets unter Wahrung und Respektierung der Rechte des Reichstags, während sein Nachfolger Paul von Hindenburg, beraten von einer ihn abschirmenden und dirigierenden Kamarilla, gewillt war, die Möglichkeiten von Artikel 48 in geschickter Kombination mit den weiteren präsidialen Instrumentarien wie der Reichstagsauflösung gegen das Parlament – und damit gegen die Republik – auszunutzen. Hindenburg, der aktiv hinter den Kulissen die Ausbootung der SPD betrieb, schickte das Parlament im Juli 1930 in den Zwangsurlaub, als die Volksvertretung ihr in Artikel 48 verankertes Recht, die Aufhebung einer Notverordnung zu fordern, in Anspruch nahm. Zwei weitere Male gab der Präsident Reichskanzler Papen 1932 die Order zur Auflösung des Reichstags an die Hand, deren Begründung der Verfassung Hohn sprach. Ebert hatte auch zweimal 1924 das Parlament aufgelöst, aber dies diente zur Revitalisierung eines erstarrten Parlamentarismus. Zum Ende der Republik zeigte sich in fataler Weise, dass in der unheilvollen Verknüpfung von Notverordnungs- und Auflösungsrecht eine der zentralen Schwächen der Verfassung lag.

*

Das so mit besonderen Machtbefugnissen ausgestattete Präsidentenamt konnte sich demokratiegefährdend auswirken. Ungeachtet dessen: Die republikanische Verfassung stellte insgesamt ein über die Zeit hinausweisendes Werk dar, denn es verankerte Demokratie und Freiheit in besonderer Weise. Trotz einiger Mängel war sie durchaus ein brauchbares Instrumentarium. Im Wesentlichen dem allgemeinen Zeitgeist entsprechend, legte sie das Fundament eines modernen parlamentarisch-demokratischen Rechtsstaates. Von ihr gingen bedeutende Wirkungen für die deutsche Demokratiegeschichte aus, hinter denen das bundesrepublikanische Grundgesetz in Teilen zurückbleiben sollte.

Dem Parlamentarischen Rat schwebte bei den Beratungen um das Grundgesetz 1948/49 immer die Verfassung von 1919 als eine Art Negativ-Vorbild vor Augen. Aus vermeintlichen Konstruktionsfehlern wie der überragenden Stellung des Reichspräsidenten und der Leichtigkeit des Kanzlersturzes zog er die Konsequenzen, indem der Bundespräsident im Wesentlichen auf repräsentative Aufgaben begrenzt wird und der Bundeskanzler vom Bundestag nur über ein konstruktives Misstrauensvotum gestürzt werden kann. Der Möglichkeit von Verfassungsänderungen setzt das Grundgesetz enge Grenzen; es schließt Ersatzgesetzgeber aus. Der demagogische Missbrauch direkter Mitbestimmung gegen die Republik und die Aufheizung in den Volksbegehren, besonders der Reputationsgewinn der NSDAP beim Plebiszit gegen den Young-Plan 1929, veranlassten die Schöpfer des Grundgesetzes, auf derartige direktdemokratische Elemente zu verzichten. Sie schielten bei alledem nicht allein auf die Verfassungsurkunde von Weimar, sondern auf die Verfassungswirklichkeit, auf den Umgang der Verfassungsorgane mit den Verfassungsrechten und -pflichten. Und hier lag das Manko der ersten Republik.

Auf eben den Auftrag, das geschriebene Wort durch Taten Wirklichkeit werden zu lassen, hatte Hugo Preuß zu Beginn der dritten Lesung am 29. Juli 1919 hingewiesen. Nach der Verabschiedung beginne erst »die eigentliche Verfassungsarbeit«: »denn es ist von entscheidender Wichtigkeit, ob nach Erlass der Verfassung ihre Bestimmungen in Organisation und Verwaltung in dem Geiste ausgeführt und gehandhabt werden, der die Verfassungsurkunde beseelt. Eine Garantie dafür, dass dies geschieht, kann keine Verfassung leisten. Die Verfassung kann nichts anderes tun, als die Voraussetzungen dafür zu schaffen. Ich glaube, das tut die Verfassung.« Seine Hoffnung sollte enttäuscht werden. Denn der demokratische Geist, der dieser Verfassung zugrunde lag, fehlte am Ende der Republik jenen, die diese Verfassung zu handhaben hatten. Sie missbrauchten sie zur Zerstörung der Republik. Die verfassungsrechtlichen Verheißungen vor allem im Grundrechtsteil weckten Hoffnungen, ja Begehrlichkeiten, die nicht erfüllt werden konnten, was wiederum Enttäuschung und Abkehr von der Demokratie bewirkte.

Da Verfassungen nur die »Regularien politischer Herrschaft« festschreiben (UDO DI FABIO), obliegt es den Organen des Staatswesens, sie mit Leben zur erfüllen. Eben weil die Weimarer Verfassung parlamentarische, präsidiale und plebiszitäre Elementen in sich vereinte, kam es ganz entscheidend darauf an, wie die Verfassungsorgane sie mit Leben füllten. Die Zeitumstände überforderten die Verfassung, die in den entscheidenden Phasen der Republik von ihren Trägern zum Entkernen der Demokratie missbraucht wurde.

Das Verhängnis der Republik war nicht das später oft für ihr Scheitern verantwortlich gemachte Staatsgrundgesetz, das doch die Chance für den Auf- und Ausbau einer freiheitlich-demokratischen Ordnung eröffnete. Ganz besonders in einem jungen Staat wie Weimar bedurfte es zu einer vollendeten demokratischen Verfassungswirklichkeit eines weiten Verfassungspatriotismus in allen gesellschaftlichen Bereichen, vor allem auf der Ebene der politischen Entscheidungsträger. Eine Verfassung benötigt den gesellschaftlichen Konsens, um sich voll entfalten zu können. Wo das innere Bekenntnis zur Verfassung fehlt, bleibt sie Papier, ein Dokument ohne Wirkungsmacht. Zudem fehlte in Weimar eine die Akzeptanz der Verfassungsordnung erhöhende wirtschaftliche Stabilität.

Die Verfassung von 1919 trug in sich die Möglichkeit, bei entsprechendem Willen der Verfassungsorgane gegen ihren eigentlichen Sinn missbraucht zu werden. Das sollte ihr Schicksal werden. Die Schuld daran aber tragen nicht die Verfassungsschöpfer, sondern am Ende die Verfassungsorgane und politischen Handlungsbevollmächtigten, denen die Republik nicht am Herzen lag. Nicht eine vermeintlich unzulängliche Verfassung, sondern die Handhabung durch die Verfassungsorgane trug ihren Teil zur Zerstörung der Demokratie bei. So war die Staatsgrundlage der innerlich zerrissenen und außenpolitisch bedrängten ersten Republik in der Tat eine »gute Verfassung in schlechter Zeit« (CHRISTOPH GUSY).

Das Ende der Nationalversammlung in Weimar am 21. August 1919: Nach der Vereidigung auf die Reichsverfassung wendet sich Reichspräsident Friedrich Ebert (direkt über der dritten Säule v. r.) vom Balkon des Nationaltheaters an die Weimarer; vorn das Goethe-Schiller-Denkmal.

II. Entwicklungen in der Republik

1. Wandel und Wanderung: Parteien und Wahlen

Achtmal in 13 Jahren (1919 bis 1932) wurden der Wähler und die Wählerin zur Kür des Reichsparlaments gerufen. 1924 fanden innerhalb von sieben Monaten zwei Reichstagswahlen in Folge von zwei vom Reichspräsidenten verfügten Parlamentsauflösungen statt; 1932 erfolgte gleiches innerhalb von 14 Wochen. Hinzu kamen Landtags- und Kommunalwahlen, vier Wahlgänge bei zwei Reichspräsidentenwahlen 1925 und 1932 sowie Volksbegehren und Volksabstimmungen im Reich und in den Ländern. Auch wenn Wahlen der verschiedenen Ebenen zumeist aus Gründen der Kostenersparnis auf einen Tag zusammengelegt wurden, so sah sich die Weimarer Bürgerschaft permanenten Wahlkämpfen ausgesetzt. Angesichts der zahlreichen Urnengänge war es schon erstaunlich, dass die Beteiligung bei den Reichstagsvoten recht konstant um die 80 Prozent rangierte, dabei nie unter 75 Prozent fallen sollte, was auch für Preußen galt. Die Politisierung war also nach wie vor hoch. Bei einigen Landtagswahlen in der ruhigeren Phase Mitte der 1920er Jahre war mitunter ein doch bemerkenswerter, ganz unterschiedlich ausfallender Rückgang festzustellen, etwa in Baden 1925 und Hessen 1927 auf jeweils 54 Prozent. Die Höchstbeteiligung im Jahr 1924 in Thüringen (fast 90 Prozent) lag in der aufgeheizten Situation infolge der Blockbildung im Land begründet.

Es war im Gegensatz zum Kaiserreich eine neue Erfahrung für die verantwortlichen Politiker, sich fortwährend dem Wähler zu stellen und unter hohem Einsatz für sich sowie für Partei und Programm zu werben. An die Stelle des ehrenamtlichen Abgeordneten trat nach und nach der Berufspolitiker; er stabilisierte und professionalisierte die parteipolitische und parlamentarische Arbeit. Und seine Erfahrung erleichterte den Novizen den Einstieg auf das parlamentarische Parkett.

Allgemein fand der Berufspolitiker auch im Parteiapparat sein Auskommen. Da folgten die bürgerlichen Parteien der Arbeiterpartei SPD, die schon vor 1914 ihre Strukturen modernisiert und mit fest angestellten Funktionären auch professionalisiert hatte. Der »Parteifunktionär« aber geriet leichter in die Kritik, weil er außerhalb der eigenen Reihen nicht als ein Vertreter der Wählerschaft, sondern der betreffenden Organisation galt. Die Auslese der Volksvertretungen verlagerte sich aufgrund der neuen Listenwahlsysteme hin zu den Parteien. Im Mehrheitswahlrecht des Kaiserreiches stand die Person im Vordergrund, wo man sich in den Einmannwahlkreisen direkt mit anderen Kandidaten zu messen hatte. Hierbei spielten freilich auch Parteibindungen und Wahlabsprachen zwischen den Parteien – zumeist im zweiten Wahlgang gegen die SPD – eine Rolle. Nach 1918 gewannen die Parteiorganisationen an Bedeutung und übernahmen nun stärker die Funktion der für die demokratische Willensbildung unerlässlichen zentralen Transmissionsriemen.

Eine Entpersonalisierung des Wählens war die Folge; in der öffentlichen Wahrnehmung spielten die Parteizentralen nun die entscheidende Rolle. So sah eine thüringische Dorfzeitung 1924 in ihrer Kritik am Listensystem Leute in den Landtag einrücken, »die niemals im Stande wären, einen Wahlkreis für sich zu erobern«. Das landläufige Urteil, durch das Verhältniswahlsystem mit Listen würde das parteipolitische Mittelmaß Einzug in die demokratischen Körperschaften halten, kratzte am Ansehen der politischen Organisationen, deren Nennung oftmals schon negativ konnotiert war. Das neue Wahlsystem ermöglichte darüber hinaus den Interessenverbänden einen leichteren Zugang zu den Parteien und so direkt auch in die Parlamente.

Politik und Politiker hatten in der Republik nur wenig Möglichkeiten, sich selbst zu popularisieren. Eben weil der Rundfunk noch nicht geboren war und die filmische Wochenschau noch in den Kinderschuhen steckte, war es die Fotografie, die zu Beginn der Republik weitgehend das Bild (im ureigenen Sinne des Wortes) des Politikers in der Öffentlichkeit prägte. Die junge Demokratie hatte zunächst wenig an publikumswirksamen repräsentativen Handlungen und Ereignissen zu bieten, die die Popularität von Politikern hätten entscheidend fördern können. Andererseits versäumte es auch die demokratische Presse, in der allgemeinen Ausschau nach Führungspersönlichkeiten sich als demokratische Identifikationsfiguren anbietende Politiker publikationswirksam zu fördern. Insgesamt traf auch auf den Großteil der Politiker in den Anfangsjahren zu, dass die Fotografie nicht als ein zentrales Kommunikationsmedium zur Personalisierung und Popularisierung von Politik erkannt wurde. Die Politik und ihre Träger entzogen sich den Herausforderungen der sich immer rasanter entwickelnden Bildergesellschaft und ließen sich zunächst recht zögerlich auf eine offensive Öffentlichkeitsarbeit ein. Sie taten nicht mehr als unbedingt notwendig, um nicht in den Verdacht zu geraten, man wolle die gekrönten Häupter der Kaiserzeit imitieren, die keine Gelegenheit ungenutzt gelassen hatten, sich dem Volk in Prunk und Pomp zu präsentieren.

Als ein unvorteilhaftes Bild von Reichspräsident Ebert und Reichswehrminister Noske in Badehosen in der Ostsee von der »Berliner Illustrirten Zeitung« just am Vereidigungstag des Präsidenten am 21. August 1919 in Umlauf kam, so wurde damit, gewiss ungewollt, die Republik und ihre Repräsentanten lächerlich gemacht. Denn auf das Badehosenbild reagierte die Gesellschaft, die bisher das kaiserliche Gepränge gewohnt war, doch einigermaßen schockiert. Das Motiv wurde nachfolgend in einer Fülle von Karikaturen verfremdet und so »das wirkungsvollste, weil pöbelhafteste Argument gegen die Republik«, wie der Schriftsteller und Journalist Joseph Roth schon im Herbst 1923 schrieb. Der Politiker agierte vorsichtig auf dem Feld der Public Relations, immer auf der Hut, das Private könnte negativ auf ihn zurückschlagen. Die Propaganda perfektionierte dann die NSDAP.

Die »Berliner Illustrirte Zeitung« macht im August 1919 zur Vereidigung von Reichspräsident Friedrich Ebert mit einem Bild von ihm (r.) im Ostseebad Haffkrug auf: daneben Reichswehrminister Gustav Noske, vorn der Hamburger Sozialdemokrat Josef Rieger. Das Badehosenbild erreicht so zweifelhafte Bekanntheit.

Unter diesen Rahmenbedingungen organisierten sich die Parteien. Das Parteiensystem der Republik wandelte sich im Vergleich zum Kaiserreich zunächst wenig. Die ersten Wahlen machten deutlich, dass die bürgerlichen Parteien einen langwierigen und schmerzvollen Gründungsprozess durchliefen. Während die Sozialdemokratie den Umbruch als Chance für die Realisierung der Demokratie verstand und entschlossen zugriff, haderten viele im Bürgertum lange mit der Kriegsniederlage und mit dem Verlust der Monarchie als Identifikations- und Projektionsfläche. Vom Trauma des Zusammenbruchs des Kaiserreiches erholte sich die bürgerliche Mitte nur langsam. Viel dramatischer traf dies noch den Adel und seine konservative Partei.

Trotz einiger neuer Namen prägte Kontinuität die Parteienlandschaft, die erst in der Folge signifikante Veränderungen erlebte, als sich an den Rändern immer stärker werdende Gegner des neuen Staates formierten und sich die Mitte ausdünnte. Es gehörte zu den schweren Belastungen Weimars, dass in den Parlamenten die Zahl ihrer Feinde ständig wuchs.

Die Partei der Republik war die SPD, deren Rolle sich vom einstigen »Reichsfeind« des Kaiserreiches zum Träger des demokratischen Staates grundlegend wandelte: vom Systemgegner zum Systemträger. Doch schon die zweiten Wahlen vom 6. Juni 1920 bescherten ihr ein niederschmetterndes Ergebnis: Sie rutschte von veritablen 37,9 Prozent 1919 auf 21,7 ab. Auf der anderen Seite fuhr die USPD beachtliche 17,9 Prozent ein (1919: 7,6 Prozent). Die sozialdemokratischen Bündnispartner verbuchten ebenfalls Verluste: Während sie sich beim Zentrum im Rahmen hielten (1919 einschließlich der BVP 19,7 Prozent, nun 13,6 Prozent), sackte die liberale Deutsche Demokratische Partei (DDP) dramatisch ab (von 18,5 Prozent 1919 auf 8,3 Prozent). Erstmalig prämierte der Wähler Opposition und strafte Regierungsbeteiligung ab.

Die SPD gab in einem zuvor kaum vorstellbaren Maß an ihre linke Konkurrenzpartei ab. Ein erheblicher Teil ihrer Wählerschaft kehrte ihr den Rücken, enttäuscht von den eineinhalb Jahren Regierungsbeteiligung, den Kompromissen ihrer Führung mit den bürgerlichen Parteien und dem vermeintlichen Versäumnis von Reformen in Verwaltung und Militär sowie dem Ausbleiben eines konsequenten Durchgreifens nach dem Kapp-Lüttwitz-Putsch.

Die Demokratie von Weimar war trotz einiger Unzufriedenheit in den eigenen Reihen das ureigenste Werk der SPD. Im Kampf um die Gunst des sozialdemokratischen Milieus konkurrierte sie mit der über die Burgfriedenspolitik 1917 von ihr abgespaltenen USPD, die jedoch alles andere als homogen war. Ihr radikalsozialistischer Flügel erstrebte den Anschluss an die Kommunistische Internationale (Komintern) und unterwarf sich schließlich dem Führungsanspruch der Moskauer Zentrale. Dies führte im Oktober 1920 auf dem basisdemokratisch durch Urwahl beschickten Parteitag von Halle zur Spaltung der USPD. Mit 236 gegen 156 Stimmen beschlossen die Delegierten den Anschluss an die Komintern. Damit war ein Auseinanderbrechen der USPD unvermeidlich.

Die Linke fusionierte acht Wochen später mit der noch recht kleinen KPD (ca. 80.000 Mitglieder; 2,1 Prozent bei den Reichstagswahlen 1920), die als einzige echte Neugründung in der Revolutionszeit, zum Jahreswechsel 1918/19, erst mit dem Zustrom von 370.000 USPD-Mitgliedern zu einer wirklichen Massenpartei wurde. Ihre Unterwürfigkeit gegenüber Moskau wurde zum Quell und Verstärker steter Richtungskämpfe, denn jede Neupositionierung der Komintern schlug voll durch auf Politik und Strategie der streng zentralistisch organisierten deutschen Partei, in der unterschiedliche Gruppen um die Führung stritten.

Die Spannbreite reichte von einer realpolitischen, gegenüber Moskau mehr Eigenständigkeit einfordernden »Rechten« über eine realpolitische moskautreue Mitte bis hin zu Linken und ganz außen agierenden Ultralinken. Bis 1923 dachte die Partei an einen Umsturz über den bewaffneten Putsch. Es war selbst in den eigenen Reihen nur schwerlich zu verstehen, dass man zur gleichen Zeit, als die KPD in Sachsen und Thüringen mit der SPD am Regierungstisch saß, auf Weisung Moskaus tatsächlich plante, die Republik gewaltsam zu stürzen. Der dann vollends missglückte »Deutsche Oktober« 1923 hatte einen auf die Hälfte der Mitglieder geschätzten Aderlass zur Folge. Von diesem Fehlschlag sollte sie sich erst in der Krise der Republik so richtig erholen.

Auf die 1923 endende revolutionäre Nachkriegsphase folgte die Zeit der inneren Organisierung, die zu einer Stalinisierung und zur endgültigen Unterwerfung unter die russische Bolschewiki führte, die massiv in die deutschen Verhältnisse eingriff. Schon im April 1921 war Paul Levi, der als KPD-Vorsitzender im Februar zurückgetreten war, nach weiterer Kritik an Moskau und an der putschistischen Taktik, wie sie im dann fehlgeschlagenen März-Aufstand in Mitteldeutschland 1921 praktiziert wurde, mit anderen ausgeschlossen worden, die sich dann in der neuen Kommunistischen Arbeitsgemeinschaft (KAG) organisierten und von denen mit Levi viele über den Umweg USPD wieder zur SPD fanden.

Maidemonstration der sich zum einstigen russischen Revolutionsführer Lenin bekennenden KPD in Berlin 1930.

Als Gewinner im Zuge der Säuberungen infolge der Bolschewisierung der Partei ging 1925 Ernst Thälmann hervor. Als er Ende September 1928 wegen der Vertuschung einer Veruntreuung von Parteigeldern durch Dritte von seinen deutschen Genossen sämtlicher Ämter enthoben wurde, setzte man ihn auf Weisung Stalins wenige Tage später wieder ein. So blieb Thälmann bis zum Ende der Republik als moskautreuer Parteisoldat, umrankt von einem Führerkult, an der Spitze der KPD, die vorher und nachher durch verschiedene Säuberungen unliebsame Genossen verbannte. So wurde der im August 1921 zum Generalsekretär ernannte Ernst Reuter (Deckname »Friesland«), der selbst zu den schärfsten Kritikern Levis zählte, nach vier Monaten auf Weisung der Komintern wegen seiner eigenständigen Politik abgelöst. Wie Levi ging er über die KAG und USPD zur SPD und wurde 1931 Oberbürgermeister von Magdeburg, nach dem Zweiten Weltkrieg dann von West-Berlin. Es traf aber auch radikale Vertreter der jungen Linken wie die Reichstagsabgeordnete Ruth Fischer(-Golke), Schwester des Komponisten Hanns Eisler. Sie wurde, frisch in die KPD-Führung aufgestiegen, zunächst in Moskau festgehalten und damit kaltgestellt, dann 1926 ausgeschlossen. Die Stalinisierung war aber nicht nur Resultat der Moskauer Kontrolle über die deutsche Partei, sondern entsprang schlichtweg auch einer Bewunderung der deutschen Genossen für den sowjetischen Diktator und die Leistungen des großen bolschewistischen Bruders. Ein Portion Loyalität gegenüber der helfenden Moskauer Hand tat dabei ihr übriges.

Nach einer Phase der gemäßigten systemoppositionellen Politik in den Mitteljahren Weimars ging die KPD ab 1928 zu einer aggressiveren Form ihres Kampfes gegen die Republik über. Sie machte die SPD als ihren »Hauptfeind« aus. Konsequente Systemopposition und destruktive Strategie zahlten sich unter der dramatischen Verschlechterung der sozialen Lage aus und ließen ihre Mitgliedschaft auf 280.000 im Jahr 1932 anschwellen, als sie es bei den Novemberwahlen auf ein Sechstel der Stimmen brachte.

SPD und KPD galten als feindliche Brüder, aber das waren sie nur bedingt. Es waren Halbbrüder, die zwar aus dem Schoß der gleichen Mutter kamen, aber deren Väter doch verschieden waren. Die einen beriefen sich auf die revolutionäre, die anderen auf die reformorientierte Linie der Sozialdemokratie. Die Einheit der von Flügelkämpfen erschütterten SPD war im Kaiserreich durch den äußeren Druck noch erhalten geblieben. In der Demokratie wurde die schon vor 1914 angelegte, 1917 vollzogene Spaltung dauerhaft besiegelt, die, und hier besaß das Wort von den politisch verfeindeten Brüder vollste Berechtigung, mitten durch Familien ging wie bei den badischen Gebrüdern Remmele: Adam saß für die SPD im Landtag und Reichstag, war Minister und Staatspräsident in seinem Heimatland, sein jüngerer Bruder Hermann gehörte dem Zentralkomitee der KPD sowie dem in Moskau residierenden Exekutivkomitee der Komintern und von 1920 bis 1932 dem Reichstag an. Er fand später Zuflucht in der Sowjetunion, wo ihn das Schicksal so vieler Emigranten ereilte: 1939 wurde er im Zuge der stalinistischen Säuberungen zum Tode verurteilt und exekutiert.

Seit 1922 war, abgesehen von parlamentarisch unbedeutenden kommunistischen und sozialistischen Splittergruppen, der Dualismus der Arbeiterbewegung auf Dauer manifest, mit einem kommunistischen, die Republik bekämpfenden und einem sozialdemokratischen, die Republik verteidigenden Arm. Die Zweiteilung zeichnete sich schon bei der Spaltung der USPD Ende 1920 ab, denn der verbliebene Rest konnte nicht allein als Partei existieren. Der überwiegende Teil der noch etwa 350.000 Mitglieder, vornehmlich dem rechten Flügel zuzurechnen, verband sich dann im September 1922 mit der SPD. Nach der sozialdemokratischen Wiedervereinigung auf dem Nürnberger Parteitag standen sich die beiden konkurrierenden Arbeiterparteien SPD und KPD unversöhnlich gegenüber und zehrten ihre Kraft im gegenseitigen Kampf auf, der vor Verleumdungen nicht Halt machte. Sie gipfelten im kommunistischen Vorwurf an die Adresse der Sozialdemokraten, sie seien »Sozialfaschisten«, womit die Stigmatisierung als »Arbeiterverräter« aus der Revolutionszeit eine Steigerung erfuhr. Ereignisse wie die als »Blutmai« in die Geschichte eingehenden Mai-Unruhen von 1929 in Berlin, als bei den von der KPD organisierten, vom Berliner Polizeipräsidenten aber verbotenen Demonstrationen infolge des von der SPD zu verantwortenden Polizeieinsatzes 33 Zivilisten getötet wurden, vertieften die Gräben. Die Spaltung der hoch politisierten Arbeiterbewegung sollte sich für die Republik insgesamt als fatal erweisen, war aber angesichts des höchst unterschiedlichen Selbstverständnisses auch nicht aufhebbar. Die SPD stand für, die KPD war gegen die Republik. Die Gräben zwischen beiden wurden nachgerade verfestigt durch die Milieuverhaftung; vor Ort lag ein Spannungsquell der Gegnerschaft, die von beiden gepflegt wurde. Die Spaltung der Arbeiterbewegung begünstigte dabei den Sieg Hitlers. Eine Einheit von SPD und KPD oder zumindest ein einheitliches Vorgehen der beiden hätte ihn aber gewiss auch nicht verhindert.

Es war klar, dass die Wiedervereinigung der SPD mit der USPD im Herbst 1922, die für viele Funktionäre der Mutterpartei doch lange als eine unberechenbare, zwischen Rätediktatur und Demokratie hin und her schwankende Partei galt, das Bild der SPD veränderte. Denn nun kehrten auch Kräfte in den Schoß der alten Partei zurück, die sie noch geraume Zeit zuvor attackiert hatten. Der USPD-Vorsitzende Wilhelm Dittmann hatte im Februar 1922 vor dem Plenum des Reichstags die »rechtssozialistische Koalitionspolitik mit kapitalistischen Parteien« angeprangert und den auf die »Regierungssozialisten«

gemünzten Satz geprägt: »Mit dem Amt verlieren sie den Verstand.« So leicht waren die Verbalattacken nun nicht vergessen zu machen und beeinflussten sicher auch das Miteinander. Aus der Rest-USPD kamen auch starke linkssozialistische Kräfte, die mit der bisherigen Reform- und Koalitionspolitik der SPD wenig gemein hatten. Innerhalb der SPD-Führungsmannschaft verlor die auf eine Große Koalition, auf eine Erweiterung der Weimarer Koalition um die rechtsliberale Deutsche Volkspartei (DVP) ausgerichtete Politik an Gewicht, zumal der vormaligen USPD einflussreiche Funktionen und Ämter in Partei und Fraktion – über ihre tatsächliche Stärke im Vergleich zur alten SPD hinaus – zugesichert wurden.

Wahlkampfwagen der SPD für die Wahl zur Nationalversammlung am 19. Januar 1919.

Die Gewichte verschoben sich. Fraktions- und Parteispitze standen jetzt unter dem Zwang, die gemäßigte Linke integrieren zu müssen. Die Wiedervereinigung hatte neben den unmittelbaren personellen Folgen auch mittelbare Auswirkungen auf die programmatische Ausrichtung. Soeben erst hatte die SPD mit dem auf dem Parteitag in Görlitz im September 1921 verabschiedeten Programm einen Wandel von der proletarischen Milieupartei zur linken demokratischen Volkspartei vorgenommen und das Tor zur Großen Koalition aufgestoßen. Diese Neupositionierung wurde 1925 im Heidelberger Programm, für das in erster Linie der marxistische Gralshüter Karl Kautsky und sein Epigone der zweiten Generation, Rudolf Hilferding, verantwortlich zeichneten, wieder im Sinne einer marxistischen Rückbesinnung revidiert, unter Rückgriff auf das theoretische Gerüst des Erfurter Programms von 1891, ohne dass das neue Programm hinsichtlich des Wählerzuspruchs einen Nutzeffekt hatte. Einige aus der USPD Zurückgekehrte wie der ehemalige KPD-Vorsitzende Paul Levi sahen die SPD angesichts der unveränderten ökonomischen Machtverhältnisse weiter als geborene Oppositionspartei. Auf der anderen Seite aber dominierte der zur Übernahme der Macht drängende pragmatische Flügel.

Von 1919 bis 1932 stellte die SPD fast immer die stärkste Reichstagsfraktion. Obwohl sie *die* Stütze der Republik war, kamen nur drei Reichskanzler aus ihren Reihen. Und in der Mittelphase, in der sie sich organisatorisch regenerieren konnte, war sie vom Oktober 1923 bis zum März 1928 nicht einmal im Kabinett vertreten. Sie musste aber immer wieder die bürgerlichen Minderheitsregierungen in den lebenswichtigen außenpolitischen Fragen stützen, so dass sie oft die Rolle einer mitregierenden Oppositionspartei übernahm. Diese Zwitterstellung wurde von ihrer proletarischen Wählerschaft nicht immer mitgetragen, schon gar nicht in Zeiten der Präsidialkabinette.

Ebenso gravierend wirkten sich unterschiedliche Standpunkte zwischen Regierungsmitgliedern und der Fraktion in der Frage beim Panzerkreuzerbau 1928 aus: Hatte die SPD die Wahl 1928 auch mit der Positionierung gegen den Bau des Panzerkreuzer A gewonnen, so sorgte es für erhebliche Irritation, als die SPD-Minister im Kabinett das Projekt nicht stoppen wollten, sie aber dann von der eigenen Fraktion zur Zustimmung zu dem von ihr eingebrachten Antrag gezwungen wurde, den Bau einzustellen.

Zudem strapazierten Regierungsbündnisse im Reich mit der rechtsliberalen DVP im Sommer 1923 und zwischen 1928 und 1930 die Kompromissbereitschaft der SPD schwer. Dies galt ebenso für die in Sachsen und Thüringen 1923 in kurzlebige Koalitionen mündende Kooperation mit der KPD, die die Spitze der zeitgleich im Reich mit den Volksparteilern koalierenden Partei in die Bredouille brachte und schließlich durch die Reichsregierung machtstaatlich beendet wurde. Zum sozialdemokratischen Musterland entwickelte sich Preußen, wo die Parteien der Weimarer Koalition, zeitweise um die rechtsliberale DVP erweitert, über fast die gesamte Dauer der Republik erfolgreich zusammenarbeiteten und das Land zur republikanischen Bastion ausbauten. Die notgedrungene Tolerierung des Präsidialkabinetts von Kanzler Heinrich Brüning (Zentrum) ab dem Herbst 1930 sorgte für innerparteiliche Spannungen und führte zur Abspaltung der klassenkämpferisch orientierten Sozialistischen Arbeiterpartei, die allerdings nur ein Mauerblümchendasein fristete. Bis zuletzt verteidigte die SPD die Republik gegen den antidemokratischen Ansturm der radikalen Parteien von rechts und links – am Ende vergebens.

Ergebnisse der Reichstagswahlen 1919–1932
in Prozent (in Klammern Anzahl der Mandate)

	19. Januar 1919 (423 Abgeordnete)	6. Juni 1920 (459 Abgeordnete)	4. Mai 1924 (472 Abgeordnete)	7. Dezember 1924 (493 Abgeordnete)
DNVP	10,3 % (44)	15,1 % (71)	19,5 % (95)	20,5 % (103)
DVP	4,4 % (19)	13,9 % (65)	9,2 % (45)	10,1 % (51)
Zentrum	19,7 % (91)	13,6 % (64)	13,4 % (65)	13,6 % (69)
DDP	18,5 % (75)	8,3 % (39)	5,7 % (28)	6,3 % (32)
SPD	37,9 % (165)	21,7 % (102)	20,5 % (100)	26,0 % (131)
USPD	7,6 % (22)	17,9 % (84)	–	–
BVP	–	4,4 % (21)	3,2 % (16)	3,7 % (19)
KPD	–	2,1 % (4)	12,6 % (62)	9,0 % (45)
NSDAP	–	–	6,5 % (32)	3,0 % (14)
Sonstige	1,6 % (7)	3,0 % (9)	9,4 % (29)	7,8 % (29)

	20. Mai 1928 (491 Abgeordnete)	14. September 1930 (577 Abgeordnete)	31. Juli 1932 (608 Abgeordnete)	6. November 1932 (584 Abgeordnete)
DNVP	14,2 % (73)	7,0 % (41)	5,9 % (37)	8,3 % (52)
DVP	8,7 % (45)	4,5 % (30)	1,2 % (7)	1,9 % (11)
Zentrum	12,1 % (62)	11,8 % (68)	12,5 % (75)	11,9 % (70)
DDP/ ab 1930 DStP	4,9 % (25)	3,8 % (20)	1,0 % (4)	1,0 % (2)
SPD	29,8 % (153)	24,5 % (143)	21,6 % (133)	20,4 % (121)
USPD	–	–	–	–
BVP	3,1 % (16)	3,0 % (19)	3,2 % (22)	3,1 % (20)
KPD	10,6 % (54)	13,1 % (77)	14,3 % (89)	16,9 % (100)
NSDAP	2,6 % (12)	18,3 % (107)	37,3 % (230)	33,1 % (196)
Sonstige	14,8 % (51)	13,9 % (72)	3,1 % (11)	3,3 % (12)

War die SPD *die* Systempartei der Republik, so war das katholische Zentrum *die* Regierungspartei der Republik, die bis 1932 an allen Regierungen im Reich und in Preußen, hier als Juniorpartner der SPD, beteiligt war. Konstant von 1920 an mit rund einem Achtel der Wähler im Rücken kamen vier Reichskanzler aus ihren Reihen, die an der Spitze von neun Kabinetten mit insgesamt acht Amtsjahren standen. Die permanente Regierungsbeteiligung des Zentrums, die als Partei der Mitte sowohl nach links mit der SPD als auch nach rechts bis hin zur protestantisch geprägten Deutschnationalen Volkspartei (DNVP) kooperierte, verwischte die Konturen als Partei des politischen Katholizismus und sorgte für eine gewisse Wendigkeit nach innen und außen.

Wenn auch im Schnitt nur etwa die Hälfte der deutschen Katholiken für die katholische Partei stimmte, so erblickte das sozial breitgefächerte katholische Milieu wie schon im Kaiserreich seine Vertretung auch in der Republik in der Zentrumspartei, der es in der Umbruchsphase nicht gelang, sich zu einer überkonfessionellen Sammlungsbewegung zu öffnen. Hinzu kam, dass sich ihre bayerische Landesorganisation im November 1918 als eigene extrem föderalistische Bayerische Volkspartei (BVP) mit deutlich konservativerer Ausrichtung konstituierte, die in der Folge zur stärksten Partei in Bayern werden sollte. Diese Separation sorgte vor allem bei der Reichspräsidentenwahl 1925 für Schlagzeilen, als sie nicht zur Wahl des republikanischen Sammlungskandidaten Wilhelm Marx, immerhin einem Mann aus den Reihen ihrer Schwesterpartei Zentrum, aufrief, sondern mit ihren Stimmen dem kaiserlichen Vorzeigegeneral Hindenburg zum Sieg verhalf. Die bayerische Regionalpartei trug auch ihr Scherflein zum Sturz der Großen Koalition 1930 bei und setzte in der Endphase der Republik auf autoritäre Lösungsmechanismen.

Gezwungen, die ganz unterschiedlichen Interessen des katholischen Milieus und der Gefolgschaft zu integrieren, zu dem vom Industriellen über den Großgrundbesitzer bis hin zum christlichen Gewerkschaftsführer ein breites Spektrum gehörte, entwickelte das Zentrum eine pragmatische, den Tages- und Koalitionserfordernissen angepasste Politik auf der Basis christlicher Wertorientierung, durch die man Versuche zur Trennung von Staat und Kirche oder Angriffe auf den kirchlichen Einfluss in der Schul- und Bildungspolitik parierte.

Nach der Ermordung des umstrittenen, nach seinem Rücktritt als Finanzminister auf ein Nebengleis abgeschobenen Matthias Erzberger und der Zurückdrängung der insbesondere von Joseph Wirth, dem Reichskanzler der Jahre 1921/22, repräsentierten sozial-republikanischen Strömung verschoben sich die innerparteilichen Koordinaten deutlich nach rechts. Damit verbunden war eine konservative Rückbesinnung in der Programmatik auf die religionspolitischen Ursprünge des Katholizismus, was sich in der Wahl des Prälaten

Ludwig Kaas in der Nachfolge von Wilhelm Marx zum Vorsitzenden der Partei 1928 niederschlug. Man ging auf Distanz zum republikanischen System. War das Zentrum zu Beginn der Republik ein Eckpfeiler der Weimarer Demokratie, so scheuten sich seine Spitzenpolitiker in der Endphase nicht, auch nach Alternativen jenseits der republikanischen Verfassung zu suchen oder diese zumindest bis zum letzten auszureizen. Für Letzteres steht der Name des Zentrumskanzlers Heinrich Brüning, der von 1930 bis 1932 vor allem mit Notverordnungen regierte. Dass mit Franz von Papen auch einer der führenden Totengräber der Republik aus den Reihen des Zentrums kam (aus der er nach Übernahme der Kanzlerschaft freilich austrat), verdeutlicht den weiten Bogen von Interessenlagen in der Partei, die sich zum Ende hin nicht scheute, Kooperationsmöglichkeiten mit der NSDAP auszuloten.

Im bürgerlichen Spektrum manifestierte sich ein zum Ende der Republik hin dramatischer Bedeutungsverlust der liberalen Parteien DDP und DVP, die in etwa um das gleiche Wählerpotential buhlten: Sie stürzten von gemeinschaftlich etwa 22 Prozent 1920 auf unter drei Prozent 1932 ab. Reichsweit konnte sich keine von beiden auf Dauer organisatorisch stabilisieren und für breitere Schichten der Mitte attraktiv bleiben. Diese kehrten ihnen in Scharen den Rücken und suchten ihre neue Heimat weiter rechts.

Schon der Start war für beide liberale Parteien holprig gewesen. In der Umbruchsphase vermochten es die liberal Gesinnten nicht, eine große geeinte Partei ins Leben zu rufen. Persönliche Animositäten, cholerische Ausfälle einzelner und fundamentale Meinungsverschiedenheiten zwischen den Protagonisten, gepaart mit Unwillen und Unzulänglichkeiten der Akteure führten schließlich einen Monat nach dem Umbruch zu zwei getrennten liberalen Parteien. Neuer Wein schien in alte Schläuche gefüllt worden zu sein.

Lediglich in Baden und Württemberg war den Liberalen vorübergehend die organisatorische Einheit gelungen, als bei den ersten Wahlen 1919 nur eine liberale Partei, die DDP, ins Rennen ging. Doch schon 1919/20 scheiterte das fragile Projekt des einheitlichen Liberalismus und die DVP formierte sich auch im deutschen Südwesten als eigenständige Partei. Reichsweit sammelten sich Linksliberale aus der alten Fortschrittspartei und einige fortschrittliche Nationalliberale in der DDP. Sie war bereits zehn Tage nach dem Umsturz zur Stelle; ihr folgte Mitte Dezember 1918 die DVP, die sich als Fortführung der Nationalliberalen Partei, wenn auch mit neuem Namen, verstand. Ihr Vorsitzender Gustav Stresemann vertrat dabei in der neuen Organisation, zu der auch der konservativ großindustrielle Flügel der alten Nationalliberalen stieß, den eher linken Nationalliberalismus. Unter ihrer Galionsfigur Stresemann, der von einem seiner Biografen zu »Weimars größtem Staatsmann« (JONATHAN WRIGHT) deklariert wurde, etablierte sie sich als rechte Mittelpartei, die mit

Vorbehalten gegenüber der neuen Ordnung antrat. Ihre programmatischen Grundsätze vom Leipziger Parteitag im Herbst 1919 formulierten als Ziel die friedliche Wiedererrichtung des Kaisertums auf »gesetzmäßigem Wege«. Die Monarchie blieb in ihren Augen »die für unser Volk nach Geschichte und Wesensart geeignetste Staatsform«.

Nach dem Kapp-Lüttwitz-Putsch von 1920 vollführte sie einen vernunftrepublikanischen Schwenk und erlangte damit Regierungsfähigkeit. Eine wirkungsmächtige Gruppierung in der DVP stellte der rechtsnationale Industrieflügel dar, den sichtbar der Schwerindustrielle Hugo Stinnes verkörperte, der 1920 in den Reichstag gelangte und damit seinem engen Vertrauten, dem Montanindustriellen Albert Vögler, folgte. Nach dem Tod des Integrators Stresemann 1929, der nach seiner kurzzeitigen Kanzlerschaft von nicht mal 100 Tagen im Sommer 1923 der Außenpolitik von Weimar seinen Stempel aufgedrückt hatte, kam es unter dem neuen Parteivorsitzenden Ernst Scholz zu einer deutlichen Akzentverschiebung zugunsten der rechten Kräfte, die ihre letztlich auf eine autoritäre Umformung zielenden Interessen jenseits der parlamentarischen Institutionen zu realisieren versuchten.

Die linksliberale Konkurrentin, die DDP, bekannte sich uneingeschränkt zur Republik. Sie vertrat eine Politik des sozialen Ausgleichs und der Begrenzung wirtschaftlicher Macht. Wie auch die DVP wurde sie mit der Zeit offen für Regierungsbündnisse nach beiden Seiten und war bis 1932 in der überwiegenden Mehrzahl der Reichskabinette vertreten. Nur 1919 dominierte die DDP auf dem liberalen Spektrum und war zudem Eckpfeiler der ersten Reichsregierungen der »Weimarer Koalition« – mit vorübergehendem Rückzug wegen des Versailler Vertrages. Die DDP, die man durchaus als eine breite Schichten ansprechende und integrierende Volkspartei bezeichnen darf, büßte schon 1920 mehr als die Hälfte der Wähler zur Lasten der DVP ein, die ihr Ergebnis von 1919 (4,4 Prozent) verdreifachte (auf 13,9 Prozent). Die DDP musste einen nachgerade gigantischen Rückgang der Mitglieder von 800.000 im Jahr 1919 auf 210.000 drei Jahre später hinnehmen.

Im permanenten Kampf gegen den rapiden Aderlass unternahm sie 1930 einen verzweifelten, aber untauglichen Überlebensversuch, als sie sich mit der Partei des Jungdeutschen Ordens zur Deutschen Staatspartei verband. Viele überzeugte Liberale wie Anton Erkelenz machten diesen Schritt in eine konturlose neue Partei – einen »faden Absud der Spätromantik«, so der zur SPD wechselnde Ludwig Bergsträsser – nicht mit, die bei den Wahlen 1932 in der Bedeutungslosigkeit versank. Der dramatische Verlust der liberalen Parteien, von der zum Ende hin auch die rechtsbürgerliche DNVP erfasst wurde, signalisierte zugleich die Abkehr weiter Teile der gesellschaftlichen Mitte vom Parlamentarismus.

Ebenfalls im kontinuierlichen Fallwind befand sich die monarchistische DNVP, die im Kampf gegen die Republik nationalliberale, konservative und ausgesprochen antisemitische Strömungen vereinigte und über besondere Affinitäten zur (Groß-) Industrie und Landwirtschaft verfügte. Die Partei war zerrissen zwischen verschiedenen Gruppierungen, die von völkisch-radikalen Kreisen, die jegliche Mitarbeit am verhassten Parlamentarismus negierten, bis hin zu einem freikonservativ-nationalliberalen Flügel reichte, der durchaus konstruktiv mitwirken wollte. Einige aus ihren Reihen setzten auf eine Wiedererrichtung der wilhelminischen Ordnung, andere wiederum erkannten, dass das Rad der Geschichte nicht mehr zurückzudrehen war. Man fand sich mit dem Neuen ab, ohne es im Grunde zu akzeptieren, und bekämpfte es mit allen politischen Mitteln. Da musste sich die Parteispitze im Lavieren zwischen den Flügeln bewähren. Seit der Gründung ergab sich zudem – so ihr zeitweiliger Partei- und Fraktionsvorsitzender Kuno Graf von Westarp – das Dilemma, den »Kampf gegen das System zu führen und dennoch in der Staatsform desselben Systems mit seinen Mitteln und gemeinsam mit seinen Trägern positiv an der Rettung mitzuarbeiten«. Siegfried von Kardorff verließ im April 1920 die DNVP wegen ihrer indifferenten Haltung im Kapp-Lüttwitz Putsch und wechselte zur DVP, wo er bald dem linken Flügel zugerechnet wurde, bereits im Juni 1920 als ministrabel galt und im November 1923 vom Reichspräsidenten sogar für befähigt gehalten wurde, ein Kabinett zu führen. Der Eintritt in eine Regierung blieb Kardorff jedoch verwehrt, auch noch später.

Trotz grundsätzlicher Opposition fand die DNVP sich zeitweilig zur parlamentarischen Mitwirkung bereit – und dies schon nach dem Kapp-Lüttwitz-Putsch. Sie beteiligte sich nach scharfen innenparteilichen Kontroversen sogar zweimal (1925 und 1927/28) an den Bürgerblockregierungen unter den Reichskanzlern Luther und Marx. Aber mit der doch schon frühen Hinwendung zur Mitarbeit war keine Anerkennung der Republik verbunden. In diesem Zwiespalt zwischen schroffer Ablehnung der Republik und Teilhabe an Regierungen im Reich und in den Ländern leistete sie durchaus eine konstruktive und erfolgreiche Arbeit. Man sprach gar von einer Wandlung zu einer verfassungsloyalen konservativen Partei. Doch die Chance, sich auf dem Höhepunkt ihrer Wirkungsmacht in der Mittelphase der Republik als eine systemtreue nationale Integrationspartei zu etablieren, blieb ungenutzt. Mochte die Partei in Teilen auch eine »stille Republikanisierung« durchlaufen und sich am Kabinettstisch wie eine ganz »normale« Regierungspartei verhalten, innerlich erkannten weder Mandatsträger noch Mitglieder das System an. Das Debakel von 1928, als man etwa 1,8 Millionen Wähler verlor und um 6,2 Prozentpunkte auf 14,3 Prozent abrutschte, läutete einen innerparteilichen Machtkampf ein. Viele in der Partei und in der Wählerschaft wollten den Spagat zwischen postulierter Systemopposition und praktizierter Regierungsmitarbeit nicht mehr mitmachen. Der destruktive antirepublikanische Flügel mit einer maßlosen Agitation gegen die parlamentarische Demokratie gewann schließlich die Oberhand. Unter dem im Oktober 1928 mit knapper Mehrheit gegen den gemäßigten Oskar Hergt zum Vorsitzenden gewählten Alfred Hugenberg fiel die DNVP in die alte Rolle der rigorosen Systemopposition zurück. Geschwächt durch zwei mit dem Weggang einer stattlichen Anzahl an Mandatsträgern verbundenen Abspaltungen, die sich in der wenig erfolgreichen Konservativen Volkspartei (KVP) vereinigten – die aber immerhin unter Brüning einen Minister stellte –, suchte die Hugenberg-Partei, die 1930 auf sieben Prozent abfiel, ihr Heil an der Seite der NSDAP. Es fehlte in Deutschland eben eine systemtreue Rechte, wie sie in Frankreich existierte, denn die Rechte fungierte in weiten Teilen als Systemopposition. Die Frage, ob die Deutschnationalen nun »›Steigbügelhalter‹ Hitlers oder ›Stille Republikaner‹« (MANFRED KITTEL) waren, kann nur so beantwortet werden: sowohl als auch. Sie präsentierte sich aber am Ende als nationale Opposition, die die »Parteienherrschaft« über eine autoritäre Lösung überwinden wollte.

Der massive Abschied der bürgerlichen Wähler vom Liberalismus und auch vom deutschnationalen Konservatismus war Folge einer regelrechten Panik im Mittelstand, einer weit um sich greifenden Verunsicherung vieler Gewerbetreibender und Handwerker. Der Mittelständler wanderte zu reinen Interessengruppierungen wie der Wirtschaftspartei (bestes Reichstagswahlergebnis 4,5 Prozent 1928) und Splitterparteien ab. Die kleinen Gruppierungen waren für viele Wähler aus der Mitte nur eine Zwischenstation auf ihrer Wanderung nach ganz rechts zur antidemokratischen NSDAP. Ihr Aufstieg vollzog sich im Schatten der Weltwirtschaftskrise. Als Konsequenz aus dem am 9. November 1923 in München gescheiterten Hitler-Putsch veränderte die Partei ihre Strategie. Die bisherige Putschtaktik wurde zugunsten eines Legalitätskurses verworfen. Sie setzte fortan auf die parlamentarische Karte. Ein Erfolg hing jedoch von einer wesentlichen Verbreiterung der Mitgliedschaft und der Mobilisierung der Massen ab. Dabei war die Zahl der Mitglieder mit gerade einmal 27.000 Ende des Jahres 1925 recht bescheiden, doch erstreckte sich die Parteiorganisation nunmehr über weite Teile des Reiches. Den ideologischen Orientierungsrahmen lieferte Hitler mit seinem während der Haft begonnenen Buch »Mein Kampf«, in dem er seine auf »Rasse« und »Raum« als zentralen Pfeilern ruhende Weltanschauung ausbreitete. Er selbst stieg zum unangefochtenen Führer der NSDAP auf. Als Hauptgegner machte seine Partei die »novemberverbrecherische« SPD aus. Neben der »Partei der Deserteure« galt ihr Hass den »Juden der Berliner Asphaltpresse«, wie ihr Einpeitscher Joseph Goebbels im Reichstag 1932 monoton wiederholte.

Hitler und seine Führungsmannschaft gelang der Aufbau einer Massenorganisation, deren Propagandamaschine gerade in Wahlzeiten auf Hochtouren lief. Die NSDAP nutzte die Krise des parlamentarischen Systems, die mit einer abnehmenden Akzeptanz der Republik einherging, und die Erosion der Milieus, die zu einer Lockerung der parteipolitischen Bande führte. Der Durchbruch von der Splitterpartei (1928: 2,6 Prozent), die zunächst in den ländlichen Regionen ihr Zuhause hatte, zur milieuübergreifenden Massenpartei des Protests war mit den Reichstagswahlen von 1930 (18,3 Prozent) in vollem Gange. Ihr Wählerreservoir bestand aus einem hohen Prozentsatz aus vormaligen Nichtwählern; der Zuwachs an der Urne speiste sich aber auch aus etwa gleich hohen Anteilen an enttäuschten Wählern der sozialistischen, der beiden liberalen als auch der deutschnationalen Parteien.

Nicht allein Arbeitslose fühlten sich zur Rabaukenbewegung hingezogen. Neben erwerbstätigen Arbeitern – ein Drittel ihrer Wählerschaft waren Facharbeiter vornehmlich aus handwerklich geprägten Betrieben, nicht aus den Großunternehmen – stieß auch ein Großteil der von den bürgerlichen Parteien enttäuschten Mittelschichten zur NSDAP. Zudem tendierten Beamte im Vergleich zur Restbevölkerung überproportional zur Partei. Auch in der Mitgliedschaft war die NSDAP eine Art »Volkspartei mit Mittelstandsbauch« (JÜRGEN W. FALTER).

Für die Enttäuschten und Benachteiligten galt, was die Partei zur Reichstagswahl im Juli 1932 plakatierte: »Unsere letzte Hoffnung: Hitler«. Der Zuwachs der NSDAP korrespondierte mit einem dramatischen Verlust der etablierten bürgerlichen Parteien (mit Ausnahme des Zentrums) und dem Zerfall des bürgerlich-protestantischen Milieus. Gerade in protestantischen Gebieten gelang den Braunhemden der flächendeckende Einbruch. So war der NS-Wähler eher protestantisch als katholisch. Entgegen der landläufigen Ansicht, Frauen seien geradezu in Massen der NS-Bewegung zugeflogen, jedenfalls proportional weit mehr als Männer, waren sie unter den Wählern und den Mitgliedern tatsächlich unterdurchschnittlich vertreten. Denn die Frauen votierten weiterhin religiös oder konservativ.

Angesichts der Disparität der Gefolgschaft bot das Programm des NSDAP allen etwas. Und sie sammelte willkürlich mit schamloser Propaganda. »Die restlose Mobilisierung der menschlichen Dummheit« – so der SPD-Abgeordnete Kurt Schumacher vor dem Reichstag im Februar 1932 – sollte Früchte tragen: Im Juli und November 1932 entschied sich bereits mehr als ein Drittel der Wähler für die NSDAP.

2. Regierungssystem und Regierungspraxis

Die Parteien waren nach der Phase des Umbruchs 1918/19 zunächst die maßgeblichen Gestalter zu Zeiten der Nationalversammlung, auch wenn hier schon der Präsident auf personalpolitischem Sektor eingriff. Nach einem Jahrzehnt des mehr oder minder gelungen praktizierten demokratischen Parlamentarismus wurde zum Ende der Republik hin das System in eine Präsidialdemokratie verwandelt, die die Verfassung durchaus ermöglichte, was aber nicht in der Intention ihrer Schöpfer lag, schon gar nicht in der Form, wie sie dann ab 1930 sich in immer stärkerem Maße zeigte. Anscheinend war die »gewisse Erziehungsperiode«, die Hugo Preuß im April 1919 für notwendig erachtet hatte, um das parlamentarische System voll zur Anwendung zu bringen, doch viel zu kurz ausgefallen.

Parlamentarismus und Regierungsbildung nach demokratischem Muster mussten von den Akteuren also erlernt werden. Hierbei wirkte es sich als erschwerend aus, dass die Parteien im Kaiserreich nicht an das Regieren mit den Zwängen einer Koalition und das Vereinbaren von gemeinsamen Nennern gewöhnt, sondern im Vorhof der Macht gehalten worden waren. Sie waren ohne Einfluss auf die Regierungsbildung und auf die Kür des eben nicht dem Parlament, sondern nur dem Monarchen verantwortlichen Reichskanzlers gewesen. So prägte ein Gegenüber von Regierung und Parlament die Kaiserzeit; nun in der Republik ergaben sich notwendigerweise Schnittmengen. Dieses Zusammenwirken von Regierung und der sie tragenden Fraktionen war neu und stieß im politischen Raum mitunter auf Skepsis und Unverständnis.

Die mangelnde Akzeptanz des Parlamentarismus im Kaiserreich resultierte aus der Diskrepanz einer frühen (allerdings nur die Männer einschließenden) Demokratisierung des Reichstagswahlrechts und der weitgehenden Verweigerung einer Teilhabe der Gewählten, die erst vollumfänglich 1918/19 kommen sollte. Die Folgen der unvollendeten politischen Modernisierung drückten auch noch in Weimar.

Die Einsicht, dass der Kompromiss zwischen Interessengruppen zum Wesenskern einer parlamentarischen Demokratie gehörte und dass gerade in der dauerhaft gespannten Lage des Reiches ein breiter Konsens erforderlich war, fasste in den Parteien nur erst ganz langsam Fuß, auch wenn schon im monarchischen Parlamentarismus die Zusammenarbeit über Parteigrenzen ganz vereinzelt praktiziert worden war. Dass der Kompromiss als Lebenselement einer pluralistischen Demokratie auch den linken Kritikern als Hemmschuh der eigentlich erwarteten Realisierung von Wunschvorstellungen galt, brachte Kurt Tucholsky fatalistisch in seinem »Lied vom Kompromiss« aus dem März 1919 zum Ausdruck. Der Kompromiss war auch bei ihm negativ konnotiert.

Die Parteien zögerten, diesem im modernen demokratischen Diskurs unerlässlichen Prinzip zu folgen, da ihre Bereitschaft zu einer Übereinkunft mit einem Regierungspartner zuweilen doch nur schwach ausgeprägt war. Es bedurfte mitunter regelrechter Kraftakte, um die höchst unterschiedlichen Interessen auf einen gemeinsamen Nenner herunter zu brechen. *Das* Kompromiss (wie es damals hieß) und das Festhalten an eben diesem durch die kompromissschließenden Akteure machten Funktionstüchtigkeit und Überlebensfähigkeit der Partnerschaft aus. Dass das Aushandeln eines Ausgleichs unerlässlich im segmentierten Politikbetrieb war, war ein schmerzvoller Lernprozess für die in ihren jeweiligen Sozialmilieus verhafteten Parteien. Die ideologisch-programmatischen Hürden zwischen den Parteien schienen nur schwerlich überwindbar. So kam es neben den in der Demokratie üblichen Auseinandersetzungen zwischen Regierung und Opposition auch zu fundamentalen Debatten weltanschaulicher Natur zwischen den Parteien des Regierungslagers, was immer wieder zu Zerreißproben innerhalb der Kabinette führte. Es erhöhte nicht das Ansehen der Volksvertreter, dass die Konflikte nicht allein zwischen dem Regierungslager und der Opposition ausgefochten wurden, sondern auch zwischen der Regierung und den sie tragenden Parteien resp. Fraktionen. Zum Erfolg parlamentarisch-demokratischen Regierungshandelns gehörte entscheidend die Rückkopplung zu den Fraktionen und auch zur eigenen Basis. Der Kompromiss fand im eigenen Lager oftmals wenig Zustimmung, was auch das Verhältnis von Mandatsträger und Gefolgschaft belastete.

Innerhalb einer Fraktion, egal ob aus dem Lager der Regierung oder der Opposition, votierte man bei zentralen Entscheidungen unterschiedlich (oder bekundeten einzelne durch Abwesenheit ihre Negierung). Der Riss ging so direkt durch eine Fraktion und es dauerte schon, diesen wieder zu leimen. Ohnehin: Dem Parlamentarismus und den Regierungen mangelte es an einem für das Handeln notwendigen genuinen Grundvertrauen durch das (Wahl-)Volk. Allein die hohe Anzahl an Parteien in den Parlamenten schien negativ zu wirken: »Die Vielheit der Parteien [...] ist und bleibt das Schlüsselproblem für den Parlamentarismus«, meinte der DVP-Mann Siegfried von Kardorff 1929 nach zehnjähriger Erfahrung mit der parlamentarischen Demokratie. Aber es war nicht die nackte Zahl der Gruppen im Reichstag, die lähmte, sondern ihre innere Verfasstheit und die fehlende Erfahrung in Exekutive und Legislative, wo man eben nicht eins zu eins das Parteiprogramm umsetzen konnte. Das Festhalten an scheinbar nicht verhandelbaren programmatischen Kernwerten belastete Politik und beendete Regierungen, zerrieben im Zwiespalt zwischen Programm und Pragmatismus, der auch erklärt, warum Parteien sich immer wieder gern auf die bequemen Oppositionsbänke zurückzogen. Sie taten dies auch, weil der Wähler Regierungsteilhabe abstrafte.

Öffentlichkeit und Parteien mussten erlernen, dass eine Opposition im demokratischen Staatswesen nicht allein darauf aus sein durfte, dass alles, was die Regierung vorhatte, zu bekämpfen war. Die ersten, die dieses begriffen, waren die Sozialdemokraten – und dies, obwohl sie im Kaiserreich eine Fundamentalopposition betrieben hatten, auch wenn dieses Prinzip auf der Ebene der Länder, besonders im Süden, aufgeweicht worden war und diejenigen, die gegen das strategische Konzept gehandelt hatten, innerparteilich gemaßregelt worden waren. Die SPD als die Mutterpartei der Republik erkannte schon recht bald, dass sie aus der Opposition die Regierung würde stützen müssen, um das System überhaupt zu erhalten. So gab sie sich janusköpfig, wenn sie nicht in der Regierung saß: auf der einen Seite Oppositionsführer, auf der anderen Seite Mehrheitsbeschaffer. Letzteres fiel ihr dann leicht, wenn die Regierung etwas im Sinne hatte, was vom eigenen Standpunkt »annehmbar« war, wie Rudolf Breitscheid im Juli 1925 meinte. Aber, so stellte der Fraktionsvorsitzende und ehemalige Kanzler Hermann Müller ein halbes Jahr später die Frage, wie könne man als Opposition eine Minderheitsregierung stützen, wenn diese in sich widersprüchlich agierte.

So schwand das Ansehen des Reichstags als dem eigentlichen Ort des demokratischen Wettstreits. Im Parlament selbst sprach man wie die Zentrumsabgeordnete Helene Weber 1926 von einer »Vertrauenskrise der Parteien und der Weltanschauungsgruppen untereinander«. Und Gustav Stresemann machte ein halbes Jahr vor seinem Tod 1929 eine »Vertrauenskrise« schlechthin aus, weil das parlamentarische System zu einem »Zerrbild« geworden sei. Hier spiegelte sich auch die Klage über den Einfluss der Fraktionen auf die Regierung und das stilisierte Bild einer weitgehend von Parteiinteressen frei agierenden Exekutive. Der DDP-Abgeordnete Ludwig Haas erhöhte die Kritik an der opponierenden SPD Ende 1921 in der Feststellung, dass, »wenn die Parlamente regieren und der Regierung die Möglichkeit des Regierens nehmen«, dies ein »böser Parlamentarismus« sei. Vormodernes Harmoniestreben paarte sich hier mit einer Verabsolutierung des parteiunabhängigen Regierens.

Der parlamentarische Wettbewerb nahm mit dem Einzug radikaler systemoppositioneller Parteien in die Volksvertretungen hitzigere Formen an. Es kam zum Paradoxon: Nun agierten in demokratisch gewählten Körperschaften jene Kräfte, die die Republik und eben diese Vertretungen ablehnten. Es blieb kein singulärer Ausfall, wenn die junge KPD-Abgeordnete Ruth Fischer(-Golke) im Juni 1924 die Abgeordneten als »Traumgestalten«, »Masken« und »Hampelmänner der Kapitalisten« beschimpfte und den Reichstag als »sehr verehrtes Komödientheater« verhöhnte. Der Ton wurde rauer. Mit dem Auftreten der NSDAP mehrten sich die Verbalinjurien, kam es zu Tumulten und tätlichen

Angriffen. Rudolf Breitscheid sah genau hierin im Oktober 1931 ein großes Defizit, wenn er »für die Aufrechterhaltung des Parlamentarismus« als erste Voraussetzung benannte, »dass das Parlament sich selber bejaht und dass nicht große Teile der Volksvertretung das System der Demokratie selber grundsätzlich ablehnen«. Parteienhader und Verdruss am Parlamentarismus ließen die Öffentlichkeit nach Fixpunkten auf der politischen Landschaft Ausschau halten. Und hier hatte die Verfassung mit einem omnipotenten Reichspräsidenten einen Anker der Kontinuität geschaffen.

Der Reichspräsident, der von den Verfassungsschöpfern als Gegengewicht zum Parlament geformt worden war, erschien jedoch mitunter – so Reichswehrminister Otto Geßler im Dezember 1924 – »in die Rolle des Großvaters im Lehnstuhl zurückgedrängt« zu werden, vor allem dann, wenn mehrheitsgestützte Regierungen entschlossen agierten, also kraftvoll Politik umsetzten, ohne auf das präsidentielle Repertoire angewiesen zu sein. Bei der Ausübung des Rechts, den Regierungschef und – auf dessen Vorschlag – die Minister zu ernennen und zu entlassen, hatte der Präsident stets die Mehrheitsverhältnisse im Parlament zu berücksichtigen. Das war keine verfassungsrechtliche Pflicht, wohl aber demokratisches Gebot. Er durfte, wenn er das demokratische Spiel spielte, nur Personen mit dem Amt betrauen, die Rückhalt im Reichstag besaßen. Die Verfassung ermöglichte es ihm aber auch, die Volksvertretung zu umschiffen und einen im Parlament kaum verankerten und damit nur von seinem Vertrauen abhängigen Mann zu berufen. Die Präsidialkabinette ab 1930 hingen in unterschiedlicher Intensität auf Gedeih und Verderb vom Wohlwollen des Staatsoberhaupts ab.

Eine Regierungsbildung mit einer Wahl des Reichskanzlers über den Reichstag, dessen nach der Zahl der abgegebenen Stimmen berechnete numerische Größe erheblich schwankte – zwischen 449 (1919) und 608 (Juli 1932) –, sah die Verfassung nicht vor. Wohl aber ermöglichte sie den Sturz durch das Parlament, ohne einen Nachfolger parat zu haben, wie es später das Grundgesetz mit dem konstruktiven Misstrauensvotum vorschreiben sollte. Je stärker der Wille der Parteien zur Übernahme der Regierungsverantwortung, umso schwächer die Möglichkeiten des Reichspräsidenten. War die Rolle der Volksvertretung bei der Regierungsbildung begrenzt, so konnte sie fatalerweise auch bei der Gesetzgebung ausgeschaltet werden und sich auch selbst ausschalten.

*

DAS STICHWORT: Gesetzesvertretende Regelungen

Der Reichstag konnte sich selbst entmachten, indem er seine legislativen Rechte über Ermächtigungsgesetze für bestimmte Bereiche und mit zeitlicher Befristung der Regierung übertrug. Die Delegierung der gesetzgebenden Gewalt an die Exekutive war eine in der Verfassung zwar nicht vorgesehene, von der zeitgenössischen Staatsrechtslehre aber durchaus anerkannte Selbstpreisgabe der Macht, der sich die Fraktionen angesichts der existentiellen Problemlagen nicht unbedingt ungern bedienten, entband sie dies doch von der Verantwortung für unpopuläre Maßnahmen. So fanden die fünf Ermächtigungsgesetze in den Jahren 1920 bis 1923 auch die Zustimmung weiter Teile der Opposition. In den ersten fünf Jahren der Republik besaßen die Regierungen in der Hälfte der Zeit, zwei Jahren und fünf Monaten, außerordentliche Vollmachten zur Gesetzgebung und erließen insgesamt 195 gesetzesvertretende Verordnungen.

Aus den Ermächtigungsgesetzen entstanden auch Regelungen mit Dauerwirkung. Hitler planierte dann mit seinem im März 1933 vom Reichstag erzwungenen Ermächtigungsgesetz, gegen das sich nur die SPD erhob – die KPD-Abgeordneten waren ausgeschlossen und/oder bereits inhaftiert worden – den Weg in die Diktatur. Es war zwar auch zeitlich befristet, aber auf vier Jahre, und ermöglichte Gesetze, die nicht auf die Verfassung Rücksicht nehmen brauchten. So geht es fehl, die Ermächtigungsgesetze der Krise 1923 als »Präzedenzfall« für Hitlers Blankovollmacht von 1933 zu sehen.

Neben dem freiwilligen Verzicht auf die Gesetzgebung konnte der Reichspräsident im Einvernehmen mit der Regierung über den ursprünglich zur Wiederherstellung von Sicherheit und Ordnung konzipierten Artikel 48 gesetzesvertretende Verordnungen am Parlament vorbei erlassen. Wenn ein Ermächtigungsgesetz fehlte, griff die Regierung auf Notverordnungen nach Artikel 48 zurück. Der Weg über die Verfassungsartikel war obsolet, wenn ein Ermächtigungsgesetz die Umsetzung ermöglichte. Die Praxis des wechselnden Einsatzes von Ermächtigungsgesetz und Artikel 48 geschah ausgiebig in der Zeit von Oktober 1923 bis Oktober 1924: Dabei standen 17 Verordnungen nach Artikel 48 110 Maßnahmen auf der Basis der beiden Ermächtigungsgesetze gegenüber, von denen das erste unter Stresemann inhaltlich und zeitlich sehr weit, das zweite unter Marx zeitlich begrenzt war. In dieser vorübergehenden Entparlamentarisierung manifestierte sich eine doch gravierende Störung der Gesetzgebung.

Friedrich Ebert erließ in seiner Amtszeit 136 Verordnungen auf der Basis von Artikel 48: Zum einen betrafen sie die Sicherstellung von Ruhe und Ordnung, zum anderen, vor allem im Krisenjahr 1923 und in der Phase der Währungsstabilisierung 1923/24, aber auch die Wirtschafts- und Finanzpolitik. Das war eine Weiterung, die von den Verfassungsschöpfern ursprünglich so nicht gedacht war.

Bereits Ebert bediente sich zur Bekämpfung der wirtschaftlichen und finanziellen Notsituation dieser legislativen Kurzstrecke und dehnte die Verfassungsbestimmungen, überdehnte sie vielleicht sogar. Doch steckte hinter diesen Notverordnungen keine antiparlamentarische Tendenz wie später unter Hindenburg. Mehr als fünf Jahre, vom Januar 1925 bis zum Juli 1930, erließ der Präsident keine neuen Notverordnungen, sondern hob ausnahmslos lediglich vorherige auf – ein Zeichen parlamentarischer Funktionstüchtigkeit.

Doch die insgesamt häufige Anwendung von Artikel 48, der von der Exekutive immer mehr als ein Allheilmittel für alle politischen Nöte gesehen wurde, vor allem ab dem Juli 1930, war Symptom für die Schwäche des parlamentarischen Systems. So war der Notstandsartikel eine rechtlich anfechtbare Erweiterung der Vollmachten in der Hand des Reichspräsidenten. Anträge, Verordnungen zur finanziellen Stabilisierung im Herbst/Winter 1923/24 aufzuheben, stellte der Reichstag nicht – durchaus ein Indiz für stillschweigende Zustimmung, aber auch für Bequemlichkeit. Denn möglicherweise waren die Parlamentarier schlichtweg froh, sich hinter den präsidialen Maßnahmen verstecken zu können und so nicht mit den draußen im Lande auf wenig Gegenliebe stoßenden Entscheidungen identifiziert zu werden. Insgesamt führten die Regierungen hier Regie, behielten die Entscheidungen fest in ihren Händen, so dass von einer Stärkung der präsidialen Macht zunächst nicht die Rede sein konnte.

Artikel 48 kam nur zur Anwendung, wenn Präsident und Regierung gemeinsam agieren wollten. Das unverzüglich in Kenntnis zu setzende Parlament konnte die Außerkraftsetzung beschließen. Was aber dann? Ein Ausführungsgesetz, das den Möglichkeiten von Präsident und Regierung ein engeres Korsett gegeben und das Recht zur Aufhebung durch das Parlament gegen eine unwillige Regierung noch stärker abgesichert hätte, wurde jedoch nie verabschiedet – ein folgenschweres Versäumnis. Die Präsidialregierungen brachten es in den zwei Jahren von 1930 bis 1932 auf 109 Notverordnungen; der Einsatz wurde im Zeichen des »Verfassungsnotstands« zum Normalfall der Regierungspraxis.

*

Im Gegensatz zum Kaiserreich, wo der Reichskanzler allein dem Monarchen verantwortlich war, stand der Regierungschef der Weimarer Republik in einer doppelten Abhängigkeit: vom Reichspräsidenten und vom Reichstag, der ihn über ein Misstrauensvotum mit einfacher Mehrheit stürzen konnte, ohne gleichzeitig einen Nachfolger wählen zu müssen. Das zeitgenössische Staatsrecht ging davon aus, dass eine Reichsregierung das parlamentarische Vertrauen so lange habe, bis es ihr entzogen werde. Erstmals war dies beim

Sturz Stresemanns im November 1923 der Fall. Misstrauensvoten fielen dann die zweite Regierung Luther im Mai 1926 und die dritte Regierung Marx im Dezember 1926 zum Opfer. Eine Wahl des Kanzlers durch den Reichstag sah die Verfassung generell nicht vor. Je geringer sein Rückhalt im Parlament war, umso stärker gestaltete sich die Bindung an das Staatsoberhaupt.

Zahlreiche Regierungen besaßen nicht einmal ein gemeinsames Programm, geschweige denn einen Koalitionsvertrag, wo als Resultat von Verhandlungen die erzielten Kompromisse als Eckwerte der künftigen Politik niedergelegt waren. Gespräche um Koalitionen und Kabinettsbildungen sorgten bei bürgerlichen Kräften doch für einige Irritationen, die deren Sinnhaftigkeit mitunter in Frage stellten. Und zur Abstimmung gestellte Regierungserklärungen eines Kanzlers zum Auftakt waren nicht notwendig. Mitunter wurden solche Antrittsreden vom Parlament lediglich »gebilligt« oder gar nur zur Kenntnis genommen. Auch wenn eine Regierung nicht, wie etwa die von Hermann Müller 1920, auf einer koalitionsmäßigen Grundlage beruhte, so habe sie doch, wie der Kanzler meinte, die Zustimmung der Parteien gefunden, weil diese Vertreter in die Regierung entsandt hatten.

Oftmals schien es so, als wenn ein Kabinett nur installiert wurde, weil eben eine Regierung sein musste. Auch im Binnenverhältnis des Kabinetts war die Position des Kanzlers im Vergleich zur Monarchie abgeschwächt worden: Im Rahmen der von ihm festgelegten »Richtlinien der Politik« leiteten die Minister selbstständig ihre Ressorts.

In der zerklüfteten Parteienlandschaft nahmen die Schwierigkeiten, eine handlungsfähige Regierung oder gar ein Kabinett mit parlamentarischer Mehrheit zustande zu bringen, tendenziell zu. Weimar erlebte nur für wenige Jahre ein voll funktionierendes parlamentarisches System. Ungeachtet einer »Integrationsdynamik« des Reichstags (THOMAS MERGEL) wirkte sich die Milieuverhaftung vor allem in der Endzeitkrise polarisierend aus. Bis dahin stand die im Reichsparlament verbal gepflegte Gegnerschaft, die auch das Bild nach außen prägte, im Kontrast zu dem Bemühen um Kompromissfindung in den Ausschüssen. Wie der Reichstag so waren auch die Landtage Orte der Verständigung und – wie für Sachsen festgestellt wurde – »Vertrauensräume, in denen sich politische Gegner näher kommen konnten« (JANOSCH PASTEWKA).

Die Suche nach einem Kanzler entwickelte sich mitunter zur überlangen Prozedur wie nach den Juni-Wahlen von 1920, als mehrere Kandidaten bei der Regierungsbildung scheiterten, mussten doch nicht nur die Interessen der Koalitionspartner, sondern auch die unterschiedlichen Strömungen innerhalb der eigenen Partei bedacht werden. Dabei scheiterte ein vom Präsidenten zu Sondierungen beauftragter Kandidat bereits an der Uneinigkeit der eigenen Fraktion. Erst massive Drohungen Eberts mit Rücktritt in Richtung

Zentrumspartei sorgten dafür, dass Constantin Fehrenbach das Kommando in der Reichskanzlei übernahm. Regierungsverantwortung zu tragen, barg angesichts der permanenten Krisensituationen für die Parteien die Gefahr, Einbußen zugunsten der in der Opposition befindlichen Konkurrenz hinnehmen zu müssen.

Im Grunde galten seit der Überwindung des Krisenjahres 1923 sechs Parteien als potentielle Koalitionäre: SPD, DDP, DVP, Zentrum und DNVP sowie die BVP. Nicht jede konnte mit jedem, aber es gab Kombinationsmöglichkeiten, die auch auf Mehrheiten sich hätten stützen können. Nach den Wahlen 1928 saßen 15 Parteien im Reichstag, dem Ort der zentralen Auseinandersetzung um wichtige Gesetzesvorhaben, aber sie mussten kein Hemmschuh für eine entschiedene Regierungspolitik sein: Die sieben kleinen Parteien (unter Einschluss der NSDAP) mit bis zu zwölf Abgeordneten kamen zusammen gerade mal auf 38 der 491 Mandate. Zünglein an der Waage spielte keine der Kleinstgruppierungen, auch wenn kurzzeitig die Erweiterung der knapp an der Mehrheit vorbeigeschrammten Weimarer Koalition um eine der Splittergruppen diskutiert wurde, man aber dann doch die Große Koalition schuf.

Nach der Juni-Wahl von 1920, als die Weimarer Koalition ihre Dreiviertelmehrheit eingebüßt hatte, hätte eine Große Koalition aus SPD, Zentrum, DDP und DVP eine sichere Parlamentsmehrheit besessen. Von nun an galt dieses Bündnis als Ideal des Parlamentarismus, ohne dass dabei reflektiert wurde, dass ein solch breitgespanntes Interessenkonglomerat immer auch den Keim der Krise in sich trug.

Nach dem Debakel der SPD bei diesen Wahlen mit massiven Verlusten zugunsten der USPD entledigte sich die nach wie vor stärkste Partei mit einem »Freudensprung« (so das SPD-Zentralorgan »Vorwärts«) der Regierungsbeteiligung und ging in die Opposition. Ebenso wie bei den Sozialdemokraten die Neigung zu notwendigen, aber in den eigenen Reihen ungeliebten Kompromissen mit den bürgerlichen Parteien noch zu gering ausgeprägt war, wenn zunächst die USPD, dann später die KPD als Konkurrentin davon Nutzen ziehen konnte, so verspürten die bürgerlichen Koalitionspartner Unlust zum Ausgleich mit der SPD, wenn die im gleichen Wählerklientel verankerte, die Oppositionsbänke drückende Konkurrenzpartei Gewinne daraus erzielen würde.

Die partielle Verantwortungsscheu gerade in Krisensituationen war eine zentrale Funktionsschwäche des Parlamentarismus. So erlebte die Republik bis zum Januar 1933 zwölf Reichskanzler und 20 Kabinette, von denen 14 Minderheitsregierungen waren. Durchschnittliche Haltbarkeitsdauer einer Regierung: etwas mehr als acht Monate – durchschnittliche Verweildauer eines Kanzlers hintereinander: 12 Monate. In den fast 25 Friedensjahren nach Bismarcks Abgang 1890 war der Kaiser mit vier Kanzlern ausgekommen. Immer wieder sah sich der republikanische Reichskanzler mit Otto von Bismarck verglichen. Nicht nur in zahlreichen Karikaturen wurden ihnen im Vergleich mit dem Eisernen Kanzler das Format abgesprochen. In der Sehnsucht nach einem starken Mann erschien für viele Rückwärtsgewandte der Reichsgründer von 1871 dem als minderwertig betrachteten republikanischen Führungspersonal weit überlegen. Allein der Vergleich zur Kaiserzeit ließ die Kritiker der Republik ein Krisenszenario an die Wand malen, zumal es ja in der Mehrzahl auch noch Minderheitsregierungen waren. Doch eine Minderheitsregierung konnte durchaus stark und lebensfähig sein, wenn sie in den zentralen Fragen im Reichstag in klugen Verhandlungen eine Mehrheit zustande brachte, währenddessen eine Mehrheitsregierung fragil war, weil sie »die Kämpfe schon in das Kabinett hineinlegt, ehe sie überhaupt vor das Parlament tritt, und deshalb das Gefüge der Schwäche in sich trägt«, wie Gustav Stresemann im Oktober 1926 analysierte. Das galt auch für die Großen Koalitionen 1923 und 1928 bis 1930, wo die Interessendivergenzen von SPD und DVP die Handlungsfähigkeit des Kabinetts lähmten.

Reichspräsident Friedrich Ebert (vorne 4. v. l.) am 3. August 1924 bei der Gedenkfeier zum 10. Jahrestag des Kriegsausbruchs vor dem Reichstag mit drei Reichskanzlern, dem amtierenden Wilhelm Marx (2. v. r.), dem Nachfolger, Finanzminister Hans Luther (5. v. r., direkt links von Ebert), und dem Vorgänger, Außenminister Gustav Stresemann (6. v. r.).

Manch ein Kanzler gab enttäuscht auf (Fehrenbach 1921), andere traten zurück und sofort wieder an (Wirth 1922, Stresemann 1923, Marx 1924, Luther 1926). Marx (1926) und Müller (1928) wagten nach Unterbrechungen die Rückkehr auf den Schleudersitz im Reichskanzlerpalais der Berliner Wilhelmstraße 77. Dass ehemalige Kanzler später ein Ministerium übernahmen, war nichts Ungewöhnliches. Auch wenn die Kanzler Cuno, Luther, Papen und Schleicher offiziell kein Parteibuch besaßen, so standen sie doch Parteien nahe. »Parteilos« meinte nicht, dass sie über den Parteien »schwebten«.

Verantwortung als Kanzler (oder auch Minister) zu tragen, belastete nicht nur psychisch, sondern auch physisch, führte zum Raubbau an der Gesundheit. Drei der zwölf Reichskanzler – Müller, Cuno und Stresemann – starben bereits im sechsten Lebensjahrzehnt und zwar an Krankheiten, die auch durch Stress ausgelöst werden können. Man geht wohl nicht fehl in der Annahme, dass ihr früher Tod noch in der Weimarer Republik auch den extremen Belastungen in den Partei- und Staatsämtern geschuldet war. Das traf auch auf den im Alter von 54 Jahren verstorbenen Reichspräsidenten Friedrich Ebert zu. Mit Stresemann und Müller, die beide einige Zeit fern von Berlin ihre Krankheiten auszukurieren versuchten, fehlten der Großen Koalition 1929/30 vor Ort eine Zeitlang ihre Stützen.

Der Kanzler kam selten aus den Reihen der stärksten Fraktion. Das war nur bei den sozialdemokratischen Amtsinhabern der Fall. Er musste nicht einmal dem Reichstag oder einer Partei angehören. Auch zahlreiche Minister besaßen kein Mandat. Und wenn Stresemann mit der Erfahrung von zehn Jahren 1929 vor dem Zentralvorstand seiner Partei ausdrücklich darauf hinwies, dass ein Minister kein Parteimann sein müsse, dass, weil der Ressortchef vom Präsidenten ernannt werde und vom Vertrauen des Parlaments abhängig sei, er eben nicht von der Fraktion zurückgezogen werden könne, so redete er der Loslösung des Ministers von seiner Partei resp. von seiner Fraktion das Wort. Cunos in der Krise 1923 überfordertes Kabinett galt als eine »Regierung der Fachleute« ohne direkte Parteibindungen. Seine Inthronisierung im Moment parlamentarischer Verkrustung war ein deutliches Symptom der Parteienverdrossenheit, ihr Ende kam, als die demokratischen Parteien sich entschlossen zur Großen Koalition zusammenfanden.

Mit fünf Kanzlern stellte das Zentrum die meisten Regierungschefs, wobei diese das breite Spektrum der katholischen Partei repräsentierten, das vom sozialliberalen Joseph Wirth, dem entschiedenen Republikaner, bis zum konservativen Herrenreiter Franz von Papen, dem Monarchisten und Republikzerstörer, reichte. Drei Reichskanzler kamen aus den Reihen der Republikgründerpartei SPD, die in den ersten eineinhalb Jahren an der Spitze des Kabinetts standen, wobei insbesondere die Beauftragung von Gustav Bauer

Reichskanzler und Koalitionen

Philipp Scheidemann (SPD)	13. Febr. 1919	SPD, DDP, Zentrum
Gustav Bauer (SPD)	21. Juni 1919	SPD, Zentrum, DDP (ab 3. Okt.)
Hermann Müller (SPD)	27. März 1920	SPD, DDP, Zentrum
Constantin Fehrenbach (Zentrum)	25. Juni 1920	Zentrum, DDP, DVP
Joseph Wirth (I) (Zentrum)	10. Mai 1921	SPD, DDP, Zentrum
Joseph Wirth (II) (Zentrum)	26. Okt. 1921	SPD, DDP, Zentrum
Wilhelm Cuno (parteilos)	22. Nov. 1922	Zentrum, DDP, DVP, BVP
Gustav Stresemann (I) (DVP)	13. August 1923	DVP, Zentrum, DDP, SPD
Gustav Stresemann (II) (DVP)	6. Okt. 1923	DVP, Zentrum, DDP, SPD (bis 3. Nov.)
Wilhelm Marx (I) (Zentrum)	30. Nov. 1923	Zentrum, DDP, DVP, BVP
Wilhelm Marx (II) (Zentrum)	3. Juni 1924	Zentrum, DDP, DVP
Hans Luther (I) (parteilos)	15. Januar 1925	Zentrum, DVP, DNVP, BVP
Hans Luther (II) (parteilos)	20. Januar 1926	Zentrum, DDP, DVP, BVP
Wilhelm Marx (III) (Zentrum)	17. Mai 1926	Zentrum, DDP, DVP, BVP
Wilhelm Marx (IV) (Zentrum)	29. Januar 1927	DNVP, Zentrum, DVP, DDP, BVP
Hermann Müller (II) (SPD)	28. Juni 1928	SPD, DVP, DDP, Zentrum, BVP
Heinrich Brüning (I) (Zentrum)	30. März 1930	Zentrum, DVP, DDP, BVP, WP[1], DNVP, KVP[2]
Heinrich Brüning (II) (Zentrum)	10. Okt. 1931	Zentrum, DDP[3], BVP, KVP, CNBL[4]
Franz von Papen (Zentrum[5])	1. Juni 1932	Präsidialkabinett
Kurt von Schleicher	3. Dez. 1932	Präsidialkabinett
Adolf Hitler (NSDAP)	30. Januar 1933	NSDAP, DNVP

1 *Wirtschaftspartei.*

2 *Konservative Volkspartei.*

3 *Nunmehr als Deutsche Staatspartei.*

4 *Christlich-Nationale Bauern- und Landvolkpartei.*

5 *Austritt nach Amtsantritt.*

das Werk des Reichspräsidenten war, der seinen engen Freund ohne Rückkopplung mit der SPD-Fraktion, die den Parteivorsitzenden Hermann Müller favorisierte, ins Amt hievte. Es galt, das mit dem Rücktritt der Regierung von Scheidemann drohende Machtvakuum rasch zu füllen. Denn die Siegermächte verlangten ultimativ die Annahme des Friedensvertrages. Dass Eberts Mitvorsitzender an der Spitze der SPD, Philipp Scheidemann, im Februar 1919 erster Regierungschef geworden war, entsprach der Logik, nachdem sich Ebert im Duell um das Präsidentenamt durchgesetzt hatte. Die nach dem Kapp-Lüttwitz-Putsch installierte Regierung unter Hermann Müller war nur die des Übergangs bis zu den Wahlen im Juni 1920, die das vorläufige Ende der mehrheitsgestützten Weimarer Koalition bedeuteten, die in den knapp eineinhalb Jahren doch einigen Schutt des Kaiserreiches weggeräumt hatte.

Als Fehrenbach das Handtuch kurz vor Ablauf des Londoner Ultimatums zur Annahme des alliierten Reparationsplans im Mai 1921 warf, nachdem sein Außenminister Walter Simons seinen Rücktritt erklärt hatte, und nachfolgend mehrere ins Spiel gebrachte Kandidaten scheiterten bzw. sich des Auftrags entzogen, übte Ebert Druck auf die eigene Partei aus, sich wieder an der Regierung zu beteiligen. Sie schlüpfte aus ihrem Oppositionskokon, war aber nicht bereit, den »Firmenträger zu stellen«, wie das SPD-Fraktionsmitglied Wilhelm Keil meinte. Dieser sollte aus dem Zentrum kommen. Nachdem deren Fraktion sich nicht für den Kölner Oberbürgermeister Konrad Adenauer begeistern konnte, übernahm Joseph Wirth, der Finanzminister des demissionierten Kabinetts, das Amt des Regierungschefs. Die Weimarer Koalition wurde nach neunmonatiger Unterbrechung wiederhergestellt; allerdings besaß sie jetzt keine Mehrheit mehr im Reichstag.

Der neuen Regierung blieb kaum Zeit zum Luftholen, denn der Beschluss zur Teilung Oberschlesiens durch die alliierte Botschafterkonferenz führte zum Rücktritt des Kabinetts am 22. Oktober 1921. Drei Tage später übertrug der Reichspräsident dem zurückgetretenen Kanzler erneut die Regierungsbildung. In der Zwischenzeit war alles versucht worden, eine Große Koalition – die Erweiterung des Weimarer Dreierbündnisses um Stresemanns DVP – zu installieren. Das schien auch fast zu gelingen, bis die DVP sich schroff verweigerte, was wiederum bei ihrer liberalen Konkurrenz DDP Irritationen auslöste, ob man dann selbst noch in der Regierung bleiben könne. Der Königsweg war, dass der neue und alte Kanzler sein Kabinett bei seiner Erklärung vor dem Reichstag am 26. Oktober nicht als Koalitionsregierung, sondern als Sammlung von Politikern seines Vertrauens präsentierte. So blieb Reichswehrminister Otto Geßler nicht als Parteimann der DDP, sondern als »Fachminister«. Im Januar 1922 kehrte dann der vormalige Wiederaufbauminister der DDP, Walther Rathenau, als Außenminister zurück an den Regierungstisch.

1922 lotste Ebert den Direktor der Hamburger Hapag-Reederei Wilhelm Cuno ins Reichskanzlerpalais. Der Quereinsteiger genoss beim Reichspräsidenten großes Ansehen. Dem Wirtschaftsführer eilte der Ruf eines erfolgreichen Industriekapitäns voraus, der über gute Verbindungen in den anglo-amerikanischen Raum verfügte. Diese Kanzlerwahl war Symptom der Krise des Parteienstaates. Die Art der Beauftragung des Regierungschefs durch den Präsidenten und die Kabinettsbildung ohne direkte Einflussnahme der Fraktionen wurden von politischen Beobachtern als Chance gesehen, das parlamentarische System überhaupt am Leben zu erhalten. Der Ruf nach dem »bewährten« Wirtschaftsfachmann hallte schon seit einiger Zeit durch die politische Landschaft, ebenso der Ruf nach einem Kabinett der Persönlichkeiten. In beidem steckte ein hohes Maß an vormodernem Harmoniebedürfnis und eine gehörige Portion Enttäuschung über das »Parteigetriebe«, über Kanzler und Minister mit Parteibuch, die Politik zum »Wohl« der eigenen Organisation und deren Gefolgschaft, aber eben nicht zum »Wohl« eines wie auch immer definierten »Ganzen« betreiben würden. »Parteipolitiker« und »Fachleute« galten bei Teilen der öffentlichen Meinung beinahe als Antonyme. In solcher Parteienverdrossenheit schienen Lösungen ohne dominierenden Einfluss der Fraktionen ein Ausweg zu sein.

Es erhoben sich aber auch Stimmen von politischem Feingespür, die in der Form der Kanzlerrekrutierung durch den Reichspräsidenten und der Regierungsbildung ohne unmittelbare parlamentarische Beteiligung ein verfassungsrechtliches Problem keimen sahen. In der Tat schien der Reichspräsident in die Zeit der vorrepublikanischen Kanzlerwahl zurückgefallen zu sein. Das Kabinett Cuno gilt bisweilen als das erste Präsidialkabinett der Republik. Was die Art der Kanzlerfindung betraf, lag ein solcher Schluss nahe: Der Hapag-Direktor war Eberts Wahl. Das Urteil trifft aber nicht die Weise, wie die Minister ausgewählt wurden, denn schließlich wurden die Parteien gefragt und benannten auch einige Vertreter. Die Beauftragung Cunos war keineswegs gegen den Willen der Parteien geschehen. Zudem – und dies war das Entscheidende – beruhte die Legitimation des Kanzlers nicht allein auf den Machtbefugnissen des Reichspräsidenten, sondern er konnte sich bei seinen Entscheidungen von Fall zu Fall auf parlamentarische Mehrheiten berufen. Nie kam die Regierung an den Punkt, an dem Cuno, allein gestützt auf den Reichspräsidenten, den Reichstag unter Androhung präsidialer Ausnahmegewalt gefügig machen wollte. Das hätte Ebert auch nicht zugelassen. Schließlich kippte der Kanzler durch eine konzertierte Aktion des Parlaments – genauer: Er kam im August 1923 dem Sturz durch Rücktritt zuvor. Ein Vergleich mit den Präsidialkabinetten in der Endphase Weimars hinkt daher. Allenfalls gab die Berufung Cunos einen Vorgeschmack auf die präsidentielle Regierungsbildung am Ende der Republik.

Die Nominierung des über den Präsidenten hinaus hoch im Kurs stehenden Wirtschaftskapitäns Cuno war ein »kühner Griff«, schrieb die »Frankfurter Zeitung« noch Jahre danach – aber dies erwies sich schon bald als ein »Fehlgriff«. Damit benannte das liberale Blatt eine von vielen geteilte Erkenntnis im Nachhinein. Das war keine Wertung, die der allgemeinen Stimmung im November 1922 entsprach. Angeführt vom Königsmacher Ebert überschätzten viele zweifellos Cunos Befähigung für das Regierungsamt; doch in der Situation nach dem Scheitern des vorherigen Kabinetts von Joseph Wirth besaß dessen Berufung allerdings durchaus Logik. Denn der Zentrumsmann Wirth hatte zuvor ohne große Not, getrieben von der eigenen Partei, Verhandlungen um eine Große Koalition begonnen, obwohl seine Regierung des Weimarer Bündnisses aus Zentrum, SPD und DDP sich seit der Wiedervereinigung der SPD mit dem Rest der USPD im September 1922 wieder einer satten Mehrheit erfreute. Parlamentarisch betrachtet war das Ende der Regierung nachgerade überflüssig. Aber der wiedervereinigten und nominell an Mandaten größer gewordenen SPD, bei der sich die Koordinaten nach dem Zuwachs nach links verschoben, wollten die beiden bürgerlichen Koalitionspartner mit einer Regierungsbeteiligung der DVP begegnen. Wirth manövrierte sich in eine Sackgasse, aus der es keine parteipolitische Lösung zu geben schien. Das seinem Ausstieg vorausgehende wochenlange Gerangel schadete dem Ansehen des Reichstags, mehr noch aber dem der Parteien. Weite Teile der Bevölkerung schienen schlicht parlaments- und parteienmüde zu sein. Eine parlamentarische Regierungsbildung lag nach dem endlosen Streit um die Große Koalition, die für Zentrum und DDP über die konkrete Situation hinaus das Konsensideal darstellte, am Ende Wirths nicht mehr im Bereich des Möglichen. Insofern bewegte sich die Mehrzahl der zeitgenössischen Kommentare zur Berufung des Hapag-Mannes Cuno im positiven Bereich; selbst die linksstehende Zeitschrift »Die Weltbühne« applaudierte.

Aufgrund der äußeren Bedrohung durch die Ruhrbesetzung und dem entschieden verfochtenen passiven Widerstand, der ein über die Parteigrenzen hinwegreichendes Gefühl der Schicksalsgemeinschaft erzeugte, erfreute sich Cuno für einige Zeit hoher Beliebtheitswerte, die er aber mit einem mangelhaften Krisenmanagement in der sich dramatisch zuspitzenden Lage verspielte und letztlich seinem längst überfälligen Rauswurf durch Rücktritt zuvorkam. Dass er überhaupt bis in den August 1923 im Reichskanzlerpalais saß, lag an den zögernden Flügelparteien der sich abzeichnenden Großen Koalition, DVP und SPD, bei denen die Erkenntnis über die Notwendigkeit einer gemeinsamen Regierung nur langsam reifte und viel zu spät in Aktion überging. Die Stärke des Kabinetts Cuno war, dass niemand es ersetzen wollte. Trotz einer zunehmenden Unzufriedenheit mit der Arbeit der Regierung der »Persönlichkeiten«: SPD und DVP hatten lange Zeit keine Ambitionen, die Nachfolge anzutreten. Erst auf dem Höhepunkt der Krise Mitte August 1923 bildete sich unter Gustav Stresemann eine Große Koalition. Beide Außenparteien sahen sich in der Not zur Kooperation gezwungen. Es war keine Überzeugungsgemeinschaft.

Gustav Stresemann sollte der einzige Liberale im Chefsessel der Regierung bleiben. Und er sollte nur 100 Tage amtieren, seine sich numerisch auf eine satte Zweitdrittelmehrheit im Reichstag stützende Große Koalition noch nicht einmal so lange. Am 3. Oktober war das Kabinett erstmals gesprengt, als die DVP breite sozialpolitische Einschnitte vornehmen wollte, was wiederum die

SPD verprellen musste. Dem umgehend vom Reichspräsidenten erneut mit der Regierungsbildung beauftragten DVP-Mann gelang es, einen für beide Parteien akzeptablen Kompromiss für das zur Währungssanierung notwendige Ermächtigungsgesetz zu entwickeln, von dem ausdrücklich die Regelung der Arbeitszeit ausgenommen war. Nicht nur die »Vossische Zeitung« spendete Beifall: »Bravo Reichstag!« Doch das zweite Kabinett Stresemann war deutlich nach rechts verschoben worden – und sollte lediglich weitere vier Wochen halten. Nicht mehr kitten konnte der Kanzler den Bruch, als die SPD das übereilte Vorgehen der Reichsregierung mit einer »Reichsexekution« gegen die SPD/KPD-Regierung in Sachsen bei gleichzeitigem Stillhalten gegenüber den bayerischen Provokationen am 2. November zum Anlass nahm, das Kabinett mit Donnergrollen zu verlassen. Misstrauensanträgen zuvorkommend, stellte Stresemann die Vertrauensfrage und scheiterte erwartungsgemäß am 23. November.

*

IM FOKUS: Das Krisenjahr 1923

Stresemanns Abgang geschah zu einem Zeitpunkt, als das Reich den Zenit seiner bis dahin größten Krise überwunden hatte. Die Republik wurde bereits in ihrem ersten Jahrfünft von zwei existenzbedrohenden Lagen erschüttert: Während der kläglich vorbereitete und dilettantisch durchgeführte konterrevolutionäre Putsch der Kappisten im März 1920 nach wenigen Tagen am breiten Widerstand der Demokraten scheiterte, stand das von Inflation und Wirtschaftskrise geschüttelte, von außen bedrängte und im Innern von Separatismus und widerspenstigen Ländern zerrissene Reich 1923 am Abgrund. Es ging um nichts weniger als »um das Überleben des parlamentarischen Systems« (HANS MOMMSEN). Es grenzt nahezu an ein Wunder, dass der Absturz nicht erfolgte.

Stockende Reparationsleistungen nahm Frankreich, das entschlossen war, seine Rechte mit Sanktionen zu sichern, zum Anlass, am 11. Januar 1923 gemeinsam mit Belgien Truppen in das Ruhrgebiet zu entsenden. Die einhellige Empörung über die gewaltsame Besetzung des industriellen Kernlandes führte zur nationalen Einigung über die Parteigrenzen hinweg. Als Gegenmittel verkündete die Reichsregierung den passiven Widerstand: Die Bevölkerung sollte die Besatzungsmächte nicht unterstützen und die Arbeit einstellen. Bezahlt wurden die Verweigerer aus der Staatskasse. Die Besatzungsbehörden reagierten mit massenhaften Ausweisungen und der vollständigen Abtrennung des besetzten Gebietes vom Reich.

Der passive Widerstand schraubte eine latente, vor allem untere und mittlere Einkommen überaus belastende, die öffentliche Hand an den Rand der Zahlungsunfähigkeit treibende Inflation in astronomische Höhen. Im Zuge der ex-

orbitanten Wirtschafts- und Finanzkrise mit einem katastrophalen Kaufkraftverlust verzeichneten die extremen Parteien einen Aufschwung, sowohl die KPD am linken als auch Deutschvölkische und Nationalsozialisten am rechten Rand des politischen Spektrums.

Das Jahr der Krise 1923 beginnt mit der Ruhrbesetzung: französische Soldaten vor dem Rathaus in Duisburg (1924).

Die zusätzlichen finanziellen Belastungen steigerten die Finanzkrise in dramatischer Weise. Die Folgelasten des Krieges hatten zu einer Entwertung der Mark geführt. Eine Finanzpolitik der schrankenlosen Staatsverschuldung (Ende 1922 mit einem Defizit von 469 Milliarden Mark) sorgte für eine stetig steigende Inflation, die zunächst ein wirtschaftliches Wachstum und in den ersten Jahren Vollbeschäftigung garantierte. 1923 verlor das Geld in rasender Geschwindigkeit an Wert, einfach abzulesen an den nominellen Brotpreisen:

Dez. 1919	*0,80 Mark*
Jan. 1923	*250 Mark*
Juli 1923	*3.465 Mark*
Aug. 1923	*69.000 Mark*
Sept. 1923	*1.512.000 Mark*
Okt. 1923	*174.300.000 Mark*
Nov. 1923	*201.000.000.000 Mark*

Im April 1923 wurde nur ein Siebtel der Ausgaben aus den Einnahmen gedeckt, so dass immer mehr Geld in Umlauf kam. Gegenüber dem Dollar stürzte die Mark ins Bodenlose. Die Finanzen kollabierten, die Hyperinflation grassierte.

Die Geldentwertung verschonte die Besitzer von Sachgütern; die Sparer verloren ihre Guthaben. Während etwa der Großindustrielle Hugo Stinnes als König der Inflation sein Imperium über Kredite vergrößerte, nahm die Verelendung der Arbeiter, Kleinrentner und Kriegsversehrten zu. Die, die etwas angespart hatten, wurden regelrecht enteignet. Das galt auch für den Mittelstand und für das einstmals wohlhabende Bürgertum. Die Wirtschaft kam zum Erliegen.

Lebensmittel wurden wegen der Wertlosigkeit der Mark vom Handel zurückgehalten. Die Ernährungssituation stand vor dem Kollaps. Die Bevölkerung hatte zwar eine Menge Geldscheine mit hohen Nominalwerten, aber die waren nahezu wertlos. Davon konnte man sich nichts kaufen. Und es gab nichts zu kaufen. Verarmung und Verelendung vor allem der Stadtbevölkerung stiegen dramatisch an. Die Unzufriedenheit entlud sich in Teuerungskrawallen mit hunderten von Toten und in Massenstreiks. Im August kulminierte die Krise. Die Reichsdruckerei kam mit der Ausgabe neuer Banknoten einfach nicht mehr nach, was durch den dort am 10. August einsetzenden Streik noch dramatisch verschärft wurde. In Berlin kam kaum Fleisch, nicht einmal Fett auf den Markt, wie die Regierung auf ihrer Krisensitzung an diesem Tag feststellen musste. Die KPD rief zum Generalstreik auf; aus Furcht vor Krawallen wurden am 11. August sogar die abendlichen Feiern zum Verfassungstag abgesagt. Käthe Kollwitz notierte just am gleichen Tag zur Lage in Deutschland: »tief – tief – schlimm tief!« Tags darauf gab Cunos gänzlich überforderte »Regierung der Fachleute« auf. An ihre Stelle trat die Große Koalition aus SPD, Zentrum, DDP und DVP unter Reichskanzler Gustav Stresemann (DVP), die, obwohl sie keine drei Monate hielt, den Weg aus der Krise bahnte. Sie brach, längst überfällig, am 26. September den höchst kostspieligen, die Inflation anheizenden passiven Widerstand ab und verhängte den Ausnahmezustand, um eine Destabilisierung der Situation zu verhindern.

Krisenherde waren vorhanden, neue entstanden. In den besetzten Gebieten proklamierten von den Franzosen geförderte Separatisten die Unabhängigkeit. Sie stießen aber in der Bevölkerung kaum auf Rückhalt und gaben auf. In den Ländern Sachsen und Thüringen bildeten sich im Oktober Koalitionsregierungen der SPD mit der republikfeindlichen KPD. Die sächsische Arbeiterregierung unter dem Sozialdemokraten Erich Zeigner widersetzte sich Anordnungen der Reichsregierung, die als Kampfverbände aufgestellten proletarischen Hundertschaften aufzulösen und die Kommunisten aus der Regierung auszuschließen. Schon lange steuerte die KPD, getrieben von der Moskauer Komintern, auf den Umsturz hin, musste jedoch erkennen, dass ihr hierzu schlichtweg die Massenbasis fehlte. Die für den Oktober geplante revolutionäre Aktion wurde zwar abgeblasen, doch kam es aufgrund von Kommunikationsfehlern in Hamburg zu einer aussichtslosen Revolte einiger hundert Kommunisten. Der »deutsche Oktober« endete für die moskauhörige KPD in einem Debakel.

Der Kampf um das tägliche Brot in der Hochinflation:
Käuferschlange vor einer »Butter-Handlung« in Berlin 1923.

Das sächsische Experiment einer Arbeiterregierung beendeten Reichspräsident und Reichsregierung, indem sie aufgrund von Artikel 48 die Landesregierung absetzten. Die SPD nahm diese sogenannte »Reichsexekution« gegen Sachsen zum Anlass, zunächst aus der Reichsregierung auszutreten und dann das verbliebene Minderheitskabinett Stresemanns zu stürzen. Ihr Unmut erwuchs vor allem aus der Tatsache, dass das Reich gegen Bayern nichts unternahm, wo sich der mit außerordentlichen Vollmachten ausgestattete Generalstaatskommissar Gustav Ritter von Kahr und der Kommandeur der im Land stationierten Reichswehrtruppen Otto von Lossow Weisungen des Reiches widersetzten und im Verein mit dem Landespolizeichef Hans von Seisser eine nationale Diktatur anstrebten. Die Regierung in München hatte nach dem Abbruch des passiven Widerstandes selbst einen Ausnahmezustand für den Freistaat verhängt, der nach wie vor als »Ordnungszelle« Hort paramilitärischer und rechtsradikaler Organisationen wie der NSDAP war, die auf Sympathie in den Spitzen der bayerischen Verwaltung, der Polizei und im Militär hoffen durften.

Die Spannungen zwischen München und Berlin wollte der NSDAP-Vorsitzende Adolf Hitler zum gemeinsamen Putsch nutzen. Er sah sich aber mit General Erich Ludendorff, bis kurz vor Kriegsende Generalquartiermeister der Obersten Heeresleitung, am 8. November 1923 zum vorzeitigen Losschlagen ge-

zwungen, weil das Triumvirat um Kahr zögerte. Hitler erklärte die Reichsregierung der »Novemberverbrecher« für abgesetzt und rüstete sich zum »Marsch auf Berlin«, dem erfolgreichen »Marsch auf Rom« des italienischen Faschistenführers Benito Mussolini vom Oktober 1922 nachgeeifert. Die Situation in Deutschland 1923 war jedoch eine ganz andere als in Italien ein Jahr zuvor: Denn Mussolini war, unterstützt von den Eliten, mit einer Massenbewegung auf eine schwache Regierung getroffen. Ein solch breiter Rückhalt fehlte Hitler. Selbst die Frondeure um Kahr stellten sich in der Erkenntnis der Erfolgslosigkeit der Aktion gegen ihn, auch weil Reichspräsident und Reichsregierung nun entschlossen agierten. Hitlers am 9. November mit etwa 2.000 Mann am »Bürgerbräukeller« gestarteter »Marsch auf Berlin« endete bereits nach einigen hundert Metern an der Feldherrnhalle im Kugelhagel der Polizei. 15 Putschisten und vier bayerische Polizisten sowie ein unbeteiligter Schaulustiger fanden den Tod.

Der 9. November wurde zum jährlich zelebrierten Gedenk- und Feiertag der NSDAP, die zum Zeitpunkt des dilettantischen Staatsstreiches nur eine vornehmlich in Bayern aktive Gruppierung war. Nach dem Putsch wurde die NSDAP verboten, die in der Folge, von inneren Auseinandersetzungen geschwächt, zerfiel. Doch Hitler nutzte den Hochverratsprozess Anfang 1924 in München zur politischen Inszenierung. Prozess und Urteile waren eine Farce. Ludendorff wurde wegen seiner Weltkriegsverdienste freigesprochen, Hitler lediglich zu fünf Jahren Festungshaft verurteilt. Nachdem er nur einen geringen Teil seiner Strafe in Landsberg verbüßt hatte und schon im Dezember 1924 entlassen worden war, konnte er seine Partei, die sich offiziell am 27. Februar 1925 im »Bürgerbräukeller« wiedergründete, neu ausrichten.

Wie Hitler, so scheiterten auch die Hoffnungen von antirepublikanischen Kräften auf eine Rechtsdiktatur. Der Ruf nach einer nationalen Diktatur erklang nach dem Bruch der Großen Koalition immer stärker, aber man wusste nicht so recht, wer in die Rolle des Diktators schlüpfen sollte. Man zählte dabei auf den Chef der Heeresleitung Hans von Seeckt, den Reichspräsident Ebert in Abwehr des Hitler-Putsches zum Inhaber der vollziehenden Gewalt ernannte. Doch nutzte der General, der zuvor mit einem Direktorium geliebäugelt hatte, die Vollmachten nicht zum Gewaltstreich gegen die Republik. Ebert hatte ihn geschickt an sich gebunden. Gegen das verfassungsmäßige Oberhaupt zu putschen, war Seeckt nicht bereit. Er gab seine Befugnisse im Februar 1924 an den Reichspräsidenten zurück. Der Reichspräsident hatte sich als Krisenmanager bewährt und im Zusammenspiel mit der Regierung seine außerordentlichen Verfassungsrechte konsequent zum Erhalt der Demokratie eingesetzt.

Die vom Kabinett Stresemann eingeleitete Währungsreform sorgte für Beruhigung. Grundlage hierzu bildete die Schaffung der Rentenmark am 15. Oktober, die dann einen Monat später, am 15. November, zur Ausgabe kam, wobei eine Billion Papiermark einer Rentenmark entsprach. Das »Wunder der Rentenmark« glückte. Die der Reichsregierung nicht unterworfene autonome Reichsbank unter ihrem Präsidenten Rudolf Havenstein hatte in der Krise immer mehr als Bremsklotz einer Währungsreform gewirkt. Der Streit um den auf Lebenszeit berufenen Präsidenten, der sich an den Posten klammerte, löste sich mit seinem Tod am 20. November 1923. Nachfolger wurde einen Monat später der von Regierung, Reichsrat und Reichspräsident favorisierte DDP-Mann Hjalmar Schacht, den das Reichsbankdirektorium, das den deutschnationalen Reichstagsabgeordneten und Erzberger-Verleumder Karl Helfferich präferierte, einstimmig ablehnte. Der Reichspräsident hielt jedoch an Schacht fest.

Das alles fiel schon in die Zeit der Nachfolgeregierung. Bei der Kanzlerkür nach Stresemanns Rücktritt versuchten nicht weniger als fünf Kandidaten, ein Kabinett zustande zu bringen. Als Ebert angesichts der Stagnation ein zweites Experiment à la Cuno anvisierte, rief das die Parteien mit massiver Gegenwehr auf den Plan. Schließlich musste ein Mann die Sache versuchen, der ob seines Bemühens um Ausgleich den Spagat vollführen konnte, eine Minderheitsregierung zu leiten und dabei das für die Stabilität des Regierungshandelns notwendige Wohlwollen der starken sozialdemokratischen Opposition einzuwerben. Dieser Mann war der von Ebert inständig bekniete Zentrumsvorsitzende Wilhelm Marx, der als konsequenter Verfechter eines Mittelkurses seiner Partei auch über gute Kontakte zur Sozialdemokratie verfügte und der an der Spitze eines bürgerlichen Minderheitskabinetts eine faire Zusammenarbeit mit der Opposition garantierte. Der bei seiner vaterländischen Pflicht gepackte Rheinländer stand für eine Politik der mittleren Linie; er war ein ehrlicher Makler zwischen den Lagern, aber kein politisches Schwergewicht wie Stresemann. Die ganze Sache lief auf eine Erneuerung der um die BVP ergänzten alten Koalition aus Zentrum, DDP und DVP hinaus.

Mit dem Ermächtigungsgesetz von Anfang Dezember gab die Legislative ihre Rechte, befristet bis Mitte Februar 1924, zugunsten der Exekutive ab; die SPD stimmte gegen starke innere Widerstände mehrheitlich zu. Die Regierung, die »langwierige Verhandlungen im Reichstage […] für nicht wünschenswert« hielt (Reichskanzler Marx), hatte nun das gewünschte Instrument in der Hand, die entsprechenden rigorosen Maßnahmen auf dem kurzen Weg ohne das Parlament zu ergreifen.

Im Zuge der Stabilisierungsmaßnahmen schnellte die Arbeitslosenquote nach oben, auch weil die öffentliche Hand ihr Personal drastisch reduzierte. Dennoch: Zum Jahreswechsel 1923/24 konnte man aufatmen: Die antirepublikanischen Parteien am rechten und linken Rand waren geschlagen, die Einheit des Reiches verteidigt und der Weg zur Sanierung der Finanzen beschritten worden. Marx setzte den Stabilisierungsprozess fort, der im August 1924 zur

Einführung der goldgedeckten Reichsmark führte. Die Republik überwand ihre Existenzkrise. Es folgte die Phase der relativen Stabilisierung (1924–1929).

*

Die nach der Reichstagsauflösung vom Februar 1924 notwendigen Neuwahlen bescherten den Regierungsparteien wie auch der SPD erhebliche Verluste; es fand eine Fluktuation zu den radikalen Parteien – links wie rechts – statt. Auch wenn der Mai 1924 einen »Ruck zum Radikalismus« markierte, wie der DDP-Vorsitzende Erich Koch-Weser treffend analysierte, verweigerte der Reichspräsident sich der von vielen im rechten Spektrum erhobenen Forderung, einen Mann der DNVP – als der in Gemeinschaft mit dem konservativen »Landbund« stärksten Fraktion – mit der Regierungsbildung zu beauftragen. Dass neben dem DNVP-Vorsitzenden Oskar Hergt der ehemalige kaiserliche Großadmiral Alfred von Tirpitz, die 75-jährige stramm monarchistische Symbolfigur der wilhelminischen Flottenrüstung, aus der Partei als Kandidat ins Spiel gebracht wurde, offenbarte noch einmal, wie wenig die Konservativen sich mit der neuen Republik abgefunden hatten.

Dem amtierenden Kanzler Marx glückte es schließlich, das bisherige, wenn auch nochmals geschwächte Minderheitskabinett mit einigen Personalveränderungen zu reanimieren. Er regierte mit wohlwollender Unterstützung der nach wie vor die Oppositionsbänke drückenden Sozialdemokraten. War die Regierungsbeteiligung der DNVP noch einmal abgewehrt, so sollte sie nach den Neuwahlen im Dezember 1924 – der Reichstag war am 21. Oktober aufgelöst worden – nicht mehr zu verhindern sein.

Die Büchse der Pandora hatte die DVP im Herbst 1924 geöffnet, als sie die Einbeziehung der DNVP forderte, von denen ja einige Mandatsträger im August mitgeholfen hatten, die Dawes-Gesetze über die Reichstagshürde zu hieven. Doch die Gespräche mündeten in den Antrag der Regierung Marx auf Reichstagsauflösung, denn die Sache war verfahren. Eben weil eine Fortführung der Regierung und die Bildung eines anderen Kabinetts außer Frage standen (so die Begründung), schickte der Reichspräsident den Reichstag heim. Doch das reinigende Gewitter erfolgte in den Wahlen vom 7. Dezember 1924 nicht: Die Gewichte verlagerten sich wieder ein wenig mehr zu den staatstragenden Kräften hin, aber es blieben nur zwei Möglichkeiten: Große Koalition oder rechtsbürgerliches Kabinett vom Zentrum bis zur DNVP. Die zweite Variante sollte die Lösung sein.

Nach überlangen Verhandlungen bildete sich im Januar 1925 der Rechtsblock unter dem vormaligen Essener Oberbürgermeister Hans Luther, der sich zuvor als Finanzminister bei der Überwindung der Hyperinflation verdient gemacht hatte. Die Formierung einer neuen Regierung unter Einschluss der republikkritischen DNVP ging dem sich lange sträubenden Ebert gegen den Strich, dessen Ziel seit den Juni-Wahlen 1920 die Große Koalition war. Gegen die Bildung eines Rechtskabinetts konnte der Präsident nichts ausrichten. Dass mit Luther »ein Politiker ohne Partei« (wie dieser seine Memoiren untertitelte) an der Spitze der Reichsregierung stand, war ein Anachronismus. Gewiss war Luther ein Mann ohne Partei, aber unpolitisch eben nicht. Man wird ihn im rechtsliberalen Spektrum zu verorten haben. Ihm, der schon im Mai 1924 als möglicher Kanzler gehandelt worden war, gelang die Bildung einer Regierung in der Weise, dass die beteiligten Parteien – DNVP, Zentrum, DVP und BVP – ohne fraktionelle Bindung Vertrauensmänner ins Kabinett schickten, während die anderen Ministerien mit so genannten Fachleuten besetzt wurden. Geßler blieb Reichswehrminister, obwohl seine Partei, die DDP, nicht offiziell mit am Regierungstisch saß. So war das neue Kabinett »teils parlamentarisch, teils überparteilich«, wie die konservative »Neue Preußische Zeitung (Kreuz-Zeitung)« schrieb. Mochte diese Regierung auch unter der Bezeichnung »Beamtenkabinett« oder »überparteiliche Regierung« firmieren, so war sie doch ein Rechtsblock unter Einschluss der Deutschnationalen, die gleich drei Minister und damit das stärkste Kontingent im Kabinett stellten, während die anderen Parteien nur jeweils mit einem Mann vertreten waren. Die Bürgerblockregierung war bis dahin das am weitesten nach rechts ausgerichtete Ministerensemble. Denn zum ersten Mal saßen Vertreter einer Partei, die der Republik den Kampf angesagt hatte, in der Regierung, darunter mit dem neuen Wirtschaftsminister Albert Neuhaus ein Mann, der 1920 als Abteilungsleiter im preußischen Handelsministerium entlassen worden war, weil er den Eid auf die Reichsverfassung verweigert hatte. Es musste weithin als Anomalie verstanden werden, dass mit Martin Schiele ein Mitglied der DNVP das in Sachen Verfassung zuständige Innenministerium übernahm.

Der eigentliche Architekt dieser Regierung, Gustav Stresemann, wollte die DNVP durch Einbindung in die Regierung in gewisser Hinsicht zähmen. Er, der selbst als Kanzleramtskandidat galt, aber von der eigenen Fraktion zurückgehalten worden war, blieb Außenminister. Es waren außenpolitische Weichenstellungen, die der DNVP schon im Oktober 1925 den Anlass zum Rückzug lieferten: die anstehenden Locarno-Verträge, die sie nicht mitzutragen gewillt war. Obwohl Zentrum, DDP, DVP, SPD und auch BVP dem Vertragswerk zustimmten, kam es nachfolgend nicht zu einer Großen Koalition, weil bei DVP und SPD hierzu doch wenig Neigung bestand und sich auch Reichspräsident Hindenburg gegen eine Beteiligung der Sozialdemokraten positionierte. Das dann folgende Kabinett Luther II, eine Minderheitsregierung aus Zentrum, DDP, DVP, BVP, war dann nicht mal vier Monate später wegen seiner überflüssigen Flaggenverordnung, nach der auch die Auslandsvertretungen das alte Schwarz-Weiß-Rot flaggen durften, am Ende: Luther musste nach einem mit 177 zu 146 Stimmen angenommenen Misstrauensantrag seines gegen die Verordnung opponierenden Koalitionspartners DDP gehen.

Wieder ans Steuerrad sprang Wilhelm Marx, der eine Minderheitsregierung aus den gleichen Parteien und mit den gleichen Köpfen wie sein Vorgänger zusammenstellte. Marx III war ein »Kabinett Luther minus Luther«, so der SPD Fraktionsvorsitzende Hermann Müller. Auch wenn sich die Regierung zeitweilig der Unterstützung der SPD erfreute, scheiterten im Herbst des Jahres Versuche zur Bildung einer Großen Koalition erneut. Die Verabschiedung des umstrittenen »Schmutz- und Schundgesetzes«, sozialpolitische Differenzen um den Achtstundentag und vor allem die von der SPD aufgedeckte und von Scheidemann im Reichstag weit publik gemachte geheime Reichswehrrüstung, insbesondere die militärpolitische Kooperation mit den Sowjets, standen der großen Lösung im Weg. Und auf Seiten der DVP sprach man sich klar für eine Zusammenarbeit aller bürgerlichen Parteien ohne SPD aus.

Als Marx im Dezember 1926 stürzte, nachdem ihm die oppositionelle SPD die bedingt praktizierte Unterstützung aufgekündigt und gemeinsam mit den Kommunisten und den Rechtsaußen für einen Misstrauensantrag votiert hatte, verschoben sich die Koordinaten weiter nach rechts. Denn Marx holte im Januar 1927 in seine insgesamt schon vierte Regierung auf Drängen des Reichspräsidenten die zur Mitarbeit bereite DNVP hinzu, womit er jenen von Luther am Beginn bereits praktizierten Bürgerblock reanimierte. Das verschaffte seiner Regierung zwar eine Parlamentsmehrheit (obwohl die DDP das Spiel nicht lange mitspielte und im Januar 1928 ausschied), kostete Marx aber persönlich innerhalb und außerhalb der Partei an Ansehen und Glaubwürdigkeit. So fällt es auf, wie oft Marx bei seiner Regierungserklärung im Februar 1927 die Verfassungstreue seiner Regierung und das Bekenntnis zur »republikanischen Staatsform« betonte. Allen Koalitionären sprach er dabei nicht aus der Seele. Denn, so stellte der DNVP-Vorsitzende Kuno Graf von Westarp, in der Aussprache fest: »Ein Bekenntnis zum Staat ist nicht gleichbedeutend mit dem Bekenntnis innerer Zustimmung zur Staatsform.« Man werde sich der eigenen »monarchischen Überzeugung« nicht entledigen. Deutlicher ging es nun nicht mehr: Monarchisten saßen in der republikanischen Regierung, darunter der DNVP-Innenminister Walter von Keudell, der 1920 beim Kapp-Lüttwitz-Putsch als Landrat im Ostpreußischen offen mit den Putschisten sympathisiert hatte und in den Ruhestand versetzt worden war.

Ungeachtet dessen war es gerade der höchst fragile Bürgerblock, der sozialpolitische Wegmarken setzte, im Juli 1927 mit dem von Regierung und SPD-Opposition verabschiedeten Gesetz über Arbeitsvermittlung und Arbeitslosenversicherung und ein halbes Jahr später auch mit der Reform der Beamtenbesoldung, die eine Erhöhung bis zu einem Viertel bescherte und damit für eine nachhaltige Kaufkraftverbesserung des der allgemeinen Lohnentwicklung hinterherhinkenden Staatsdieners sorgte. Dabei bekamen – sozial abgestuft – die unteren Gehaltsgruppen ein prozentual höheres Plus als die oberen. Als das Reichsschulgesetz, mit dem eigentlich der Verfassungskompromiss von 1919 gesprengt worden wäre, am Widerstand der Regierungspartei DVP scheiterte, gab Marx auf – »innerlich ausgebrannt« und »parteiintern demontiert« (BERND BRAUN). Es folgten Reichstagsauflösung und Neuwahlen im Mai 1928, die mit Zuwächsen für SPD und KPD einen Linksruck bescherten. Die bürgerlichen Parteien büßten allesamt ein.

Die Große Koalition als letzte parlamentarisch gestützte Regierung, Sommer 1928; stehend v. l. n. r.: Hermann Dietrich (Ernährung), Rudolf Hilferding (Finanzen), Julius Curtius (Wirtschaft), Carl Severing (Inneres), Theodor von Guérard (Verkehr), Georg Schätzel (Post); sitzend v. l. n. r.: Erich Koch-Weser (Justiz), Hermann Müller (Reichskanzler), Wilhelm Groener (Reichswehr) und Rudolf Wissell (Arbeit). Auf dem Bild fehlt der erkrankte Außenminister Gustav Stresemann.

Die im Juni 1928 gebildete Große Koalition unter dem sozialdemokratischen Parteivorsitzenden Hermann Müller, zu der ganz wesentlich der schwer erkrankte Stresemann den Weg ebnete, als er ohne Rücksprache mit seiner Partei dem designierten Kanzler telegrafisch aus dem Sanatorium im Schwarzwald seinen Kabinettseintritt in eine Große Koalition zusicherte (»Schuss von Bühlerhöhe«), war die letzte sich auf eine Mehrheit im Parlament stützende Regierung. Doch stellte sie von Beginn an keine zur gemeinsamen Gestaltung von Politik entschlossene Gemeinschaft dar. Zunächst ohne Koalitionsabsprache entstanden, verstand sich die Regierung als »Kabinett der Persönlichkeiten«, als eine Crew aus Parteivertretern ohne Parteibindungen, ein fragiles Gebilde angesichts der steten Gefahr, das Misstrauen ausgesprochen zu bekommen, auch von den eigenen Fraktionen. Dennoch sollte Müllers Regierung mit 21 Monaten die längste Amtszeit in Weimar erreichen. Der Keim des Scheiterns lag ihr von Anbeginn an inne. Sie zerbrach nicht an den Folgen der Weltwirtschaftskrise, auch nicht an der Frage der aufgrund der steigenden Arbeitslosigkeit notwendigen Neujustierung der Finanzierung der 1927 eingeführten Arbeitslosenversicherung. Dieser Streitpunkt war allenfalls die Sollbruchstelle der auseinanderdriftenden Großen Koalition, nicht die tiefere Ursache für den Bruch. Das Ende entsprang politischen Motiven von Interessengruppen, die die Wirtschaftskrise zum Hinausdrängen der SPD aus der Regierung, gar zu einem generellen Angriff auf den Parlamentarismus nutzen wollten, wobei aus Kreisen der Unternehmer auch der Sozialstaat zur Disposition gestellt wurde. Nach dem Tod von Stresemann im Oktober 1929 rückte die DVP als rechter Flügel der Koalition immer mehr von dieser ab und steuerte auf den Bruch hin. Nicht nur von den Koalitionspartnern wurde die SPD im Regen stehen gelassen. Sie bekam auch wachsenden Unmut der eigenen Basis am Regierungsbündnis zu spüren, der nicht allein im linken Flügel grassierte.

Das ganze innere Dilemma der SPD trat bereits in der Frage des Baus des Panzerkreuzer A zum Vorschein, wo sich die unterschiedlichen Standpunkte zwischen Regierungsmitgliedern und der Fraktion auswirkten. Im Wahlkampf 1928 hatte auch die SPD den Panzerkreuzerbau als überflüssiges, weil viel zu kostenintensives Projekt der Marine kritisiert (»Kriegsschiffe, keine Wohnungen baut die Rechtsregierung«). Allgemein gewannen sie und die KPD mit dem Slogan »Kinderspeisung statt Panzerkreuzer« an Stimmen. Das von der KPD im Oktober hierüber initiierte Volksbegehren scheiterte jedoch kläglich mit einer Zeichnung von unter drei Prozent der Wahlberechtigten, wobei man weit unter den erforderlichen zehn Prozent blieb; zu einem Volksentscheid kam es daher nicht einmal.

Aber ausgestanden war die Sache nicht. Es sorgte für erhebliche Irritationen, als die vier SPD-Regierungsmitglieder im Kabinett aus Sorge um die Existenz der Regierung das Vorhaben nicht stoppen wollten und im August für den Bau stimmten, sie aber dann von der eigenen Fraktion gezwungen wurden, am 16. November 1928 im Reichstag für den von ihr eingebrachten Antrag zur

Einstellung des Baus und der Verteilung der eingesparten Finanzen für Kinderspeisungen zu stimmen. Zum Glück für die Koalition fand der Antrag keine Mehrheit. Doch das Ganze beschädigte die Glaubwürdigkeit der SPD innerhalb und außerhalb der eigenen Reihen – und auch des Kanzlers.

Nach dieser Aktion, einem offenkundigen Rechtsruck des Zentrums unter dem neuen Vorsitzenden Ludwig Kaas, der im Februar 1929 unmittelbar zu einem (zeitweisen) Rückzug aus der Regierung führte, und weiteren Querelen zwischen den liberalen Parteien bedurfte es schon eines großen Optimismus, nicht auf ein Scheitern der Regierung Müller zu wetten. Doch sollte es dazu vorerst nicht kommen. Im April 1929 ging man, verbunden mit einer Kabinettsumbildung, eine regelrechte Koalition ein, ohne dass das Band zwischen den Parteien des Regierungslagers wesentlich stärker wurde. Die Koalition stabilisierte sich vorübergehend und übte den Schulterschluss gerade mit Blick auf die Reparationsfrage, die mit der Unterzeichnung des Young-Plans auf der Pariser Konferenz Anfang Juni 1929 in eine neue Phase trat. Es gelang der Regierung zwar, den Young-Plan trotz der maßlosen Hetze der Rechtsparteien, kulminierend in der Volksabstimmung, am 12. März 1930 durch den Reichstag zu bringen, obwohl Reichsbankpräsident Schacht mit seinem Rücktritt fünf Tage zuvor dies noch zu torpedieren versucht hatte. Doch konnte Hermann Müller die immer stärker werdenden zentrifugalen Kräfte seiner zur Scheidung bereiten Koalitionäre dann nicht mehr bändigen.

Im Rahmen der notwendigen Sanierung der Finanzen sollte die Debatte um die im Zuge der explosionsartig ansteigenden Arbeitslosenzahlen nicht mehr finanzierbare Arbeitslosenversicherung zum vordergründigen Spaltpilz werden. Es gab zwei Wege aus dem Finanzierungsengpass: eine Beitragsanhebung (von drei auf vier Prozent), für die sich die SPD stark machte, oder eine Leistungskürzung, für die die DVP eintrat, deren rechter Flügel nichts sehnlicher als die Sprengung der Koalition wünschte. Ohne den im Oktober 1929 verstorbenen Stresemann steuerte die Partei unter dem neuen Vorsitzenden Ernst Scholz einen Konfrontationskurs, den ihrerseits nun auch die SPD fuhr, die weiterhin Leistungsminderungen kategorisch ablehnte. Ein am 5. März im Kabinett beschlossener Kompromiss, die Reichsanstalt für Arbeitsvermittlung und Arbeitslosenversicherung zu ermächtigen, eine Beitragserhöhung bis zu vier Prozent vorzunehmen und Vorschläge zur Leistungskürzung zu unterbreiten, landete umgehend im Ofen.

Schließlich lehnte unter dem Druck des Gewerkschaftsflügels die SPD-Fraktion einen im letzten Moment eingebrachten Kompromissvorschlag von Heinrich Brüning (Zentrum) ab, die Sache der Beitragserhöhung zu vertagen. Damit stand die SPD in der Öffentlichkeit als Schuldige für das Scheitern der Regierung da, denn die bürgerlichen Koalitionspartner – mit Ausnahme der

BVP und des schwerindustriellen Flügels der DVP – akzeptierten den Vorschlag. Aber das Bild von der koalitionssprengenden Sozialdemokratie war ein Zerrbild, welches das Ränkespiel der Bürgerlichen einschließlich des Reichspräsidenten camouflierte. Und dieses Zerrbild ist mit dafür verantwortlich, dass jüngst vom Verrat der SPD am eigenen Kanzler geschrieben wird, die damit nicht nur Republikgründerin, sondern zugleich auch »Republikzerstörerin« war (PETER REICHEL), eine gänzlich fehlgehend neue These, die glattweg die zielgerichtete Demontage der Regierung durch die Rechtsparteien im Verein mit außerparlamentarischen Kräften ignoriert, die der Republik ein anderes Gesicht geben wollten. Die Annahme des Brüning-Kompromisses hätte wohl nur einen allzu kurzen Aufschub der Scheidung gebracht.

In der Tat spielten die Sozialdemokraten mit ihrem Nein jenen einflussreichen Kreisen in die Hände, die sie aus der Regierung bugsieren und, wenn möglich, ein präsidial gestütztes Kabinettsregime inthronisieren wollten. Einer der stärksten Kräfte dieser Planspiele war Reichspräsident Hindenburg, der schon im Frühjahr 1929 Möglichkeiten einer präsidial gestützten Regierung ohne SPD ventilierte. In regelmäßigen Abständen kamen Signale aus dem Präsidentenpalais, dass der Zentrumsmann Heinrich Brüning die Leitung einer Regierung ohne SPD übernehmen solle. Die fehlende Reichstagsmehrheit sollte durch das Vertrauen und letztlich auch die Machtinstrumente des Reichspräsidenten kompensiert werden. So spielte der am 5. Dezember 1929 zum Fraktionsvorsitzenden gewählte Brüning eine zumindest zweifelhafte Rolle beim Ende der letzten parlamentarischen Regierung: Auf der einen Seite stützte er das Kabinett, auf der anderen Seite war er bereits gedanklich bei der Neuordnung nach dem Scheitern, so dass er »einen erheblichen Anteil am Sturz der Großen Koalition« besaß (BERND BRAUN) – und an der Umformung der Republik in ein Präsidialsystem. Zum Machtwechsel trug die Reichswehrführung wesentlich bei, wobei der »Kardinal in politicis« Kurt von Schleicher »ausgezeichnete Arbeit hinter den Kulissen« geleistet hatte, wie Reichswehrminister Wilhelm Groener schon im Januar 1930 schreiben konnte.

Der 27. März 1930, der Rücktritt der Regierung Müller, wurde zu »einer der tiefsten Zäsuren in der Geschichte der Weimarer Republik« (HEINRICH AUGUST WINKLER). Das Ende der Großen Koalition markierte politisch das Ende der mittleren Jahre der Republik, jene Phase der relativen Stabilität, und den Beginn einer neuen Zeit: Der Präsident trat ins Zentrum des Regierungshandelns als Garantiemacht der Kabinette. Brünings schon drei Tage nach dem Aus Müllers gebildete bürgerliche Regierung aus Zentrum, DDP, DVP, BVP und der Konservativen Volkspartei (einer Abspaltung der DNVP) verfügte über keine Parlamentsmehrheit und holte die präsidentiellen Instrumente aus der Truhe, als der Reichstag sich widerspenstig zeigte. Als der neue Kanzler in seiner ersten Regierungserklärung am 1. April 1930 versicherte, »alle verfassungsmäßigen Mittel« einzusetzen, so war nicht nur dem SPD-Fraktionsvorsitzenden Rudolf Breitscheid klar, wohin die Reise gehen sollte: in »einen glatten Verfassungsbruch«.

Brüning konnte auf den Reichspräsidenten bauen, der seine Vollmachten zur Stützung bereitstellte. Dass der Kanzler diese einzusetzen gewillt war, zeigte sich schon bei der ersten Kraftprobe im Juli mit dem Reichstag, als dieser einen Teil des von der Regierung eingebrachten Gesetzes zur Deckungsvorlage zurückwies und das Kabinett daraufhin kurzerhand eine entsprechende Notverordnung erließ. Das war ein Novum: Ein vom Parlament abgelehntes Gesetz wurde über Artikel 48 realisiert. Als der Reichstag dann am 18. Juli auch noch von seinem Verfassungsrecht Gebrauch machte und mit 236 Stimmen von SPD, KPD, NSDAP und Teilen der DNVP (gegen 222 Stimmen) die Aufhebung der Notverordnung forderte, holte Brüning umgehend die Auflösungsorder Hindenburgs hervor. Das Vorgehen von Präsident und Kanzler war eine bedenkliche Verbiegung der Verfassung. Auch wenn zuvor Reichstage aufgelöst worden waren, so stellte der Akt vom 18. Juli 1930 eine Premiere dar, weil er gewissermaßen eine Strafaktion für Ungehorsam war. Brüning setzte in der anschließenden parlamentslosen Zeit am 26. Juli das vom Reichstag abgelehnte Sanierungspaket in verschärfter Fassung über eine neue Notverordnung in Kraft.

Die mit der Reichstagsauflösung notwendigen Neuwahlen fanden am 14. September 1930 statt, gerade noch innerhalb der verfassungsmäßigen 60-Tages-Frist. Nicht ganz zwei Jahre vor dem Ende der eigentlichen Legislaturperiode, die im Mai 1932 abgelaufen gewesen wäre, wurde der Weimarer Bürger zur Stimmabgabe gerufen – in einer Phase der dramatischen Verschärfung der Krisis und als die Nationalsozialisten ihr durch die Anti-Young-Kampagne frisch gewonnenes Renommee zu nutzen wussten, so dass sie mit 18,3 Prozent und fast einer Verzehnfachung der Mandate (von 12 auf 107) auf den zweiten Platz hinter der SPD (25,8 Prozent, 143 Sitze) gelangten. Zugleich legte auch die KPD zu (13,1 Prozent, 77 Mandate). Hätte das Brüning voraussehen können? Mit einer Portion politischer Weitsicht vielleicht, denn nach dem Volksbegehren gegen den Young-Plan hatte die Hitler-Partei in Landtagswahlen enorm zugelegt. So wurden die Reichstagswahlen des September 1930 zum Triumph der NSDAP. Ob sie ihn zwei Jahre später auch in so außerordentlicher Weise eingefahren hätte? Dahinter ist zumindest ein Fragezeichen zu setzen. Die vom Tandem Präsident und Kanzler zu verantwortende leichtfertige Reichstagsauflösung jedenfalls spielte der NSDAP in die Karten. Als Folge des Wahlausgangs klammerte sich die Regierung Brüning noch stärker an das Staatsoberhaupt. In der nun vollends eingeläuteten Ära der Präsidialkabinette wurde der Abgesang der Republik eingeläutet.

3. Außenpolitik im langen Schatten von Versailles

Zu den großen Belastungen, die der Erbmasse des Kaiserreiches entsprangen und an denen die neue Republik keine Schuld trug, gehörte als Folge des Krieges der Friedensvertrag. Schon die Unterzeichnung des die Niederlage Deutschlands besiegelnden Waffenstillstandes am 11. November 1918 im französischen Compiègne durch den Zentrumspolitiker Matthias Erzberger fiel in die neue Zeit nach der Abdankung des Kaisers. Die noch intakte militärische Führung überließ der neuen zivilen Reichsleitung die Unterschrift und stahl sich aus der Verantwortung für die drastischen Konsequenzen aus der Niederlage, zunächst für den immer nur für einen begrenzten Zeitraum gültigen, mehrfach verlängerten Waffenstillstand mit seinen harten Auflagen, aber letztlich auch für den Friedensvertrag ein halbes Jahr später. Bei der Friedenskonferenz in Paris, die symbolträchtig am 18. Januar 1919 – just am Jahrestag von Kaiserproklamation und Gründung des Deutschen Reiches in Versailles 1871 – begann, setzte sich Frankreich mit dem Ziel einer dauerhaften Schwächung Deutschlands weitgehend durch.

Mit dem der deutschen Delegation am 7. Mai 1919 ohne vorherige Verhandlungen übergebenen Entwurf wurden alle Hoffnungen auf einen erträglichen Frieden zerstört. Die Bedingungen mit Gebietsverlusten, Reparationen und Einschränkungen der Souveränität erschienen als unannehmbar. Umfassende Gebiete sollten verloren gehen: das 1871 annektierte Elsass-Lothringen an Frankreich, das wegen seiner Kohlevorkommen bedeutende Hultschiner Ländchen an die Tschechoslowakei und die Eifel-Kreise Eupen und Malmedy an Belgien. Polen bekam den größten Teil der preußischen Provinzen Westpreußen und Posen, so dass Ostpreußen mit Königsberg vom Mutterland abgeschnitten wurde. In weiteren Grenzgebieten sollten Volksabstimmungen über die künftige Zugehörigkeit entscheiden.

Das Saargebiet wurde dem Völkerbund unterstellt. Zur Absicherung ihrer Interessen besetzten die Alliierten die linksrheinischen Gebiete und vier Brückenköpfe rechts des Rheins, das sollte für 15 Jahre geschehen. Hinzu kamen der Verlust der Kolonien und das Verbot des Anschlusses von Deutsch-Österreich an das Reich, Entwaffnungsbestimmungen und Rüstungsbeschränkungen sowie die Verminderung des Heeres auf 100.000 und der Marine auf 15.000 Mann. Der Kaiser und eine noch nicht bestimmte Anzahl von Kriegsverbrechern sollten den Alliierten ausgeliefert werden. Ihnen sollte der Prozess gemacht werden. Die stärksten Emotionen im Reich löste die Zuweisung der Kriegsschuld in Artikel 231 aus. Mit der darin verankerten Alleinschuld Deutschlands und seiner Verbündeten am Weltkrieg, die damit zu Verantwortlichen für alle Verluste und Schäden infolge der Kampfhandlungen erklärt wurden, begründeten die Sieger ihre Reparationsforderungen. Diese bestanden aus materiellen Sofortleistungen, darunter der Ablieferung von Handelsschiffen und Lokomotiven, dazu von 60 Prozent der Kohleförderung auf zehn Jahre, und zunächst in der Höhe noch nicht festgelegten Geldzahlungen.

Der von den Siegermächten als nicht verhandelbar erklärte Entwurf traf das besiegte Reich wie ein Keulenschlag. Ein Schrei der Empörung tönte durch das Land; »unerfüllbar, unerträglich und unannehmbar« lauteten die Vokabeln der Entrüstung. Die bis dahin gehegte Hoffnung auf einen Frieden der Verständigung erwies sich als illusorisch. Es war ja nicht einmal zu einem Verhandeln gekommen. Die von Außenminister Ulrich Graf Brockdorff-Rantzau angeführte deutsche Delegation hatte lediglich die Bedingungen der Sieger entgegenzunehmen – und Berlin hatte sie zu akzeptieren.

Die Vorgeschichte des Vertrages war auch von Versäumnissen der ersten republikanischen Regierung gepflastert, die sich nicht zu einer Kampagne der Ehrlichkeit in Sachen Kriegsschuld durchringen konnte. Es hätte Entlastung der neuen Regierung bedeuten können, wenn durch eine Aufklärung der Ereignisse von 1914 dem alten kaiserlichen Regime die Hauptverantwortung am Ausbruch des Krieges zugewiesen worden wäre. Ob eine umgehende Veröffentlichung der deutschen Akten zum Kriegsausbruch bei den Friedensvertragsverhandlungen hätte nützlich sein können, bleibt fraglich. Fest steht: Der Test wurde nicht gemacht. Zweifellos aber hätte ein Eingeständnis der Verantwortung den Bruch der neuen Republik mit dem Kaiserreich und seiner militärischen und politischen Führung signalisiert, eine Verurteilung des monarchistischen Machtstrebens und eine Distanzierung von der wilhelminischen Außenpolitik ermöglicht, die einen Waffengang bewusst in Kauf genommen hatte. Bei einer solchen Aktion stand allerdings zu befürchten, an den Pranger gestellt zu werden. Solches erfahren mussten jene, die von einer deutschen Schuld sprachen, wie Hugo Haase am 15. Februar 1919 in der Nationalversammlung. Möglicherweise hätte es – innenpolitisch gesehen – allein eine Stärkung des vor 1914 schon systemkritischen Liberalismus im Bürgertum bedeuten können, wenn die Regierung Ross und Reiter für die Schuld an Krieg und Niederlage deutlich benannt hätte. 1924 gab die Reichsregierung dann amtlich kund, dass die im Friedensvertrag postulierte Schuld Deutschlands nicht den »Tatsachen der Geschichte« entspräche. In der Abwehr von Versailles musste dessen Grundlage in Zweifel gezogen werden, auch wider besseren Wissens.

Der von ohnmächtiger Wut getragene öffentliche Protest war die eine Seite, die nüchterne Analyse der Möglichkeiten, wie auf den Entwurf zu reagieren war, die andere. In diesen überhitzten Tagen des Frühjahres 1919 stand die Regierung vor einer schicksalsschweren Entscheidung, die in der »Geschichte beispiellos« war (Reichspräsident Friedrich Ebert). Regierungschef Scheidemann, der Mann der großen prägenden Worte, fand auf der Sondersitzung der Nationalversammlung in der Aula der Berliner Universität am 12. Mai 1919, der einzigen Sitzung des Parlaments zwischen dem 15. April und 22. Juni, ein markantes Bild, das bald zum geflügelten Wort werden sollte: »Welche Hand müsste nicht verdorren, die sich und uns in diese Fesseln legt?« Die Wirkung der als entschlossene Protestkundgebung gedachten Manifestation wurde dadurch geschmälert, dass noch eine ganze Reihe von Politikern zu Wort kam, die sich mit noch drastischeren Vergleichen zu übertrumpfen versuchten und so Scheidemanns Rede verwässerten.

Mit dem kategorischen Nein zum alliierten Vertragsentwurf, das der Haltung der überwiegenden Mehrheit der Deutschen entsprach, hatte sich der Reichsministerpräsident zum Entsetzen einiger seiner Parteifreunde, die den »pathetischen Ausbruch« missbilligten, selbst jeden Spielraum für eine flexible Reaktion genommen. Nach dieser Sitzung stand fest: Mit seinem Nein hatte sich Scheidemann unumstößlich auf Ablehnung festgelegt, sofern die alliierten Siegermächte nicht doch zu substantiellen Zugeständnissen bereit sein würden. Sie waren es erwartungsgemäß nicht. Die deutschen Gegenvorschläge vom 29. Mai wiesen die Alliierten bis auf die Anberaumung einer Volksabstimmung über die Zukunft Oberschlesiens, anstelle einer vorgesehenen sofortigen Abtrennung, ab und forderten am 16. Juni ultimativ die Annahme innerhalb von sieben Tagen. Da in der Regierung von Philipp Scheidemann ein Patt zwischen Gegnern und Befürworten der Unterzeichnung herrschte, trat das Kabinett am 20. Juni zurück.

Scheidemann machte den Umschwung nicht mit, den viele seiner Parteifreunde, angeführt vom Reichspräsidenten, in der für sie bitteren Erkenntnis, dass es keine Alternative zur Unterschrift gab, wenn man nicht einen weiteren aussichtslosen Waffengang riskieren wollte, im allerletzten Moment vollzogen und zähneknirschend »Ja« sagten. Angesichts der ultimativen Drohung der Alliierten mit Wiederaufnahme der Kampfhandlungen im Falle einer deutschen Verweigerung rang sich Ebert schließlich zur Unterzeichnung durch. Der im Zentrum der Entscheidung agierende Präsident versicherte sich bei der militärischen Führung, dass im Falle der Annahme von dort keine Gegenaktionen kommen würden, und setzte bis kurz vor Ablauf des alliierten Ultimatums alles daran, ein unterzeichnungswilliges Kabinett und eine parlamentarische Mehrheit für die Zustimmung zustande zu bringen. Beides sollte unter Druck auf die Parteien schließlich gelingen. Am Ende blieb den Deutschen nichts anderes übrig als die Annahme. Gegen eine für den Fall der Ablehnung wahrscheinliche militärische Intervention der Sieger wäre man machtlos gewesen. So beschloss die Nationalversammlung am 22. Juni mit den Stimmen von SPD,

USPD und Zentrum, den Vertrag unter dem Vorbehalt anzunehmen, dass damit keine Anerkennung der deutschen Kriegsschuld verbunden sei. Nachdem die Siegermächte auch diese Einschränkung abgelehnt hatten, ermächtigte das Parlament eiligst die neue Regierung unter Gustav Bauer (SPD), der die DDP vorerst nicht mehr angehörte, zur Unterschrift. Die Mehrheit kam nur dadurch zustande, dass die rechten Parteien im Wissen um die verheerenden Folgen einer Ablehnung das Zentrum zur Zustimmung drängten und den Befürwortern vaterländische Motive attestierten, um selbst mit Nein votieren zu können. Das ließ ihnen später die Möglichkeit, gegen den Vertrag und schließlich auch gegen die, die ihn angenommen hatten, zu Felde zu ziehen. Welch ein Ränkespiel!

Protestversammlung an der Berliner Siegessäule gegen den Versailler Vertrag im Juni 1919. »Nur die 14 Punkte« bezieht sich auf das Programm des US-amerikanischen Präsidenten Woodrow Wilson für eine demokratische Nachkriegsordnung vom Januar 1918, dem der Versailler Vertrag in den Augen der meisten Deutschen widerspricht.

Der von vielen als Schmachfrieden empfundene Versailler Vertrag verschärfte die innenpolitischen Konfliktlagen: Wer für die Annahme des »Diktats« auftrat, galt unter den Republikgegnern als Verräter an der deutschen Sache. Obwohl das kaiserliche Deutschland die Hauptschuld am Ausbruch des Krieges und der Niederlage, damit an all sich daraus ergebenden Konsequenzen besaß, instrumentalisierte die Rechte den Friedensvertrag gegen die junge Demokratie und machte, ungeachtet ihrer Ehrenerklärung vom Juni 1919, die Republik und ihre Träger für Versailles und die Folgen verantwortlich.

In dieses Szenario fügte sich die »Dolchstoßlegende« ein, mit der die Schuld an der Niederlage der Arbeiterbewegung und ihren Führern, den »Novemberverbrechern«, zugeschoben wurde, die der Truppe schmählich in den Rücken gefallen sei. Die Dolchstoßlegende entlastete die Militärführung von der Verantwortung und untermauerte den Mythos von Hindenburg als einem unbesiegten Feldherrn.

*

IM FOKUS: Dolchstoßlegende

Nach der von den Republikgegnern popularisierten »Dolchstoßlegende« hatten innere Unruhen und nicht zuletzt die Revolution die Kriegsniederlage verschuldet. Die angeblich »im Felde unbesiegte« Armee sei durch die Novemberverbrecher »von hinten erdolcht« worden. Das Konstrukt vom Verrat konnte nur reifen, weil die militärische Führung Politik und Öffentlichkeit so lange über die sich seit dem Sommer 1918 abzeichnenden Niederlage im Unklaren gelassen hatte. Es erleichterte die Akzeptanz der Lüge, dass die antisozialistische Propaganda seit der Reichsgründung den Sozialdemokraten unterstellt hatte, Landesverräter zu sein. Der ideologische Boden war also bereitet, als man nun der Arbeiterbewegung und ihren Führern in Verdrehung der Wirklichkeit die Schuld am Zusammenbruch anlastete, um so das Militär von der Verantwortung für die Niederlage zu entbinden. Diese Heuchelei erhielt durch die Aussage von Generalfeldmarschall Paul von Hindenburg, der als Chef der (3.) Obersten Heeresleitung seit August 1916 eigentlich der militärisch Verantwortliche für die Kriegsniederlage war, in der öffentlichen Sitzung des Parlamentarischen Untersuchungsausschuss zu den Ursachen der Niederlage am 18. November 1919 das scheinbar unangreifbare militärische Gütesiegel. Doch stand bereits Ende Dezember 1918 in der konservativen »Täglichen Rundschau« zu lesen, dass man den Krieg »nicht an Feinde, sondern an die Sozialdemokratie und die Revolution verloren« habe. Auch ein Blatt der Zentrumspartei streute zur gleichen Zeit die Ansicht, Deutschland habe hinterrücks aus den eigenen Reihen einen tödlichen Dolchstoß erhalten. Die Niederlage im November 1918 sei auf diesen kollektiven Meuchelmord zurückzuführen. Es war der deutschnationale Abgeordnete Albrecht von Graefe, der am 18. Februar 1919 vor der Nationalversammlung ohne Skrupel davon sprach, dass man am »10. oder 11. November« des Vorjahres mit einem Aufruf zur nationalen Verteidigung noch erfolgreich hätte sein können, dass es aber die Revolution gewesen sei, »die uns daran gehindert hat«.

Postkarte vom »Dolchstoß« gegen die Republik: Während im Hintergrund Revolutionäre mit Fahnen marschieren, rammt Philipp Scheidemann dem tapfer kämpfenden Soldaten das Messer in den Rücken, beäugt vom Zentrumspolitiker Matthias Erzberger (hinter ihm). Das wird garniert mit antisemitischer Hetze: Zwei Geld zählende Juden beobachten die Szenerie.

Und bildlich erhielt das Ganze eine antisemitische Note: Eine Postkarte zeigt Philipp Scheidemann, der am 9. November 1918 die Republik ausgerufen hatte, mit einem Dolch vor Soldaten im Schützengraben. Neben ihm steht Matthias Erzberger, der den überaus harten Waffenstillstand zwei Tage später unterzeichnet hatte. Zu diesen beiden »Landesverrätern« gesellen sich im Hintergrund »jüdische Revolutionsgewinnler«, die feixend ihren schnöden Mammon zählen. Die DNVP setzte das Ganze dann zu den Reichstagswahlen im Dezember 1924 in einem Plakat um: Der rote Sozialdemokrat rammt dem heldenhaft kämpfenden Soldaten hinterhältig das Messer in den Rücken. Zur gleichen Zeit wurde in einem Gerichtsverfahren dem Reichspräsidenten attestiert, Landesverrat begangen zu haben – das war die auf den Sozialdemokraten Ebert gemünzte Fortsetzung der Dolchstoßlegende.

Zu wenig ging die republikanische Regierung gegen die Lüge in die Offensive. Allerdings geht die bis in die heutigen Tage von der historischen Forschung ungeprüft rekapitulierte These in die Irre, der Sozialdemokrat Ebert habe als Volksbeauftragter in seiner Rede beim Einzug der Truppen in Berlin am 10. Dezember 1918 der Dolchstoßlegende den Boden bereitet mit der Wendung, die Armee kehre im »Felde unbesiegt« heim. Tatsächlich hatte er diese Worte überhaupt nicht gebraucht, sondern die Soldaten unter anderem mit der Feststellung willkommen geheißen, dass man den Kampf aufgegeben habe, als »die Übermacht der Gegner an Menschen und Material immer drückender« geworden sei. Und bei der Eröffnung der Nationalversammlung am 6. Februar 1919 wurde er noch deutlicher: »Wir haben den Krieg verloren. Diese Tatsache ist keine Folge der Revolution.« Diese deutliche Zurückweisung des Dolchstoßes findet wenig Beachtung in der Literatur, die stattdessen das alte Klischee von der ungewollten Stützung der Legende durch Ebert immer wieder neu auflegt.

Eberts klare Distanzierung von der Dolchstoßlüge in seiner Weimarer Rede beeinflusste auch die zeitgenössische öffentliche Wahrnehmung kaum. Denn die vom Waffenstillstand und später vom Versailler Vertrag traumatisierte Bevölkerung mochte nur allzu gern an die erbärmliche Lüge vom »Dolchstoß« glauben, schien das doch zu erklären, was bis in den Oktober 1918 nicht für möglich gehalten worden war: die Kriegsniederlage. Die Ansicht erhielt auch die kirchlichen Weihen durch die Worte von Kardinal Michael Faulhaber auf dem 62. Katholikentag 1922 in München: »Die Revolution war Meineid und Hochverrat und bleibt in der Geschichte erblich belastet und mit dem Kainsmal gezeichnet.«

Drei Jahre später stand die bayerischer Landeshauptstadt mit Blick auf die Legende wieder im Fokus: Im sogenannten Münchner Dolchstoßprozess vom Herbst 1925 kochte das Thema noch einmal hoch, als unter großem Medieninteresse der Redakteur der sozialdemokratischen »Münchner Post« wegen Beleidigung und übler Nachrede des Herausgebers der nationalistischen »Süddeutschen Monatshefte« angeklagt wurde, der in seiner Zeitung den Dolchstoß erneut verbreitet hatte und daraufhin vom SPD-Journalisten der Geschichtsfälschung und Lüge bezichtigt worden war. Es zeigte sich, dass der Sachverhalt nicht mit juristischer Eindeutigkeit geklärt werden konnte. Die Wahrheit blieb auf der Strecke, denn beide Seiten fühlten sich im Nachgang als Sieger. Auch wenn mit der Regierungsbeteiligung der DNVP 1925/26 die Dolchstoßlegende weniger in der Öffentlichkeit kursierte, blieb sie die wirkungsvollste Waffe der antirepublikanischen Propaganda gegen die als »Novemberverbrecher« diffamierten Demokratiegründer. Weiter vor allem in antisemitischen Kreisen gepflegt, vergiftete die Zwecklüge nachhaltig und auf Dauer das politische Klima der Republik.

*

Mit der Dolchstoßlüge lag die Schuld an der Niederlage und seinen Folgen bei den Trägern des neuen Systems. Sie unterschrieben auch das »Dokument der Schande«: Am 28. Juni, wiederum symbolträchtig exakt am fünften Jahrestag des den Krieg auslösenden Attentats von Sarajewo auf das österreichische

Thronfolgerehepaar, besiegelten Außenminister Hermann Müller (SPD) und Kolonialminister Johannes Bell (Zentrum) mit ihrer Unterschrift in Versailles den Vertrag, der als schwere Hypothek für die Republik empfunden wurde. Dabei blendete man weitgehend jenen den Russen aufgezwungenen Diktatfrieden von Brest-Litowsk vom März 1918 aus, in dem sich das Reich ebenso kompromisslos wie jetzt die westlichen Sieger gezeigt hatte.

Die von historischen Betrachtungen immer wieder ins Feld geführte Behauptung, dass die Lage für Deutschland besser gewesen sei, »als die Zeitgenossinnen und Zeitgenossen sie sahen« (ANDREAS RÖDDER), traf im Kern sicher zu. Gewiss – Deutschland konnte trotz der Lasten und Beschneidungen aus dem Friedensvertrag wieder zu einer Großmacht reifen, aber es konnte ebenso keine Zweifel an dem berechtigten Gefühl der Deutschen geben, dass die Lebensbedingungen auch aufgrund von Versailles angespannt waren und dass Versailles mit für die Not verantwortlich war, die den Alltag der Mehrzahl der Deutschen vor allem im unteren Teil der Bevölkerungspyramide bestimmte. Dass bei einer nüchternen Analyse des Vertrages auch die sich bietenden Chancen bei einer Neuordnung Europas hätten erkannt werden können (PETER LONGERICH), ist und bleibt angesichts der tatsächlichen Belastungen eine Überforderung von Politikern und Politik jener Tage. Gewiss trösteten sich nur wenige mit der Ansicht: »Es hätte noch schlimmer kommen können.« Dazu war der Vertrag viel zu niederschmetternd.

Doch obwohl die Reparationsforderungen hart waren, die Friedensbedingungen in ihrer Gesamtheit eine extreme Belastung für das ohnehin an den Kriegsfolgen leidende Reich darstellten und Deutschland auf den Status einer Mittelmacht zurückwarfen, blieb das staatliche Gefüge weitgehend erhalten, auch wenn später noch Gebiete verloren gingen. Nach einem Referendum im Februar 1920 wurde Nordschleswig zwischen Dänemark und dem Reich aufgeteilt. Demgegenüber entschied sich die Bevölkerung im südlichen Ostpreußen und in Westpreußen östlich der Weichsel mit großer Mehrheit für den Status quo. Das unter alliierte Verwaltung gestellte Memelgebiet fiel 1923 an Litauen. In Oberschlesien, das im ersten Entwurf des Vertrages noch direkt Polen zugeschlagen worden war, stimmten am 20. März 1921 von den 1,22 Mio. Wählern 60 Prozent für den Verbleib im Reich. Doch der Oberste Rat der Alliierten nutzte die im Versailler Vertrag veankerte Möglichkeit zur Teilung Oberschlesiens, dessen größerer, aber industriell weniger bedeutende Teil Deutschland, der wirtschaftliche wichtigere jedoch Polen zugeschlagen wurde. Über die für Deutschland nachteilige Grenzziehung machte sich im Reich große Enttäuschung und Empörung breit. Insgesamt verlor man infolge des Friedensvertrages ein Achtel seines Territoriums mit etwa zehn Prozent der Bevölkerung, der Hälfte seiner Eisenerzvorkommen und einem Viertel der Steinkohleförderung.

Die Besetzung des Rheinlandes durch die Siegermächte wurde als Pfahl im Fleisch empfunden. Und der vermeintlich bewusste Einsatz von ca. 25.000 nordafrikanischen und schwarzen Kolonialtruppen der Franzosen führte zu einer schamlosen rassistischen Propagandakampagne unter dem Schlagwort von der »schwarzen Schmach am Rhein«, die mit Vorurteilen und Feindbildern operierte. Das findet in der Forschung weithin Beachtung, weniger die Tatsache, dass dem von einigen Verantwortlichen vor Ort widersprochen wurde, die den afrikanischen Besatzungssoldaten ein einwandfreies Auftreten attestierten.

Es war ein erster bescheidener Erfolg der deutschen Diplomatie, dass die Auslieferung einer Vielzahl von militärischen Verantwortlichen und Offizieren nach den so genannten Kriegsverbrecherartikeln abgewendet werden konnte. Als die Alliierten im Februar 1920 die 895 Namen umfassende Liste veröffentlichten, war klar, dass eine Überstellung der Betroffenen einen inneren Aufruhr mit unbekanntem Ausgang ausgelöst hätte. Der Kelch ging schließlich an der Reichsregierung vorüber, als die Alliierten sich mit ihrem Gegenvorschlag einverstanden zeigten, die Kriegsverbrecher vor dem Reichsgericht in Leipzig zur Rechenschaft zu ziehen. »Die unsere Existenz am schwersten bedrohende Auslieferungskrisis« (so ein leitender Beamter) war damit überwunden. In der Tat war dies ein Erfolg für die Regierung, aber er schlug sich nur in begrenztem Maß beruhigend auf die öffentliche Meinung nieder, vor allem nicht im Militär, denn die bevorstehenden Prozesse in Leipzig empfand man nicht nur im Offizierskorps als eine nationale Demütigung. Die Verfahren in Leipzig von 1921 an waren letztlich in den Augen der Sieger eine Farce, endeten sie, wenn nicht vorab bereits eingestellt, doch weitestgehend mit Freisprüchen und einigen glimpflichen Verurteilungen.

Im Gegensatz zur Kompromisslösung in Sachen Kriegsverbrecher brauchte es Zeit, Geduld und Ausdauer, die Auswirkungen des Friedensvertrages zu mildern. Außenpolitik – und hier das im Vordergrund der Betrachtung stehende Agieren der staatlichen Organe – stand dauerhaft im Schatten von Versailles. Jenseits der (staats-)politischen Ebene, in Verbänden, Komitees und Vereinigungen bilateraler oder multilateraler Ausrichtung, ergaben sich schon früh Foren der Kooperation, bildeten sich in Wirtschaft, Kultur und Wissenschaft Netzwerke, etwa in den deutsch-französischen Beziehungen. Nur bedingt aber strahlten sie auf die politische Ebene aus.

Es ging Parlament und Regierung zentral um die Revision der Reparationslasten und die Rückgewinnung außenpolitischer Gestaltungsfreiheit, aber auch um die schrittweise Überwindung der Isolation und die Wiedereingliederung in das internationale Staatensystem. Die Isolation zeigte sich auch daran, dass in den ersten Jahren kaum ein Staatsgast dem Reich seine Aufwartung machte und beide Reichspräsidenten überhaupt keine Auslandsreisen unternahmen, nicht einmal in das südliche Bruderland Österreich. Da wurde es zu einem Medienereignis, dass der designierte, aber noch nicht ins Amt eingeführte mexikanische Präsident Plutarco Elías Calles, der Deutschland privat bereisen wollte, 1924 kurzerhand wie ein Staatsoberhaupt empfangen wurde.

Einer der ganz wenigen Besuche eines ausländischen Staatsmanns: Reichspräsident Friedrich Ebert (2. v. l.) und Reichskanzler Joseph Wirth (r.) empfangen im August 1922 den österreichischen Bundeskanzler Ignaz Seipel (l.) und seinen Finanzminister August Ségur (2. v. r.).

Noch bevor die Sieger die im Friedensvertrag offen gelassene Reparationssumme im April 1921 auf 132 Milliarden Goldmark festschrieben, hatte das Reich 20 Milliarden Goldmark in Geld und Sachwerten geleistet. Die Festlegung der Summe war mit dem Londoner Zahlungsplan verknüpft, nach dem Deutschland jährlich zwei Milliarden Goldmark und ein weiteres Viertel des Wertes seiner Exporte (was zusätzlich rund einer Milliarde entsprach) zu entrichten hatte. Über die ultimative Forderung der Annahme des Zahlungsplans trat das Kabinett Fehrenbach im Mai 1921 zurück. Nach Akzeptierung des Zahlungsplans durch den Reichstag setzte die neue Regierung von Joseph Wirth (Zentrum) auf die »Erfüllungspolitik«, um die Alliierten zur Reduktion der Lasten zu bewegen. Dem bereits zuvor eingeschlagenen, nunmehr öffentlich propagierten, später in unterschiedlicher Intensität verfolgten Kurs lag die Strategie zugrunde, augenscheinlich zu versuchen, die Zahlungsverpflichtungen zu erfüllen, um so deren Unerfüllbarkeit zu demonstrieren. Dies geschah in der Gewissheit, dass man die Forderungen nie zu erfüllen imstande war. Der vormalige Finanzminister Matthias Erzberger erläuterte prägnant den Sinn im Januar 1921: »Wir müssen zunächst von den entsetzlichen Friedensbedingungen all das durchführen, was wir tatsächlich durchführen können; nur dadurch schaffen wir die Voraussetzung, damit diejenigen Forderungen, die wir nicht durchführen können, auch von der ganzen Welt als undurchführbar anerkannt werden.« Auf diese Weise sollten die Alliierten zum Umdenken und zur Herabsetzung der Lasten gezwungen werden. Zu einer finanzpolitischen Rosskur, die zur Leistung der Reparationszahlungen unabdingbar gewesen wäre, konnte sich die Regierung aber vorerst nicht durchringen, so dass die von der nationalen Rechten vehement bekämpfte Strategie in eine Sackgasse mündete. Mit dem Schimpfwort »Erfüllungspolitiker« verfügten die Republikgegner über ein weiteres Negativetikett für die in Verantwortung stehenden Politiker.

Einen ersten Schritt nach vorn machte das Reich mit dem am 16. April 1922 im oberitalienischen Rapallo abgeschlossenen Vertrag mit Sowjetrussland. Nahezu geräuschlos hatten Unterhändler die Übereinkunft vorbereitet, in dem beide Seiten auf die Erstattung von Kriegskosten und Kriegsschäden verzichteten, womit insbesondere russische Forderungen auf der Basis von Artikel 116 des Versailler Vertrages ausgeschlossen wurden. Das Deutsche Reich erklärte zudem, keine Entschädigung für die von den Sowjets durchgeführten Sozialisierungsmaßnahmen zu beanspruchen. Die Vertragspartner vereinbarten eine Intensivierung der Wirtschaftsbeziehungen und nahmen die im November 1918 gekappten diplomatischen Beziehungen wieder auf.

Der Überraschungscoup von Rapallo, mit dem Deutschland seinen außenpolitischen Handlungsspielraum erweiterte, galt bei vielen als Fortschritt; andere sahen den Zeitpunkt des Abschlusses während der internationalen Wirtschaftskonferenz von Genua als problematisch an. In Genua saßen erstmals Sieger und Verlierer des Krieges gleichberechtigt am Verhandlungstisch, um vordringlich den wirtschaftlichen Wiederaufbau in Mittel- und Osteuropa zu beraten.

Der Vertrag, dessen eigentlicher Gewinner Moskau war, blieb in seiner Wirkung begrenzt und belastete das deutsche Verhältnis zum Westen, auch wenn Befürchtungen der Alliierten, Rapallo stelle ein gegen sie (und somit auch gegen Polen) gerichtetes Bündnis dar, sich als unbegründet erwiesen. Von der zugleich vereinbarten geheimen Kooperation zwischen Reichswehr und sowjetrussischer Roter Armee zur Umgehung der Abrüstungsauflagen wurde nichts bekannt. Innenpolitisch sorgte der überraschende Abschluss in

Oberitalien doch für einige Unruhe, vor allem, weil er während der Genua-Konferenz abgeschlossen worden war. Nicht nur der bewusst von Wirth umspielte Reichspräsident Ebert, der den Bolschewiki misstraute, hatte sich von Genua eine Reduktion der Reparationslasten erhofft. Dies alles schien gefährdet durch Rapallo, von vielen als ein waghalsiges Unterfangen zur Unzeit gewertet. Außenpolitisches Vertretungsrecht des Präsidenten und Richtlinienkompetenz des Kanzlers kollidierten hier. Dennoch wollte Ebert keinen verfassungsrechtlichen Disput ausfechten oder gar eine Regierungskrise vom Zaun brechen. Nachdem er im Mai 1921 schon einmal übergangen worden war, als Wirth, damals Finanzminister, in der kanzlerlosen Zeit handstreichartig zwei Verträge mit Sowjetrussland unterzeichnet hatte, war er nachgerade erzürnt über den Coup von Rapallo. Intern ging es heftig zu, nach außen drang nichts. Da wurde das Bild der Einigkeit gewahrt. Bei den späteren Konferenzen kam es nicht mehr zu solchen Unstimmigkeiten.

Genua im April/Mai 1922: Reichskanzler Joseph Wirth (4. v. r.) mit den russischen Delegierten Leonid Krassin, Georgij Tschitscherin und Adolf Joffe (v. l. n. r. neben Wirth). Während der Konferenz schließen Deutschland und Sowjetrussland den Vertrag von Rapallo.

Der düpierte Ebert setzte gegen den Willen von Reichskanzler Wirth die Ernennung des ehemaligen Außenministers Ulrich Graf Brockdorff-Rantzau zum ersten Botschafter in Moskau durch, ein Mann, dem er vertraute und den er auf sich verpflichtete. Wie überhaupt Ebert bei der mit dem Inkrafttreten des Friedensvertrages im Januar 1920 akut gewordenen Frage der Besetzung der deutschen Missionen im Ausland Einfluss nahm. Im Zusammenspiel mit dem Auswärtigen Amt griff man nicht nur auf die zurück, die den »spanischen Stiefel der Attaché-Laufbahn« (so eine Zeitung 1930) vorweisen konnten. Im März 1923 gestaltete sich das Verhältnis von im Außenamt herangezogenen Diplomaten zu den Quereinsteigern in den europäischen Spitzenstellungen 16 zu 8. Hervorzuheben ist dabei allerdings, dass die Außenseiter, unter ihnen immerhin die Hälfte Sozialdemokraten, auf den weitaus wichtigeren Posten saßen. Zudem hatte mit dem vormaligen Krupp-Direktor Otto Wiedfeldt, den Ebert vom Essener Stahl-Konzern losgeeist hatte, ein Quereinsteiger als erster Botschafter in den USA ab März 1922 die bedeutendste außereuropäische Position inne. Bei der Nachfolgeregelung 1924 lehnte der Reichspräsident den von Außenminister Stresemann ins Spiel gebrachten ehemaligen Reichskanzler Cuno ab, dessen Stern bei Ebert mittlerweile rapide gesunken war. Man entschied sich mit Ago von Maltzan für einen Berufsdiplomaten. Unter dem ersten Reichspräsidenten wurde so der diplomatische Dienst für Männer außerhalb des Amtes in einem nicht unwesentlichen Ausmaß geöffnet. Das sollte unter seinem Nachfolger Hindenburg so nicht bleiben. Die Außenseiter unter den Spitzenbeamten »starben« zum Ende der Republik gänzlich aus.

Kontinuität stellte sich an der Spitze des Auswärtigen Amts zunächst nicht ein. Bis Gustav Stresemann mit der Kanzlerschaft im August 1923 auch das Außenamt übernahm, hatten acht andere dort das Zepter geschwungen, mehr oder weniger erfolgreich und mehr oder weniger vom ministeriellen Apparat akzeptiert. Erst mit dem DVP-Mann, der bis zu seinem frühen Tod 1929 die Geschäfte führte, wurde durch Kontinuität, Beharrlichkeit und Zielsicherheit die internationale Isolation durchbrochen und die Reparationsfrage erträglicher gestaltet.

Die Reparationen waren ohne Währungssanierung und Inflationsbekämpfung nicht zu leisten. Dem entzog sich die Reichsregierung, die die im Weltkrieg begonnene Politik der rigorosen Staatsverschuldung fortführte. So sah sich Deutschland im Juli 1922 veranlasst, die Aussetzung der Restzahlungen für 1922 zu beantragen und für 1923 und 1924 keine Barzahlungen in Aussicht zu stellen.

Das besiegte Deutschland glaubte bis an die Grenzen seiner Möglichkeiten gegangen zu sein, um seinen Verpflichtungen nachzukommen. Doch Frankreichs mit fadenscheinigen Gründen untermauerte Besetzung des Ruhrgebietes im Januar 1923 musste geradezu als das Ende aller Bemühungen um einen Ausgleich erscheinen. Die Hoffnungen, die Fesseln Versailles abstreifen zu können und über kurz oder lang wieder zu normalen zwischenstaatlichen Beziehungen zu kommen, mussten begraben werden. Im Gegenteil: Dass nun auch noch das den Deutschen verbliebene industrielle Kerngebiet, die Ruhr als die deutsche Rüstkammer, unter Kuratel der sich als unnachgiebig gerierenden Macht jenseits des Rheins gestellt wurde, warf die Beziehungen zwischen Deutschland und dem Westen zurück in die Zeit nach Kriegsende. Die überwiegende Mehrheit der Deutschen befiel das Gefühl der Ohnmacht und des Ausgeliefertseins, nachdem man bereits halb Oberschlesien mit seinen industriellen Zentren hatte abtreten müssen. An einen aktiven Widerstand, eine offene militärische Gegenwehr, gegen die Franzosen und ihre die Reparationen sichernde Politik der »produktiven Pfänder« war aber nicht zu denken. Der Regierung Cuno blieb wenig Raum für Gegenmaßnahmen. Schon bald wurde innenpolitisch beklagt, dass sie keine adäquaten Gegenstrategien in der sich zuspitzenden Krise entwickelte, so dass nach ihrem Rücktritt es der von Gustav Stresemann geführten Großen Koalition oblag, die innere Krise zu lösen, um wieder außenpolitischen Gestaltungsspielraum zu gewinnen.

Mit der Überwindung der Inflation und der Währungssanierung 1923/24 kam Bewegung in die Reparationsfrage. Die von dem amerikanischen Finanzpolitiker Charles G. Dawes geleitete alliierte Reparationskommission präsentierte im April 1924 ihr Gutachten, das den Weg aus der reparationspolitischen Sackgasse wies und Deutschland wesentlich entlastete. Es setzte keine endgültige Summe der Wiedergutmachungszahlungen fest, sondern regelte lediglich Höhe und Zusammensetzung der zu zahlenden Annuitäten, die sich wenigstens für die ersten Jahre im Rahmen der volkswirtschaftlichen Möglichkeiten Deutschlands bewegten. Der Plan sah vor, dass das Reich 1924 Reparationszahlungen in Höhe von einer Milliarde Goldmark zu leisten hatte. Bis zum Jahr 1928 sollten die jährlichen Zahlungen auf 2,5 Milliarden Goldmark steigen. Die Reichsregierung beschloss am 14. April, auf der Grundlage des Dawes-Gutachtens in Verhandlungen mit den Alliierten einzutreten. Der Plan wurde auf der Konferenz von London (16. Juli bis 16. August 1924), zu der Deutschland in »gleichberechtigter Verhandlung« (Reichskanzler Marx) auftreten konnte, von allen beteiligten Regierungen gutgeheißen. Der Reichstag nahm am 29. August die entsprechenden Gesetze an, darunter auch das verfassungsändernde Reichsbahngesetz, über das Vertreter der Gläubigerstaaten zur Garantie der Zahlungen in den Aufsichtsrat des profitablen Unternehmens gelangten. Für das Gesetz stimmte auch etwa die Hälfte der Abgeordneten der DNVP, die somit erst die notwendige Zweidrittelmehrheit sicherten. Nach Inkraftsetzung des Dawes-Plans flossen die für eine Gesundung der Wirtschaft benötigten ausländische Kredite, in erster Linie aus den USA, die nun die Privatwirtschaft mit Kapital versorgten.

Mit der neuen Reparationsregelung rückte Frankreich stärker in den Fokus der Außenpolitik Stresemanns, der nun gezielt auf einen Ausgleich hinarbeitete. Der einstige Annexionspolitiker der Weltkriegszeit setzte dabei auf Verständigung und Vertrauensbildung mit Frankreich, das zunächst den Rückzug aus der Ruhr für den Sommer 1925 zusicherte. Der umfassende Durchbruch gelang im Oktober 1925 mit den Locarno-Verträgen, die ganz wesentlich durch eine den Siegermächten im Februar 1925 überreichte deutsche Offerte in der Sicherheitsfrage angestoßen wurden, die ein Reflex auf die Ankündigung der Alliierten war, wegen angeblicher deutscher Vertragsverletzung die für den 10. Januar 1925 anstehende Räumung der ersten Zone des besetzten Rheinlandes nicht durchzuführen.

Zentraler Baustein des dann am Lago Maggiore ausgehandelten umfassenden Vertragswerkes war der Fünf-Mächte-Garantiepakt, in dem Deutschland, Frankreich und Belgien auf eine gewaltsame Veränderung der bestehenden Grenzen verzichteten, wofür Großbritannien und Italien die Garantie übernahmen. Die im Friedensvertrag festgelegte Westgrenze wurde für unabänderlich erklärt. Deutschland gab damit de facto Elsass-Lothringen für immer preis. Zugleich bekräftigten die Vertragsparteien die Entmilitarisierung des Rheinlandes. In bilateralen Schiedsabkommen verpflichteten sich Deutschland und seine östlichen Nachbarn Polen und die Tschechoslowakei, keine gewaltsame Revision der Grenzen anzustreben. Stresemann hielt sich mit solchen Formeln die Möglichkeit einer friedlichen Änderung von Deutschlands Ostgrenzen offen. Nachdem die Deutschnationalen aus Protest über Locarno die Regierung verlassen und ihr somit die Mehrheit geraubt hatten, sprang die oppositionelle SPD bei und stimmte am 27. November für die Verträge. Die Siegermächte räumten im Januar 1926 mit einjähriger Verspätung die erste Rheinlandzone, wozu der Vertrag von Locarno den Weg geebnet hatte.

Eng verbunden mit dem Vertragswerk war der Eintritt Deutschlands in den seit Januar 1920 aktiven Völkerbund, den viele in Deutschland lange Zeit als eine Institution der Sieger sahen. Das Reich erhielt bei seinem Eintritt im September 1926 sogleich den geforderten ständigen Sitz im Rat, nachdem die heikle Frage der Interventionspflicht ausgeräumt worden war. Denn Artikel 16 der Völkerbundsatzung verpflichtete die Mitgliedstaaten automatisch zur Teilnahme an Sanktionen gegen vermeintliche Aggressoren. Das hätte die Ostpolitik in Gefahr bringen können, wenn bei einem polnisch-sowjetischen Konflikt Moskau als Schuldiger ausgemacht worden wäre und Deutschland Polen gegen den Vertragspartner von Rapallo hätte unterstützen müssen. Die deutschen Vorbehalte gegen die Verpflichtung wurden beim Eintritt in den Völkerbund akzeptiert.

Mit Locarno spielte Deutschland wieder eine Rolle im europäischen Mächtekonzert. Stresemann, der den Völkerbund als Plattform für eine deutsche

Revisionspolitik verstand, ergänzte das Vertragswerk in Richtung Osten durch den deutsch-sowjetischen Freundschaftsvertrag (»Berliner Vertrag«) vom April 1926, in dem sich Deutschland bei einem Krieg der Sowjetunion mit einer dritten Macht zur Neutralität verpflichtete. Seine Verständigungspolitik konnte weitere Erfolge verbuchen. Zu hoch gesteckt aber waren die Ziele, die sich Stresemann und sein französischer Amtskollege Aristide Briand in ihren Gesprächen unmittelbar nach dem deutschen Völkerbundeintritt im französischen Thoiry nordwestlich von Genf setzten: Die bilateralen Belastungen sollten in einer umfassenden Gesamtlösung bereinigt werden. Widerstand in Frankreich und Zurückhaltung der für die Umsetzung notwendigen Beteiligung amerikanischer Finanzkreise verhinderten die Realisierung. So betrieb Stresemann weiter eine Politik der kleinen Schritte – mit Erfolg. Die Sieger lösten ihre mit der Überwachung der deutschen Abrüstung beauftragte Internationale Militärkommission zum 31. Januar 1927 auf – das einzig sichtbare Ergebnis der Gespräche von Thoiry. In diesem Jahr wurde mit dem deutsch-französischen Außenhandelsabkommen auch auf wirtschaftlichem Gebiet ein wesentlicher Schritt zur Verständigung zwischen Frankeich und dem weithin vom Außenhandel abhängigen Deutschland getan.

In den Verhandlungen um den Briand-Kellogg-Pakt, in dem die unterzeichnenden Staaten den Krieg ächteten und sich zur friedlichen Regelung von Streitfällen vor einem Schiedsgericht verpflichteten, war Stresemann einer der treibenden Kräfte. Deutschland gehörte zu den 15 Erstunterzeichnern des im August 1928 in Paris verabschiedeten, im Juli 1929 in Kraft gesetzten Vertrages.

Stresemann sollte die Vollendung seines letzten Erfolges nicht mehr erleben: An die Stelle des Dawes-Plans trat im Mai 1930 der von einer unabhängigen Sachverständigen-Kommission unter der Leitung des amerikanischen Wirtschaftsfachmanns Owen D. Young im Juni 1929 präsentierte und von den Regierungen auf den Konferenzen in Den Haag verabschiedete Zahlungsplan, der rückwirkend ab September 1929 galt und eine wesentliche Erleichterung bedeutete. Das aber sahen nicht alle so. Die nationalistische Rechte inszenierte einen Propagandafeldzug gegen die von ihnen so charakterisierte »Knechtung« durch den Young-Plan, der in einem Volksentscheid mündete.

*

DAS STICHWORT: Volksentscheid gegen den Young-Plan

Vor dem Hintergrund einer immer spürbarer werdenden nationalistischen Agitation wurde seit dem Spätjahr 1929 der Young-Plan zum innen- und außenpolitischen Kristallisationspunkt. In schroffer Ablehnung des Plans formierte sich, angeführt vom deutschnationalen Vorsitzenden Alfred Hugenberg, der so-

Der Architekt der Außenpolitik: Außenminister Gustav Stresemann bei seinem letzten großen internationalen Auftritt, im September 1929 vor der Völkerbundversammlung in Genf.

genannte »Reichsausschuss für das deutsche Volksbegehren«, zu dem auch die NSDAP Adolf Hitlers stieß.

Das vom Reichsausschuss präsentierte »Freiheitsgesetz« forderte die Aufhebung der sogenannten Kriegsschuldlüge des Versailler Vertrages und die unverzügliche Räumung der besetzten Gebiete. Das Ganze gipfelte in der Strafandrohung für diejenigen, die Verträge mit neuen Verbindlichkeiten – also den Young-Plan – zeichnen würden. Als Landesverräter seien sie mit Zuchthaus nicht unter zwei Jahren zu bestrafen. Nicht alle in der DNVP folgten dem militanten Kurs des neuen Vorsitzenden Hugenberg: Einige Mandatsträger verließen aus Protest gegen die Radikalität des vorgeschlagenen Gesetzes die Partei.

Im Grunde war die Aktion »gegen die Demokratie, gegen die Weimarer Verfassung« gerichtet, wie Reichsinnenminister Carl Severing (SPD) treffend analysierte. Sie endete zwar mit einem Debakel: Nachdem die Hürde Volksbegehren mit 10,02 Prozent so gerade noch genommen wurde und der Reichstag das Gesetz erwartungsgemäß abgelehnt hatte, stimmte im Volksentscheid am 22. Dezember 1929 lediglich ein Siebtel der Wahlberechtigten (13,8 Prozent) für das »Gesetz gegen die Versklavung des deutschen Volkes«, das als verfassungsänderndes mehr als 50 Prozent (eben der Wahlberechtigten!) hätte erzielen müssen. Doch trotz der deutlichen Schlappe entpuppte sich das Ganze als eine nachhaltige »politische Brunnenvergiftung«, wie der Zentrumsabgeordnete Thomas Esser im Reichstag 1929 prophezeite. Denn die NSDAP zog aus ihrer Beteiligung vielfältigen Nutzen. Sie wurde reichsweit über die Hugenberg-Presse bekannt und etablierte sich endgültig im rechtsnationalen Terrain als nicht mehr zu ignorierende Kraft. Hitler bescherte seine Mitwirkung breite allgemeine Öffentlichkeit und Reputationsgewinn im rechten Lager.

*

Der Young-Plan, vom Reichstag dann am 12. März 1930 angenommen, reduzierte die Reparationszahlungen auf ein erträgliches Maß. Die nunmehr auf 112 Milliarden Reichsmark festgelegte Summe war in 59 Jahresraten (bis 1988) von rund zwei Milliarden Reichsmark zu begleichen, gemessen am Jahr 1930 etwa zwei bis drei Prozent des Volkseinkommens. Deutschland erlangte seine durch das Dawes-Abkommen eingebüßte finanzpolitische Souveränität wieder und erhielt die Verantwortung für die Zahlungen in Fremdwährung. Zudem gelang es, den Alliierten eine um fünf Jahre vorgezogene Räumung der noch besetzten beiden Zonen des Rheinlandes abzuringen. Diesen Erfolg seiner Politik sollte Stresemann nicht mehr erleben: Im Oktober 1929 starb der Architekt deutscher Außenpolitik, der 1926 zusammen mit seinem französischen Amtskollegen Aristide Briand für die Locarno-Politik den Friedensnobelpreis erhalten hatte. Seine moderate Revisionspolitik hatte das außenpolitische Renommee des Kriegsverlierers gesteigert. Dabei konnte sich der Außenminister auf eine breite demokratische Mehrheit im Innern stützen, wobei allerdings die Sozialdemokraten ihm eher als manch einer aus der eigenen Partei zur Seite stand. Seine Nachfolger verspielten das gewachsene Ansehen ebenso leichtsinnig wie zielgerichtet.

In den Zeiten der Weltwirtschaftskrise setzte die Reichsregierung unter Reichskanzler Brüning auf endgültige Revision von Versailles und beschritt dabei einen Frankreich offen brüskierenden machtpolitischen Stil. Für Stresemann war der deutsch-französische Ausgleich der »Angelpunkt der Konsolidierung Europas« gewesen, wie er vor dem Reichstag am 23. November 1926 kundgab. Nun aber ging es »mit dem deutsch-französischen Verhältnis, das einen bis dahin unbekannten Grad der Vertrautheit erreicht hatte, bergab« (PETER KRÜGER). Allein schon die pathetisch-nationalistischen Feiern zur Räumung des Rheinlandes im Juli 1930 mit scharfen Worten gegen Paris irritierten die Franzosen.

Die Außenpolitik richtete auch aus Exportgründen verstärkt den Blick nach Südosten. Doch der im März 1931 zwischen Deutschland und Österreich vereinbarte Plan einer Zollunion musste wenige Monate später aufgegeben werden, nachdem Frankreich Österreich zum Rückzug gedrängt und der Internationale Gerichtshof diesen abgelehnt hatte. Diesem außenpolitischen Fiasko Brünings folgte im Juli 1932 der Vertrag von Lausanne, nachdem die Sieger angesichts der deutschen Zahlungsunfähigkeit im Juli 1931 eine Aussetzung der Reparationen zunächst für ein Jahr (»Hoover-Moratorium«) beschlossen hatten. In Lausanne einigte man sich auf das Ende der Reparationen bei Zahlung einer Restschuld von drei Milliarden Goldmark. Das war ein Erfolg Brünings, der diesen wegen seiner Entlassung aber nicht mehr einfahren konnte.

Den Triumph konnte die Nachfolgeregierung Papen für sich verbuchen, die Brünings Kurs fortsetzte, die militärpolitischen Fesseln zu sprengen. Sie forderte mit scharfer Anklage Frankreichs die Parität der Sicherheit ein, was letztlich, da die anderen nicht abrüsten würden, auf die Einräumung des Rechts auf Aufrüstung hinauslaufen sollte. Das war das Ziel der Reichswehrführung um Kurt von Schleicher. Die Regierung machte mit dem Rückzug von der Genfer Abrüstungskonferenz deutlich, dass Deutschland nunmehr Gleichberechtigung wollte, was dann von den Siegern im Dezember 1932 mit der Genfer Erklärung auch in Aussicht gestellt wurde. Damit war der Weg zur Aufrüstung freigelegt, aber auch der Rückzug aus dem Völkerbund bereitet, den Hitler dann im Oktober 1933 vollziehen sollte.

Misst man den Weg der Außenpolitik von Weimar an der Ausgangslage, so kann dieser vor allem dank der Federführung Stresemanns als ein erfolgreicher bezeichnen werden. Mit Realitätssinn und Gespür für die Befindlichkeiten in den Siegerstaaten gelang es, die Barrieren zu beseitigen und die Beziehungen zu den einstigen Feinden zu normalisieren, ohne aber den Anspruch auf eine Revision mit friedlichen Mitteln aufzugeben. Doch die Erfolge seiner Verständigungspolitik, die für Stresemann »ohne realistische Alternative« war (EBERHARD KOLB), erzielten im Innern nicht die positive Breitenwirkung, die sie eigentlich verdient hätte. Sie wurde von einer maßlosen, in machtstaatlichen Denkkategorien verharrenden Agitation der Rechten bekämpft und kritisiert, ohne die zwischenzeitlichen Besserungen anzuerkennen. Sicher – Versailles war eine Dauerbelastung für die Republik, aber die schrittweise Reduktion der Wirkungen hätte zu einer spürbaren Beruhigung führen können, ja müssen. Aber daran waren die Republikgegner nicht interessiert, die das Krisenbild von der Schmach Versailles und vom Ausverkauf der deutschen Interessen durch Stresemann wie eine Monstranz vor sich hertrugen. Insofern steuerte die auswärtige Politik – besser: die Polemik gegen sie – ebenso wie der Friedensvertrag an sich einen Teil zum Untergang der Republik bei.

4. Die Länder – Stabilitätsanker und Krisenherde

Die Geschichte der einzelnen Länder in der Republik verlief höchst unterschiedlich. Das galt bereits für die Revolution. Kleine Länder, wo der semiprofessionelle oder gar der Freizeitpolitiker dominierte, verzeichneten ein weit höheres Maß an Kontinuität als die großen, wo der geschulte Berufspolitiker agierte. Zudem veränderten sich vor allem die Parlamente in Ländern und Kommunen in mitunter drastischer Weise, weil die mannigfachen Beschränkungen des Wahlrechts, das u. a. von Grund- oder Hausbesitz oder der Zahlung von Steuern abhing, und ungerechte Wahlsysteme (an der Spitze das preußische Dreiklassenwahlrecht) mit dem Sturz des Kaiserreiches gefallen waren und vor allem die bis dato benachteiligte SPD nunmehr in großer Zahl in die Körperschaften der Länder und Gemeinden einzog. Ländern mit konstanten und stabilen Regierungen standen andere mit unsteten Verhältnissen gegenüber. Die Abweichungen waren regionalen Besonderheiten, der ungleichen Einübung von Demokratie im Kaiserreich und divergierenden Ausprägungen der politischen Kultur geschuldet.

Zu einer von vielen erwarteten und vom Verfassungsschöpfer Hugo Preuß auch vorgesehenen Neugliederung des Reiches kam es nicht. Bestrebungen zu einer Nivellierung der ungleichen Länder und einer umfassenden, über territoriale Fragen hinausgehenden Reichsreform zeitigten nur wenig Resultate. Die großflächigste Flurbereinigung erfolgte in Mitteldeutschland mit der Gründung Thüringens 1920, womit sich die Zahl der Länder von 24 auf 17 reduzierte. Vor allem unmittelbar mit dem Umbruch keimten neue Pläne oder wurden alte Neuordnungskarten aus der Schublade hervorgeholt, die dort lange Zeit, mitunter seit den Revolutionstagen von 1848, geschlummert hatten. So tauchte die Idee eines geeinten »Groß-Hessen« aus dem Volksstaat Hessen (-Darmstadt) und der preußischen Provinz Hessen-Nassau wieder auf. In Württemberg und Baden spielten Südweststaatsgedanken eine Rolle, mit denen die nach der Fläche dritt- und viertgrößten Länder ein Gegengewicht zu Preußen setzen und grundlegend den Föderalismus stärken wollten. Eine Reform im Zuge der Verfassungsdiskussion 1919 scheiterte jedoch an den Beharrungskräften, zu denen die dem jeweiligen eigenen Staatswesen verpflichtete Ministerialbürokratie zählte, und vor allem auch am Selbstbehauptungswillen Preußens, das seine einstige Hegemonialstellung nicht verlieren wollte. Artikel 18 der Reichsverfassung sprach zwar von einer Gliederung des Reiches in Länder (wie die bisherigen »Staaten« nunmehr heißen sollten) »unter möglichster Berücksichtigung des Willens der beteiligten Bevölkerung«, doch war die Sache eigentlich auf Eis gelegt. Abgesehen von der Bildung Thüringens 1920 fielen die Neuordnungsgedanken weitgehend in einen Dornröschenschlaf, ehe sie von einer Finanzkrise, die zu Beginn des Jahres 1926 regional durchschlug, wieder wachgeküsst wurden, als einige Länder vor dem Kollaps standen und händeringend nach Lösungen aus den finanziellen Zwangslagen über eine Neugliederung suchten.

Die Länderneuordnung wurde nun umfassender diskutiert, zum einen durch die von der Reichsregierung einberufene »Länderkonferenz zur Beratung der Verwaltungsreform«, zum anderen durch den überparteilichen »Bund zur Erneuerung des Reiches«. Die Denkschrift dieses 1928 eingesetzten, nach dem vormaligen Reichskanzler Hans Luther benannten »Luther-Bundes« sah – neben der Fortexistenz der vier süddeutschen Länder alter Art (Bayern, Baden, Württemberg, Sachsen) – die Bildung eines norddeutschen Kernlandes des Reiches vor, das aus Preußen und den Ländern nördlich des Mains bestehen sollte, untergliedert in Provinzen. Das alles blieb Papier. Die seinerzeit schon diskutierten Neuordnungen etwa über dem hessischen und südwestdeutschen Raum wurden erst nach dem Zweiten Weltkrieg umgehend (Hessen 1945) oder mit Verzögerungen (Baden-Württemberg 1952) realisiert. Preußen wurde offiziell 1947 von den alliierten Siegermächten für immer zerschlagen.

In der Weimarer Republik reichte die Spanne der Länder vom übermächtigen Preußen mit 38,1 Millionen Einwohnern auf einer Fläche von 292.000 qkm, gefolgt von Bayern mit 7,4 Millionen Einwohnern bei 76.000 qkm bis hinunter zum kleinen Land Schaumburg-Lippe mit gerade mal 340 qkm und 48.000 Einwohnern (Zahlen jeweils 1925). Der von der Regierung des kleinsten Landes angestrebte Anschluss an Preußen scheiterte 1926 knapp in einem Volksentscheid. Volkes Stimme wehrte sich gegen Veränderungen, in Waldeck allerdings vergeblich. Befragt wurde der Bürger des Uplandes aber nicht. Das mit der Revolution zum Freistaat erklärte ehemalige Fürstentum, aufgrund des Akzessionsvertrages von 1867 in preußischer Abhängigkeit, hatte bereits 1922 dessen etwa 100 km nördlich entfernt liegende, kaum mehr als 10.000 Einwohner umfassende Exklave Pyrmont an die preußische Provinz Hannover verloren. Der Rest mit seinen verbliebenen ca. 50.000 Einwohnern ging per Staatsvertrag zum 1. April 1929 in Preußen auf. Bei den Waldeckern stieß die Einverleibung auf wenig Gegenliebe, so dass es ein doch recht frostiges Hochzeitsfest wurde.

Beseitigt wurde zum 1. Mai 1920 der historische Flickenteppich im mitteldeutschen Raum durch den Zusammenschluss von den sieben zu Freistaaten gewordenen kleineren ehemaligen Fürstentümern zum neuen Land Thüringen. Der Zuschlag von (Sachsen-)Coburg, das sich mehr mit den Franken als mit Thüringern verbunden fühlte, bescherte Bayern zum 1. Juli 1920 einen Bevölkerungszuwachs von 75.000 Köpfen und eine Vergrößerung der Fläche um 560 qkm. Dem war am 30. November 1919 eine Volksbefragung vorausgegangen, an der sich drei Viertel der Wähler beteiligten. 88 Prozent votierten für den Anschluss an Bayern.

Die Republik von Weimar war trotz dieser Gebietsverschiebungen und -zusammenschlüsse weiter belastet von einem erheblichen Ungleichgewicht der Länder, das sich allerdings nicht voll im Reichsrat niederschlug. Denn obwohl die Stimmenzahl im Verfassungsorgan der Länder von Größe und Einwohnerzahl abhängig war, durfte kein Land über mehr als 40 Prozent der Stimmen verfügen (Artikel 61 der Reichsverfassung), womit die Vertretung des mächtigen Preußen begrenzt wurde, das jeweils über knapp mehr als 60 Prozent der Gesamtfläche des Reiches – diese betrug 468.000 qkm – und auch der 1925 auf 62,4 Millionen gezählten Gesamtbevölkerung aufwies. Nach dem Ausführungsgesetz vom Juli 1921 war die Hälfte der preußischen Stimmen im Reichsrat für deren Provinzialverwaltungen reserviert. Die Stimmenzahl im Reichsrat schwankte zwischen 55 und 68, wobei Preußen zwischen 22 und 27 Stimmen besaß, gefolgt vom zweitplatzierten Bayern, das zunächst über sieben, ab 1921 über zehn und ab 1926 über elf Stimmen verfügte.

Der Reichsrat war Forum der Mitbestimmung der Länder, wenn er auch im Vergleich zum Bundesrat im Kaiserreich mit weniger Rechten ausgestattet war. Ohnehin hatte die Reichsverfassung zu einer Schwächung der Länder durch den Verlust ihrer Reservatrechte geführt. Preußen, Bayern, Württemberg und Sachsen hatten die Hoheit über ihre militärischen Kontingente eingebüßt, die in der künftigen Reichswehr aufgingen. Post, Eisenbahn und Wasserstraßen wurden zentralisiert. Die Erzberger'sche Finanzreform von 1919/20, die grundlegende, die Finanzhoheit des Reiches stärkende komplette Umwandlung des Steuersystems in ein modernes zukunftsweisendes Steuerrecht, steigerte den Groll draußen in den Ländern gegen Berlin. In totaler Umkehr zum Kaiserreich waren nun die Länder die Kostgänger des Reiches, auf deren Zuweisungen sie angewiesen waren. Verwaltung und Durchführung der Reichsgesetze lagen im Wesentlichen in der Obhut der Länder, die so immerhin noch über ein beträchtliches Machtpotential verfügten.

Der Prozess der Verfassungsschöpfung in den Ländern verlief recht unterschiedlich und zeitversetzt, erzielte kaum Öffentlichkeit und wurde von »oben« dominiert. Nicht selten waren neben Verfassungsexperten (wie im neugeschaffenen Thüringen ein Jurist von der Universität Jena) auch Verwaltungspolitiker, die kraft ihres Amtes involviert oder berufen worden waren, die Taktgeber und Schöpfer. Oft wurden zunächst begrenzte Organisationsstatute erlassen. Doch überall wurde die republikanisch-demokratische Staatsform niedergeschrieben. Einziges gewähltes Organ und damit im Zentrum der Politik stehend war überall der Landtag.

In Preußen wie auch in Sachsen galten ab November 1920 republikanische Verfassungen, in Bayern bereits ab September 1919. Die württembergische Verfassung vom April 1919 musste nach Verabschiedung der Reichsverfassung angepasst werden; das endgültige Grundgesetz des Landes trat im September in Kraft. Das 1920 ins Leben gerufene Land Thüringen zog im März 1921 nach, Braunschweig im Januar 1922. Die im März 1919 verabschiedete Verfassung der Republik Baden wurde am 13. April als einziges Staatsgrundgesetz seiner Zeit über einen Volksentscheid – dem ersten in Deutschland überhaupt – angenommen, mit überragenden 94,6 Prozent, allerdings bei einer höchst mageren Wahlbeteiligung von nur 34 Prozent. In Mecklenburg-Strelitz wurde das vorläufige Landesgrundgesetz von Ende Januar 1919 erst 1923 in die endgültige Verfassung gegossen.

Obwohl eine Fülle von traditionellen Bereichen wie Kultus- und Schulpolitik, Polizei- und Gesundheitswesen Ländersache blieb, fühlten sich vor allem die Länder im Süden durch die neue Reichsverfassung in ein zentralistisches Korsett gezwängt und prangerten die in »reichster Blüte« stehende Sucht an, »alles in Spreeathen zusammenzufassen«, wie selbst die sozialdemokratische »Münchner Post« schon 1919 meinte feststellen zu müssen. Es konnte da nicht verwundern, dass Reichspräsident Ebert bei seinen Antrittsbesuchen unmittelbar nach der Verabschiedung der Reichsverfassung 1919 im Süden der Republik mit harscher Kritik an den unitaristischen Tendenzen konfrontiert wurde, darunter auch von seinem sozialdemokratischen Parteifreund Hugo Lindemann, dem Innenminister Württembergs, der von einer doktrinären Einengung der einzelstaatlichen Interessen und von »zentralistischer Gleichmacherei« sprach.

Besonders augenfällig zeigte sich der Dualismus zwischen Reich und Preußen, der sich auch rein räumlich in der Berliner Wilhelmstraße manifestierte, wo das preußische Staatsministerium nur einen Steinwurf entfernt von Reichskanzlei und Präsidentenpalais lag. Nach Meinung eines preußischen Ministers der zweiten Hälfte der zwanziger Jahre kosteten die Reibungen zwischen den Ämtern in Reich und Preußen den Behörden und Ministerien seines Landes ein Drittel der Arbeitskraft. Die Geschichte Preußens in der ersten Republik war auf das Engste mit Otto Braun verknüpft, der als führender Sozialdemokrat zu den entschiedensten demokratischen Politikern der Epoche gehörte. Er folgte auf seinen Parteigenossen Paul Hirsch, der schon mit der Revolution an der Spitze des preußischen Rates der Volksbeauftragten aus SPD und USPD gestanden und dann nach den ersten Wahlen eine Weimarer Koalition geführt hatte, die mit dem Kapp-Lüttwitz-Putsch fiel. Danach formte Braun als Ministerpräsident von 1920 bis 1932 (mit kurzen Unterbrechungen durch bürgerlich geführte Minderheitskabinette 1921 und 1925) Preußen durch eine konsequente Erneuerung vor allem in Verwaltung und Polizei zu einem republikanischen Bollwerk und zur zuverlässigsten Stütze der Demokratie. Als Führer einer Weimarer Koalition, zu der sich in den Jahren 1921 bis 1925 noch die DVP gesellte, gelang es ihm in der Tat, »Stetigkeit und Sicherheit in die preußische Politik zu bringen«, wie er in seiner Regierungserklärung am 10. November 1921 angekündigt hatte. Der Erfolg basierte auf einer gedeihlichen und konstruktiven Zusammenarbeit der Regierungsfraktionen, namentlich im Einvernehmen der beiden Fraktionsvorsitzenden Ernst Heilmann (SPD) und Joseph Heß (Zentrum), was für eine bemerkenswerte Kontinuität sorgte, auch wenn mitunter mehr als zehn Parteien im Landtag saßen. Mit seinen insgesamt nur sieben Regierungen (bis 1932) unterschied sich Preußen wesentlich vom Reich mit seinen 20 Kabinetten.

Der »rote Zar von Preußen« und seine Innenminister Carl Severing und Albert Grzesinski aus den Reihen der SPD verfolgten mit Energie und Durchsetzungsvermögen gegen starke Gegenkräfte eine konsequente Politik der demokratischen Reform, die mit einer personalpolitischen Republikanisierung einherging. Notwendiger Verwaltungsabbau traf unzuverlässige Beamte; Neubesetzungen freier Posten erfolgten konsequent mit republiktreuen Kräften. Dabei gelangten auch verstärkt Außenseiter ohne die verwaltungsmäßige Laufbahn in leitende Positionen. Die Adelsdominanz bei den führenden politischen Beamten in den Provinzen und Regierungsbezirken wurde gebrochen; an ihre Stelle setzte man in der Mehrzahl Männer aus dem republikanischen Parteienspektrum, was im national-konservativen Rückblick ungerechtfertigt als »parteipolitische Ämterpatronage« (ERNST RUDOLF HUBER) missbilligt wird. Dieses Revirement aber stand in der Tat unter dem Ziel der Republikanisierung der Verwaltung. Sie war nicht ohne Erfolg: Die Zahl der entlassenen monarchistischen Landräte im Zuge der Severing'schen Reform von 1920 bis 1926 ist auf 229 beziffert worden.

Besonders in Preußen war eine umfassende Verwaltungsreform vonnöten, denn zuvor hatte das junkerliche Land für die Großstädte, den Lebensraum des Proletariats, nichts übrig. Preußen war nachgerade städtefeindlich gewesen. 1920 wurde aus dem Zusammenschluss von acht Städten, 55 Landgemeinden und 23 Gutsbezirken die Weltstadt Berlin geschaffen. Es folgten Ausdehnungen von weiteren Stadtkreisen andernorts, die Neueinteilung von Landkreisen und eine Neuordnung der kommunalen Verwaltung.

Die Reform der Polizei zu einem zuverlässigen Instrument der Demokratie zählte zu den großen Leistungen des Landes, das durch den Versailler Friedensschluss beträchtliche, lange Zeit auch von Kämpfen geschüttelte Gebiete im Osten verlor und im Westen eine Okkupation weiter Teile seines Territoriums ertragen musste. Gleichwohl galt Preußen als »die demokratische Klammer der neuen deutschen Republik«, wie Albert Grzesinski in seinen Memoiren mit Stolz, aber auch zu Recht resümieren sollte.

Dabei scheute Braun nicht den Konflikt mit seinen sozialdemokratischen Genossen in der Reichsregierung oder seinem Parteifreund Ebert als Reichspräsidenten, wenn er einen allzu leichtfertigen Umgang mit den präsidialen Verfassungsbestimmungen und eine Beschneidung der Länderrechte zu erkennen glaubte. Preußen ging konsequent seinen Weg. Als der preußische Innenminister im Oktober 1929 die Auflösung der Gaue Rheinland und Westfalen des rechtsradikalen »Stahlhelm« verfügte, die militärische Geländeübungen veranstaltet hatten, entbrannte ein nachhaltiger Konflikt mit Reichspräsident und Reichsregierung, die auf Aufhebung drängten. Erst im Juli 1930 gab Preußen nach. Die Auseinandersetzung sorgte in der Konsequenz für dauerhafte Dissonanzen zwischen Ministerpräsident Braun und Reichspräsident Hindenburg.

Innerstaatlich überstand Braun im Sommer 1931 den Volksentscheid zur sofortigen Auflösung des Landtags. Ursprünglich war der Stoß von den rechten Parteien ausgegangen, dem sich dann nach dem erfolgreichen Volksbegehren im Volksentscheid am 9. August auch die KPD anschloss. Doch der nunmehrige Zangenangriff von rechts und links ging ins Leere mit einer hinter den Erwartungen der Attackierenden zurückbleibenden Zustimmung von etwas mehr als einem Drittel der Wahlberechtigten. Das waren immerhin fast 9,8 Millionen – eine beängstigende Zahl.

So blieb es dann dem Reich überlassen, der im rechten Lager verhassten preußischen Regierung den Garaus zu machen: Der mit den unterschiedlichen Regierungen in Reich und Preußen ab 1930 sich verstärkende Gegensatz der beiden Machtzentralen, hier bürgerlich-präsidial, dort sozialdemokratisch-republikanisch, konnte nicht auf demokratischem Wege einvernehmlich gelöst werden. Die Reichsregierung unter Papen schuf mit einem diktatorischen Handstreich über Artikel 48 am 20. Juli 1932 unverrückbare Fakten, als sie Brauns Regierung absetzte und den Reichskanzler sogleich zum preußischen Ministerpräsidenten machte, im Grunde die alte Personalunion der Kaiserzeit wiederbelebte. Seit den Landtagswahlen vom April des Jahres, als die SPD für ihre in der eigenen Anhängerschaft umstrittene Tolerierungspolitik der Präsidialregierung Brüning die Zeche zahlte und auf 21,2 Prozent (1928: 29 Prozent) abrutschte, befand sich Brauns Kabinett nur noch geschäftsführend im Amt, auch dank eines kurz vor den Wahlen noch gelandeten Coups, die Geschäftsordnung in der Weise zu ändern, dass für die Wahl des Ministerpräsidenten jetzt nicht mehr nur eine einfache, sondern eine absolute Mehrheit erforderlich war. Damit war einer Machteroberung der NSDAP (36,3 Prozent) ein Riegel vorgeschoben. Aber das bedeutete keine dauerhafte Machtsicherung der SPD, denn die Rechnung hatte man ohne den neuen Kanzler Papen gemacht. Der »Preußenschlag« war das weithin sichtbare antidemokratische Exempel des vollständig im antirepublikanischen Fahrwasser segelnden Reiches. Als einer der Symbolfiguren der Republik musste Braun 1933 emigrieren und kehrte, weitgehend in Vergessenheit geraten, nach dem Zweiten Weltkrieg nicht mehr dauerhaft aus der Schweiz zurück.

Das zweitgrößte Land Bayern entwickelte sich nach den Wirren um die Münchner Räterepubliken 1919 und dem Ende der sozialdemokratischen Regierung von Johannes Hoffmann, der infolge des Kapp-Lüttwitz-Putsches zurücktrat, unter Gustav Ritter von Kahr, von März 1920 bis September 1921 Ministerpräsident und ab September 1923 für ein halbes Jahr mit Ausnahmevollmachten ausgestatteter Generalstaatskommissar, zu einer selbsternannten nationalkonservativen Ordnungszelle. Hier bot sich rechtsextremen Organisationen eine Heimstatt. Das preußische Berlin empfand der Bayer von jeher als Gegenpol, als auf das ganze Reich ausstrahlender Hort des Unglücks und der Fehlentwicklung. Zwischen dem Reich und dem auf mehr Eigenständigkeit bedachten Bayern, in dessen von den Franzosen besetzter linksrheinischer Pfalz separatistische Abenteurer ihr Unwesen trieben, ergaben sich immer wieder Verfassungs- und Kompetenzkonflikte, in denen die bayerische Regierung provokativ agierte und den Stachel löckte, wie um die nach den Morden an Matthias Erzberger und Walther Rathenau erlassenen Republikschutzverordnungen bzw. das Republikschutzgesetz von 1922. Bayern hielt sich beim aktiven Republikschutz doch sehr zurück, während etwa das sozialdemokratisch regierte Preußen die Instrumente weidlich gegen republikfeindliche Bestrebungen nutzte.

Ebenso sorgte das Recht auf Ernennung und Abberufung des im Reichswehrgesetz von 1921 verankerten Landeskommandanten für Verstimmungen zwischen Berlin und München, das auf seine Mitwirkungsrechte pochte. Die Kontroverse wurde durch die »Homburger Vereinbarung« im Februar 1924 beigelegt, in der das Reich den Bayern entgegenkam. In der Herbstkrise 1923 entwickelte sich ein Konflikt um die Ausübung des Ausnahmezustandes, den zunächst das Land, dann in Reaktion darauf auch das Reich verhängte.

In diesem besonderen Klima im Süden des Reiches konnten sich republikfeindliche Kräfte sammeln und die von Adolf Hitler angeführten Nationalsozialisten im November 1923 den Marsch auf Berlin ausrufen. Nach dem Scheitern des dilettantischen Putsches normalisierte sich die Lage weitgehend unter dem von der Bayerischen Volkspartei ab 1924 gestellten Ministerpräsidenten Heinrich Held, der eine der längsten Amtszeiten unter den Länderchefs vorweisen sollte. Nach dem Austritt des Bauernbundes aus dem Kabinett 1930 blieb Held, der sich vor Konflikten mit dem Präsidialkabinett

Papen nicht scheute, ohne Parlamentsmehrheit bis 1933 noch weiter geschäftsführend im Amt.

Im Nachbarland Württemberg (19.500 qkm; 2,6 Millionen Einwohner) kostete der von der SPD vollführte Schaukelkurs, die wie die Gesamtpartei in Berlin zwischen Opposition und Regierungsverantwortung schwankte, schon früh die Regierungsbeteiligung. In der Revolution hatte sich unter der sozialdemokratischen Galionsfigur Wilhelm Blos eine Übergangsregierung der Parteien der Weimarer Koalition zunächst mit der USPD gebildet, die dann nach den ersten Wahlen ausschied. Analog zum Reich verstand die SPD den erdrutschartigen Verlust bei den Landtagswahlen im Juni 1920 von 34 Prozent im Jahre 1919 auf 16 Prozent als Wegweiser, sich in der Opposition zu regenerieren, obwohl die bisherigen Partner der Weimarer Koalition ein Angebot zur Fortsetzung des immer noch über eine Mehrheit verfügenden Regierungsbündnisses unterbreiteten. Phasenweise wieder an den Kabinettstisch geholt, den die SPD dann 1923 für die restliche Dauer der Republik verließ, stützte sie über die Tolerierung zunächst die Stuttgarter Regierungen. Die Konfrontation aber verschärfte sich nach den Wahlen von 1928. Der neue Staatspräsident Eugen Bolz (Zentrum), Nachfolger von Wilhelm Bazille, der als Mann der Bürgerpartei, der württembergischen DNVP-Variante, eine blau-schwarze Koalition konservativer Prägung geführt hatte, ging lieber mit der Bürgerpartei eine Minderheitsregierung ein, die sich stets um Mehrheiten mühen musste. Und dies, obwohl die Parteien der Weimarer Koalition, unter denen die SPD als stärkste Fraktion die Führung beanspruchte, eine Majorität besaßen. 1930 gelang Bolz der Coup, DVP und DDP mit ins Boot zu holen und seine Regierung mit einer Parlamentsmehrheit im Rücken zu festigen. Nach den April-Wahlen 1932 blieb die Regierung geschäftsführend im Amt, weil eine parlamentarische Regierungsbildung nicht mehr möglich war.

Als ein konstanter demokratischer Pfeiler erwies sich die Republik Baden (15.000 qkm; 2,3 Millionen Einwohner), das wegen der Grenzlage zu Frankreich und der teilweisen Besetzung durch die Siegermacht westlich des Rheins dauerhaft in Bedrängnis war. Hier wirkte die badische Großblockpolitik der Kaiserzeit nach, als die betont reformorientierte SPD zeitweise zum Partner der liberalen Parteien avancierte. Wie schon die revolutionäre Übergangsregierung wurde auch das erste Kabinett von den Parteien der Weimarer Koalition getragen, geleitet vom sozialdemokratischen Hünen Anton Geiß. Als reichsweite Besonderheit wählte der Landtag nicht nur die Minister, sondern auch im jährlichen Turnus aus der Ministerriege den Staatspräsidenten als Chef der Regierung. Obwohl nach den Landtagswahlen 1921, als die SPD von 32 Prozent (1919) auf 22 Prozent abgerutscht war, erneut wie schon 1919 die Möglichkeit der Bildung einer bürgerlichen Regierung gegeben war, kooperierten im Karlsruher Ständehaus das katholische Zentrum, das konstant bei allen Wahlen ein sattes Drittel der Stimmen für sich verbuchen konnte (stets 35 Prozent plus »x«), und die Sozialdemokratie, die sich bei knapp über 20 Prozent einpendelte, zunächst bis 1928 überwiegend als Weimarer Koalition mit der zeitweise von einem Führungsstreit gelähmten DDP, dann ab 1931 mit der DVP. Die Koalition hatte noch bis zum Austritt der SPD im November 1932 Bestand.

Im nördlichen Nachbarland Hessen, mit 1,3 Millionen Einwohnern im unteren Mittelfeld der Länderskala, dessen linksrheinische Provinz Rheinhessen mit Mainz und Worms die Franzosen okkupierten, regierte die SPD durchgängig während der gesamten Republik. Unter den von ihr gestellten einzigen beiden Staatspräsidenten Carl Ulrich, der bereits in der Revolutionszeit eine Koalition mit den Bürgerlichen eingegangen war, und Bernhard Adelung ab 1928 stabilisierte sich der Volksstaat, auch wenn nach den Landtagswahlen Ende 1924 das Zentrum – allerdings vergeblich – mit einer Regierung der Mitte mit DDP, DVP und Bauernbund liebäugelte. Das angedachte neue Bündnis der Mittelparteien scheiterte bei der Wahl des Staatspräsidenten, als der Zentrumskandidat, der bisherige Justiz- und Innenminister Otto von Brentano (Vater des späteren bundesdeutschen Außenministers Heinrich von Brentano) die absolute Mehrheit verfehlte und dann zähneknirschend wieder unter dem Amtsinhaber Ulrich ins Kabinett eintrat. Im Darmstädter Parlament präsidierte nach den Novemberwahlen 1931 erstmalig ein Nationalsozialist, der dies einer Absprache zwischen NSDAP und Zentrum verdankte, mit der augenscheinlich ein neues Regierungsbündnis eingeläutet werden sollte. Das wurde hinfällig, als wenige Tage nach der Wahl die sogenannten Boxheimer Dokumente bekannt und von der SPD reichsweit ausgeschlachtet wurden: Dieses von NS-Funktionären – unter ihnen der spätere führende Kopf der Gestapo und des Reichssicherheitshauptamtes Werner Best – auf dem Boxheimer Hof bei Lampertheim (an der südhessischen Bergstraße) entwickelte unausgegorene Notstandspapier legte in schonungsloser Weise die diktatorischen Ansprüche der NSDAP offen und ließ letzten Endes das Zentrum vor einer Kooperation mit den Nationalsozialisten zurückschrecken.

Der Dammbruch erfolgte in dem mit 350.000 Einwohnern zu den kleineren Ländern zählenden mitteldeutschen Anhalt: Hier trat mit Alfred Freyberg reichsweit der erste nationalsozialistische Ministerpräsident im Mai 1932 sein Amt an, das seit der Revolution – bis auf ein viermonatiges bürgerliches Intermezzo 1924 – durchgängig von Sozialdemokraten, ab 1919 von Heinrich Deist, geführt worden war.

Quell von Konflikten zwischen Reich und Ländern waren die Beziehungen Berlins zu den beiden Ländern Sachsen als bevölkerungsmäßig drittgrößtem Land (knapp fünf Millionen Einwohner) und Thüringen auf Platz sechs

(1,6 Millionen), die in den 14 Jahren der Republik markante Entwicklungen, phasenweise gleichartig durchliefen. So bildeten sich in beiden Ländern im Herbst 1923 jeweils kurzlebige Arbeiterregierungen aus SPD und KPD. Die SPD im mitteldeutschen Raum rangierte traditionell auf dem linken Flügel der Gesamtpartei. Besonders der Aufbau von Selbstschutzorganisationen, den »Proletarischen Hundertschaften«, die in Preußen von der Regierung verboten wurden, führte zu nachhaltigen Dissonanzen mit der Berliner Zentrale, die mit der Reichsexekution gegen Sachsen am 29. Oktober – der Absetzung der Regierung von Ministerpräsident Erich Zeigner (SPD) – bzw. dem Einmarsch der Reichswehr und der Einsetzung eines Militärbefehlshabers in Thüringen (keine offizielle »Reichsexekution«, wie vielfach behauptet!) wenige Tage später zugunsten des Reiches beendet wurden. Die an beiden Regierungen beteiligte KPD war in die von der Kommunistischen Internationale in Moskau ausgehenden Putschvorbereitungen verstrickt.

Das neue Land Thüringen war nach den ersten Landtagswahlen 1920, als die USPD (27,9 Prozent) die SPD (20,3 Prozent) überflügelt hatte, mit einer Minderheitskoalition von SPD und DDP, die auch den Ministerpräsidenten stellte, gestartet, der nach Parlamentsauflösung und Neuwahlen Mitte 1921 eine auf die Tolerierung der KPD angewiesene SPD/USPD-Regierung folgte, die entschlossen Reformen etwa im schulpolitischen Bereich gegen starke bürgerliche Widerstände durchführte und symbolpolitische Maßnahmen wie die Erklärung des 1. Mai und des 9. November zu Feiertagen ergriff. Es sorgte für erhebliche Aufwallungen, dass zugleich Buß- und Reformationstag als staatliche Feiertage abgeschafft wurden. Das linksrepublikanische Reformprojekt stürzte über ein von den bürgerlichen Parteien und den Kommunisten unterstütztes Misstrauensvotum im September 1923, woraufhin die SPD unter August Frölich einen Monat später eine regelrechte Koalition mit der KPD einging. Aufgrund der Berliner Drohgebärden und der Reichsexekution gegen das Nachbarland Sachsen lenkte Frölich ein, und die Kommunisten traten am 12. November aus der Regierung aus.

*

DAS STICHWORT: Reichsexekution

Die Reichsexekution gegen Sachsen im Oktober 1923 erfolgte aufgrund von Artikel 48 der Verfassung, mit dem ein Land, das die ihm nach der Reichsverfassung oder den Reichsgesetzen obliegenden Pflichten nicht erfüllte, vom Reichspräsidenten dazu »mit Hilfe der bewaffneten Macht« angehalten werden konnte. So entschieden Reichspräsident und Reichsregierung. Das führte letztlich zur Amtsenthebung der Landesregierung aus SPD und KPD. Unmittelbar danach setzte ein verfassungsrechtlicher Diskurs über Recht- und Verhältnismäßigkeit des Vorgehens ein. Der Kommentator der in Berlin erscheinenden liberalen »Vossischen Zeitung« wagte den scharfsinnigen Ausblick: »Was heute gegen Sachsen geschieht, kann morgen gegenüber jedem anderen Lande vorgenommen werden. Man stelle sich einmal vor, welche Folgen es haben müsste, wenn morgen eine deutschnationale Regierung im Reich glaubte, die preußische Regierung absetzen zu müssen.« Preußen sollte es im Juli 1932 erleben, als die Reichsregierung von Kanzler Franz von Papen die nur noch geschäftsführende Regierung aus SPD und Zentrum von Ministerpräsident Otto Braun (SPD) mittels Reichsexekution (»Preußenschlag«) absetzen ließ. Bei all der formalen verfassungsrechtlichen Gleichartigkeit von 1923 und 1932: Ein Reichspräsident Ebert hätte nie seine Unterschrift zur Absetzung der Regierung in Preußen gegeben, wie sie Papen von Hindenburg erhielt.

Zwischen 1923 und 1932 lag hinsichtlich der politischen Intentionen von Reichsregierung und Reichspräsident ein gewaltiger Unterschied: 1932 wurde in Preußen eine von republiktreuen Kräften getragene Regierung ausgeschaltet; in Sachsen 1923 war eine Regierung abgesetzt worden, an der eine antidemokratische Partei beteiligt war, die offen der Reichsregierung den Kampf ansagte, die nicht nur von der proletarischen Revolution träumte, sondern auch konkret plante und im Oktober die Zeit dafür als reif erachtete. Wenn die Demokratie wehrhaft sein sollte, so hatte sie genügend Grund, gegen die Kommunisten vorzugehen. 1932 aber missbrauchte eine republikfeindliche Reichsregierung im Verein mit einem willfährigen Reichspräsidenten, dem die Demokratie eben keine Herzenssache war, die Verfassungsmöglichkeiten, um die zentrale demokratische Bastion Preußen zu schleifen. Die Ansicht, dass, weil die Argumente, die die jeweilige Reichsregierung zur Begründung der Maßnahme anführte, im Wortlaut weitgehend identisch waren, in beiden Fällen die gleiche Stoßrichtung zugrunde gelegen habe, kann lediglich als Ignoranz hinsichtlich der politischen Zielrichtung der verantwortlichen Zentralregierung bezeichnet werden. 1923 ging es der Regierung um das Überleben der Republik, 1932 um deren Zertrümmerung. 1924 jedenfalls war die Krise überwunden, 1933 die Republik zerstört.

*

Das Ende der episodenhaften sozialistisch-kommunistischen Morgenröte im Herbst 1923 besaß in Sachsen und Thüringen unterschiedliche Folgen. In Thüringen standen sich fortan die Blöcke von links und rechts unversöhnlich gegenüber. Hier stach dabei als die reichsweit bedeutendste und auch wirkungsmächtigste bäuerliche Interessenvertretung der Thüringische Landbund hervor. Der von ihm und anderen bürgerlichen Parteien gebildete Thüringer

Ordnungsbund nahm sogar die Unterstützung der offen antisemitisch agierenden Völkischen für die Regierungsübernahme 1924 in Anspruch. Nicht von ungefähr vollführten in dem instabilen, von Minderheitsregierungen geprägten Thüringen die bürgerlichen Parteien nach den Wahlen im Dezember 1929 den Sündenfall, als sie die NSDAP mit an den Kabinettstisch holten und den späteren Reichsinnenminister Wilhelm Frick zum Innen- und Volksbildungsminister in der von einem Landbund-Mann geführten Koalitionsregierung machten. Weimar besaß für die NSDAP nicht nur als Ort der Gründung der verhassten Republik einen negativen, sondern auch einen positiv besetzten Symbolwert, denn dort fand nach dem Verbot infolge des Hitler-Putsches der erste »Reichsparteitag« im Juli 1926 als Abschluss der Wiedergründung statt.

NSDAP-Kundgebung in Weimar 1932, wo 13 Jahre zuvor die Nationalversammlung den Grundstein für die Republik gelegt hat. Die Hitler-Bewegung kann in Thüringen relativ früh Fuß fassen.

Hitler selbst, dessen 33 Besuche der Landeshauptstadt Weimar vor 1933 das Interesse seiner Partei an Thüringen dokumentierten, hatte am 10. Januar 1930 die bürgerlichen Partner von der Bündnisfähigkeit der NSDAP überzeugen können. Thüringen erlangte so zweifelhafte Berühmtheit, als dort 14 Tage später erstmals mit Wilhelm Frick ein Nationalsozialist auf den Ministersessel eines deutschen Landes gehievt wurde, den er nach einem Misstrauensvotum bereits am 1. April 1931 wieder verlassen musste. Nach den Landtagswahlen vom Juli 1932 stellte die NSDAP als Gewinner (42,5 Prozent) mit ihrem Gauleiter Fritz Sauckel den vierten Ministerpräsidenten an der Spitze eines deutschen Landes.

Anders verlief nach 1923 die Geschichte im Freistaat Sachsen, der nach dem Umbruch 1918/19 gemeinschaftlich von SPD und USPD, dann von SPD und DDP und schließlich in der Kombination der drei Parteien regiert worden war. Hier spaltete sich die SPD infolge der Reichsexekution, nachdem der neue Ministerpräsident Max Heldt, Nachfolger des Interimspräsidenten Alfred Fellisch, im Januar 1924 eine Koalition mit den bürgerlichen Parteien eingegangen war, was aber von weiten Teilen in der Partei und der Fraktion überhaupt nicht goutiert wurde, die auf Koalitionsgespräche mit den Kommunisten drängten. Der sich verschärfende Sachsen-Streit strahlte auch auf die Gesamtpartei und kulminierte in der Spaltung der Landtagsfraktion im April 1926, die am 6. Juni in die Bildung einer neuen Partei mündete. Zu dieser rechtsorientierten »Alten Sozialdemokratischen Partei Sachsens« stießen auch nationalrevolutionäre Kräfte, ehe die Mehrzahl der Genossen Mitte 1932 zurück in den Schoß der Mutterpartei kehrte. Zu diesem Zeitpunkt befand sich das Amt des Ministerpräsidenten bereits seit drei Jahren in den Händen der DVP. Der letzte Minister der Sozialdemokratie hatte im Januar 1930 das Handtuch geworfen.

Weniger spektakulär als im mitteldeutschen Raum, aber gleichsam 1918/19 doch revolutionär verlief die Geschichte der norddeutschen Länder. In Braunschweig mit einer halben Million Einwohnern trug zunächst die USPD allein die Revolutionsregierung bis in den Februar 1919. Sie führte dann ein Jahr lang eine Koalition mit SPD und DDP. Es folgte – einmalig in der Weimarer Republik – für fast zwei Jahre bis zum Mai 1922 eine rein sozialistische Landesregierung aus USPD und SPD, wobei die Unabhängigen zwei der drei Ministerpräsidenten in dieser Zeit stellten. Als Minister für Volksbildung von 1920 bis 1922 amtierte der USPD-Mann Otto Grotewohl (später SPD), der erste Ministerpräsident der DDR von 1949 bis 1964. Es folgte ab Mitte 1922 ein Wechsel zwischen SPD-geführten und bürgerlichen Kabinetten, ehe nach der SPD-Alleinregierung von 1927 bis 1930 eine Rechtsregierung aus einer bürgerlichen Einheitsliste, zu der sich u. a. DNVP, DVP und Zentrum zusammengefunden hatten, und der ein Fünftel der Wählerschaft repräsentierenden NSDAP das Ruder übernahm. Die neue Regierung, in der ein Mann der NSDAP das Innen- und Kulturressort okkupierte, verschaffte Anfang 1932 dem Österreicher Adolf Hitler die lang ersehnte deutsche Staatsbürgerschaft, was ihm die Kandidatur für das Reichspräsidentenamt ermöglichte.

Im weiter nordwestlich gelegenen Oldenburg, mit einer um rund 40.000 größeren Einwohnzahl als Braunschweig, folgten auf die vom DDP-Mann Theodor Tantzen geführte Weimarer Koalition 1923 von »Parteilosen« gelenkte dreiköpfige Kabinette, ehe dann im Juni 1932 ein NSDAP-Mann zum Ministerpräsidenten gewählt wurde.

Nur einen Monat später stellte der frisch-gewählte Landtag von Mecklenburg-Schwerin (640.000 Einwohner), wo sich bis dahin SPD und Bürgerliche im Chefsessel der Regierung abgewechselt hatten, einen Nationalsozialisten an die Spitze, der sich auf eine absolute Mandatsmehrheit seiner Partei stützen konnte, die knapp 49 Prozent erzielt hatte – in Prozenten der höchste Wahlsieg der NSDAP vor ihrer Machtübernahme im Reich 1933. Ein solches Wechselspiel zwischen SPD und bürgerlichen Parteivertretern wies auch das wesentlich kleinere Mecklenburg-Strelitz (100.000 Einwohner) auf.

Die Regierung in Hamburg als der mit 1,1 Millionen Einwohnern größten der drei als selbstständige Glieder im Reich sich konstituierenden Hansestädte (daneben Bremen und Lübeck) war über die Weimarer Zeit hinweg stabil, da die bis zu den Wahlen 1932 stärkste Fraktion der SPD, die als Partei einen pragmatischen Kurs steuerte, mit den liberalen Parteien kooperierte. Dass die KPD ausgerechnet hier 1923 zu den Waffen griff, um die Republik zu stürzen, war zuvorderst auf interne Kommunikationsfehler, weniger auf spezifische hamburgische Verhältnisse zurückzuführen. In Bremen (340.000 Einwohner) war nach der Niederschlagung der Räterepublik 1919 die SPD zunächst noch an der Regierung beteiligt, dann aber von 1920 an für acht Jahre nicht mehr, ehe sie in der Endphase gemeinsam mit der DDP, durchgängig Regierungspartei an der Weser, die Regierung trug.

Als einziges Staatsoberhaupt eines Landes überstand der seit 1917 amtierende Bürgermeister von Lübeck (128.000 Einwohner), Ferdinand Fehling, den Systemwechsel, dem 1921 ein parteiloser Konservativer und 1926 ein Sozialdemokrat folgten. Kontinuierlich von den Sozialdemokraten regiert wurde der Freistaat Lippe (Detmold) mit seinen rund 1.200 qkm und 175.000 Einwohnern. In dem um zwei Drittel kleineren Schaumburg-Lippe dominierte die SPD (1931 noch 44,5 Prozent) den 15-köpfigen Landtag und stellte bis 1933 den Ministerpräsidenten.

In manchen Ländern zeichnete sich das Ende des Parlamentarismus früher als im Reich ab. Ohne demokratische Mehrheiten, unfähig zur konstruktiven Kabinettsbildung kam es zu Lähmungserscheinungen im politischen Handeln bis hin zur Erstarrung. Die Parlamente waren unfähig, Gesetze zu verabschieden. In einigen Landtagen avancierte die NSDAP weit vor dem Reich zum Bündnispartner der zum Teil kopflos, zum Teil zielgerichtet agierenden Mittelparteien. Vor allem die Länder mittlerer Größe wurden somit zum Exerzierfeld der Republikgegner. So blieb es nach dem »Preußenschlag« bei einem papiernen Protest etwa der Ministerpräsidenten von Hessen-Darmstadt und Württemberg, die bei Hindenburg Bedenken gegen das Vorgehen und Befürchtungen vor weiteren Eingriffen des Reiches in die Länderkompetenzen, eine Gefährdung der in der Reichsverfassung garantierten »Lebensrechte der Länder«, artikulierten. Die von Preußen erhobene, von den Ländern Bayern und Baden unterstützte Klage vor dem Staatsgerichtshof endete mit einem Kompromiss. Aber nur vordergründig, denn das Gericht sanktionierte das Vorgehen des Reiches. Die Länder hatten als demokratische Pole ihre Kraft verloren; ein Jahr später waren sie gleichgeschaltet.

*

IM FOKUS: Die Gemeinde als Urzelle des Staates

Von der Ebene unterhalb der Länder, den Kommunen und den sich dort bietenden Verhältnissen, die das Leben des Bürgers prägen, hängt die Akzeptanz von gesellschaftlichen Systemen in einem nicht unbeträchtlichen Maße ab. Die Gemeinde als primärer lebensgeschichtlicher Erfahrungsraum unterlag in den ersten Jahren der Republik, auf die sich die folgende Skizze konzentriert, in einem besonderen Maße den Folgen des Krieges. Die Not des Volkes diktierte in allen Gemeinden die Arbeit, wo die Revolution zunächst nahezu geräuschlos ablief, weil Verwaltungen und gewählte Körperschaften dem nichts entgegensetzten. Man war schlicht erleichtert über das Ende des Krieges, der auch in den Städten und Gemeinden Elend und Entbehrungen gebracht hatte. Der Rücktritt des Kaisers wurde von den kommunalen Entscheidungsträgern zumeist regungslos, von einigen gar mit Zustimmung registriert. Sie stellten sich den neuen revolutionären Kräften zur Verfügung, wiesen ihnen durchgängig – wie Kölns Oberbürgermeister Konrad Adenauer – Räumlichkeiten im Rathaus zu und versahen ihren Dienst wie bisher weiter. Unter dem Ziel einer Überwindung der Engpässe und einer Normalisierung des Lebens arbeiteten Verwaltung und Räte mehrheitlich eng zusammen. Eingriffe in Personal, Organisation und Strukturen erfolgten nur sehr begrenzt, was auch Ausdruck einer doch geringen Bedeutung der revolutionären Rätebewegung vor Ort war. Nur wenige Oberbürgermeister und Bürgermeister wurden aus den Rathaussesseln vertrieben. Dazu zählten die Stadtoberhäupter von Hannover, Heinrich Tramm, und Königsberg, Siegfried Körte, die sich im Krieg mit Durchhalteparolen vollkommen diskreditiert hatten. Trotz des revolutionären Umbruchs und einer stärkeren Politisierung im kommunalen Raum hielt sich das Revirement in Grenzen.

Erst nach den Kommunalwahlen mit der Abschaffung sämtlicher Wahlrechtsbeschränkungen erfolgten einige Neubesetzungen auch aufgrund der nun veränderten Zusammensetzung der Körperschaften. Die kommunalen Honoratiorenparlamente hatten bereits nach der Jahrhundertwende mit dem Einzug der Sozialdemokraten, sofern ihnen dies angesichts der Klassenwahlge-

setze gelungen war, eine Politisierung erfahren. Das wurde verstärkt durch den Fall der steuer- oder standespolitischen Benachteiligungen der bis 1918 gültigen Kommunalwahlrechte. Aus dem einstigen Regiment der Honoratioren wurde nun endgültig ein Regiment der Parteien, auch wenn die neuen Konstellationen sich nicht adäquat in den leitenden Ämtern von Kommunen und Kreisen abbildeten. Eine Vielzahl noch in der Kaiserzeit gekürter Oberhäupter blieb im Amt, einige über die gesamte Weimarer Zeit hinweg: In der hessischen Landeshauptstadt Darmstadt überdauerte der seit 1909 amtierende nationalliberale Wilhelm Glässing die Zeitenwende bis zu seinem Tod 1929. Auf 27 Jahre brachte es der 1933 ausscheidende deutschnationale Richard Robert Rive in Halle. Der 1914 in Gießen gewählte Karl Keller verließ erst 1934 den Posten; er gehörte wie Adenauer in Köln (1917–1933), Karl Jarres in Duisburg (1914–1933) und Karl Lautenschlager in Stuttgart (1911–1933) zu den im Kaiserreich berufenen Stadtoberen, die über die gesamte Republik blieben, ungeachtet unterschiedlicher Wahlverfahren (direkt oder durch das Kommunalparlament) und unterschiedlicher Dauer der Wahlperioden. Die Kommunalverfassungen der Länder blieben unterschiedlich; einige wie in Bayern wurden erneuert, andere wie in Preußen jedoch nicht.

Wo die Sozialdemokraten auf kommunaler Ebene ihre Macht zur Okkupierung zentraler Positionen nutzten, formierte sich bald ein Gegenblock. Der Ende 1919 von der SPD gegen wütende Proteste sämtlicher bürgerlicher Parteien in der Nachfolge des zum Reichsinnenminister beförderten Erich Koch-Weser (DDP) zum Oberbürgermeister seiner Heimatstadt Kassel auf zwölf Jahre gewählte Philipp Scheidemann gab sein Amt 1925 zermürbt vorzeitig auf, nachdem sich 1924 die örtlichen Machtverhältnisse zugunsten der Bürgerlichen verschoben und diese ihn weiter unbotmäßig attackierten, weil er als Politiker ohne die Ochsentour durch die Verwaltung in das Amt gelangt war. Seinem Parteigenossen Robert Leinert, Oberbürgermeister von Hannover seit Ende 1918, wurde ebenfalls fehlende Verwaltungserfahrung vorgeworfen. Im Herbst 1924 schickte ihn die bürgerliche Mehrheit des Stadtparlaments zwangsweise in den Ruhestand. Insgesamt stellte die SPD nur in wenigen Großstädten das Stadtoberhaupt wie etwa in Magdeburg mit dem überaus erfolgreichen Hermann Beims, dem nach seinem Tod 1931 Ernst Reuter folgen sollte. Ihr Parteifreund Max Brauer schwang von 1924 bis 1933 das Zepter als Oberbürgermeister des seinerzeit noch selbstständigen Altona.

Zahlreiche Oberbürgermeister zählten zur Elite des Beamtentums, einige machten auch im Reich Karriere, unter ihnen Koch-Weser und der parteilose Hans Luther, der von Essen aus ins Reichsministerium und schließlich in die Reichskanzlei gelangte. Aus dem Rathaus Nürnbergs kam Reichswehrminister Otto Geßler (DDP). Der Kölner Adenauer allerdings schaffte es trotz Ambitionen nicht in die Reichsregierung. Der Weg in entgegengesetzter Richtung, vom Reich in die Provinz, erschien dagegen als ein Karriereknick. Das gilt besonders für Scheidemann, den ersten republikanischen Regierungschef.

Kommunalpolitik litt am Beginn der Republik in besonderem Maße unter denkbar ungünstigen Rahmenbedingungen. Dabei waren die Verantwortlichen getragen von der Erwartung, dass der obrigkeitsstaatliche Einfluss, der sich im Krieg krakenhaft auf alle Bereiche ausgedehnt hatte, zurückgeschraubt werde: »Die Gemeinde wird wieder zur Urzelle des Staates«, hoffte Koch-Weser im März 1919.

Doch mit dem Ende des Krieges folgte eine Zentralisierung der staatlichen Aufgaben, was nicht gleichzeitig auch eine Verlagerung in der Ausführung auf das Reich meinte, sondern sie konnten dezentral auf die untere Ebene abgewälzt werden. Dabei fühlten sich Städte und Gemeinden, in denen sich der Stil der Regentschaft kaum änderte und eingeübte Traditionen und Verhaltensweisen weiterlebten, im demokratischen System schlechter gestellt als in vordemokratischer Zeit. Denn sie gerieten in eine noch stärkere Abhängigkeit des Reiches, zu der die grundstürzende Finanzreform Erzbergers ganz wesentlich beitrug, mit der die Kommunen 1920 beträchtliche Einnahmequellen verloren, darunter mit dem Zuschlagsrecht auf die Einkommenssteuer die wichtigste. Das Recht auf die Erhebung von Einkommens- und Körperschaftssteuern lag jetzt ausschließlich beim Reich. Von diesen Reichssteuern erhielten die Kommunen nach einem bestimmten Schlüssel Rücküberweisungen. Die neue Finanzverfassung insgesamt degradierte die Gemeinden zu »Taschengeldempfängern«, wie Koch-Weser 1922 schrieb.

Zugleich verlagerten sich immer mehr Aufgaben nach unten, die den finanzpolitischen Spielraum der Kommunen einschränkten, die zudem auf dem Feld der in den Kriegszeiten zwangsläufig vernachlässigten Infrastruktur einiges aufzuholen hatten. Als Träger der Vollzugsaufgaben schien die aufgebürdete Last mit den Kernfeldern Wohnungsbau, allgemeine Wohlfahrt und Erwerbslosenfürsorge die Gemeinden schier zu erdrücken. Für den Bereich »Wohlfahrtspflege und Soziales« stiegen die Kosten zwischen 1913 und 1925 von 12 auf 32 Prozent der gesamten Kommunalhaushalte. Ein wachsender Anspruch ging einher mit eingeengten finanziellen Rahmenbedingungen.

Der Rathauschef versuchte über Steuern, die er nach der Finanzreform noch erheben konnte, die unbedingt erforderlichen Einnahmen zu erzielen, was zwangsläufig nicht überall in der Bevölkerung auf Zustimmung stieß. Viele der örtlichen Abgaben wurden schlicht als schikanös angesehen. Neben der Gewerbesteuer wurde oftmals die Grund- und Gebäudesteuer angehoben, die aber von den Hausbesitzern über eine Erhöhung der Mieten an die Mieter weitergegeben wurde.

Das System der Rücküberweisung der Reichssteuern an die Gemeinden erwies sich gerade bei ansteigender Inflation 1922/23 als äußerst prekär für die Empfänger. Jeder Tag des Wartens bedeutete einen extremen Wertverlust. In Zeiten der Hyperinflation bewegte man sich am Rande des Bankrotts. Die Gemeinden drohten ungebremst in die Zahlungs- und Handlungsunfähigkeit abzustürzen; sie lebten auf dem Höhepunkt der Finanz- und Wirtschaftskrise im Sommer/Herbst 1923 von der Hand in den Mund, vom Verkauf von Grundstücken oder sonstigem Besitz sowie von Darlehen zu Wucherzinsen. Die galoppierende Inflation sorgte für eine Entsolidarisierung, nicht nur im generell angespannten Verhältnis zwischen Stadt und Land. Im Kampf an jedem Tag um jeden Tag war sich jede Stadt beim Ringen um die zweckgebundenen Zuschüsse des Reiches selbst die Nächste. Eine »Rette-sich-wer-kann«-Mentalität (JÜRGEN REULECKE) machte sich breit.

Es war für die Kommunen geradezu ein Segen, als das Reich im Herbst 1923 die währungs- und finanzpolitische Reißleine zog. Mit der Einführung der Rentenmark hatten die Städte, von denen einige relativ unbeschadet – und sogar entschuldet – aus der Inflation herauskamen, hinsichtlich der Finanzplanung wieder einigermaßen festen Boden unter den Füßen. Dennoch hing man weiter an der »Reichsstrippe«, wie Scheidemann 1924 meinte. Auch wenn mit dem währungspolitischen Neubeginn schwaches Licht am Ende des Finanztunnels flackerte und die Kommunen nach der Währungsstabilisierung 1924 wieder sicherer wirtschaften konnten, so waren die grundlegenden Probleme nicht beseitigt.

Zu den hoch belastenden Wirkungen der Nachkriegsperiode gehörte nach wie vor die Arbeitslosigkeit. In Zeiten der Inflation, als Geld ungeniert nach Bedarf gedruckt wurde, konnten Erwerbslose über Notstandsarbeiten vorübergehend in Arbeit und Brot gebracht und mit dem rasch an Kaufkraft verlierenden Geld entlohnt werden. Aber diese künstlich erzeugte Beschäftigung war nur eine Seifenblase und leistete lediglich einen begrenzten Beitrag zur Belebung des Arbeitsmarktes. Pläne der Reichsregierung im Sommer 1919, die Geldzuwendungen an Arbeitslose zu kürzen, um im Gegenzug die Sachleistungen zu erhöhen oder aber Zwangsmaßnahmen einzuführen wie eine Arbeitsdienstpflicht oder die Verpflichtung, an Massenspeisungen teilzunehmen, stießen bei den Kommunalverbänden auf keine Gegenliebe.

So blieben den Gemeinden nur wenige Mittel, der wachsenden Arbeitslosigkeit dauerhaft entgegenzuwirken. Die unzureichenden Sätze der Erwerbslosenunterstützung führten dazu, dass die Arbeitslosen wie auch die vom Reich mangelhaft alimentierten Kriegsbeschädigten Beihilfen bei den Kommunen beantragten. Wer keine Erwerbslosenfürsorge mehr erhielt, reihte sich als Wohlfahrtsempfänger in die Schlange der Bedürftigen ein. In der Tat deckten die Unterstützungssätze in der fortschreitenden Inflation lediglich einen Bruchteil des Existenzminiums ab: Im November 1922 waren es in Berlin nur etwa drei Prozent, so ist errechnet worden. Die Leistungen stellten demnach ein »sozialpolitisches Feigenblatt der Regierung« dar (PETER LEWEK).

Die Unzufriedenheit der in ihrer Existenz bedrohten Schichten steigerte sich im Krisenjahr 1923 dramatisch, als in der Hochinflation die Verelendung wuchs. Viele fühlten sich an den Kohlrübenwinter 1916/17 erinnert. In nahezu allen Bevölkerungsteilen, so analysierte der Berliner Oberbürgermeister Gustav Böß, bestimmte »ein verzweifelter Kampf gegen das nackte Elend und gegen das Verhungern« den Alltag. So kam es im Sommer und Herbst zu sozialen Unruhen. Scheidemann schilderte in einem Brandbrief an Reichskanzler Stresemann Ende September die finanziellen Nöte seiner Stadt Kassel und skizzierte die Seelenlage der Bevölkerung als äußerst prekär. Die Stimmung der Beamten sei auf dem »Gefrierpunkt« angelangt, während auf der anderen Seite die Erregung innerhalb der Arbeiterschaft bereits extreme »Hitzegrade« erreiche, die sie empfänglich für den Kommunismus machen würde.

Die Lage blieb alarmierend, zumal mit der Neuregelung der Erwerbslosenfürsorge im Oktober 1923 die Kommunen nicht mehr nur ein Sechstel, sondern sogar ein Fünftel der Fürsorgekosten tragen mussten. Mit der Währungsreform hieß es für die Kommunen kräftig einzusparen. Man hatte zuvor ungehindert und unbedenklich Projekte gefördert, weil die in Arbeit und Brot gebrachten Arbeitslosen mit einem zunehmend wertloser werdenden Geld bezahlt wurden. Hier war es den Kommunen zu Gute gekommen, dass die Gelddruckmaschinen auf Hochtouren gelaufen waren. Jetzt musste eine restriktive Geldpolitik betrieben werden. Im Zuge der Geldwertstabilität mit einem rigorosen Sparkurs der öffentlichen Haushalte waren die Arbeitsbeschaffungsprojekte und die Zahl der kommunalen Mitarbeiter zu verringern. Mit der Reichsfürsorgeverordnung vom Februar 1924 wurden den Kommunen auf einen Schlag die Kosten der offenen Armenfürsorge aufgebürdet, die zuvor zu 90 Prozent vom Reich getragen worden waren. Die Zahl der hierüber zu Versorgenden schnellte aber gerade 1924 nach oben, so dass sich die Städte daraufhin um Unterstützung durch das Reich bemühten, um diese Sozialausgaben überhaupt leisten zu können.

Zu den dauerhaft drückenden Folgelasten des Krieges gehörte der Wohnungsbau, der im Krieg faktisch eingestellt worden war. Weit mehr Wohnraum wurde nachgefragt als bereitstand, zudem verlangten elende Altstadtquartiere nach einer Besserung. Hier waren die Kommunen besonders in der Pflicht, die auf der Basis des Wohnungsmangelgesetzes vom Mai 1920 Wohnungen beschlagnahmen konnten. Eine örtliche Wohnungszwangswirtschaft griff nun, was wiederum dazu führte, dass die Mangelverwaltung in der Obhut der Kommunen nun nicht deren Sympathiewerte in der Bevölkerung erhöhte. Zwangsbelegung und finanzielle Anreize zur Freimachung von Wohnraum waren das eine, Neubau *das andere. Der städtische Wohnungsbau war dabei weitaus effektiver als der private: Bis 1923 stellte etwa die Stadt Barmen (heute Wuppertal) 1044 Wohnungen zur Verfügung, während der private Wohnungsbau völlig am Boden lag. In der Mittelphase konnte dank der Hauszinssteuer von 1924 der öffentliche Wohnungsbau besonders gefördert werden; er erreichte hohe Zahlen, bis er dann in der Endphase der Republik vollkommen zum Erliegen kam.*

Zu große kurze Hose, gespannter Blick auf den Teller: Szene von der Ausgabe der Quäker-Speisung an unterernährte Kinder 1920 in Kassel.

Die Kommunen mussten handeln, um die existentiellen Bedrohungen abzuwehren. Besonders drängend erwies sich die angespannte Versorgungs- und Ernährungslage, die sich unmittelbar auf die Gesundheitsverhältnisse auswirkte und der man mit direkten Sofortmaßnahmen begegnete: Suppenküchen und Wärmehallen wurden eingerichtet. Besonders hilfreich in der Bekämpfung der bedrohlichen Unterernährung der Kinder erwiesen sich die kontinuierlichen Lebensmittelspenden der amerikanischen Quäker in den ersten Nachkriegsjahren. Als diese sich zurückzogen, traten die Kommunen an ihre Stelle. Weitere Maßnahmen der öffentlichen Wohlfahrtsfürsorge waren die verbilligte Abgabe von Lebensmitteln und Heizmaterial, die kostenfreie Milch für Kinder aus minderbemittelten Kreisen und die finanzielle Unterstützung des Kaufs von Winterkleidung. Es gab weiterhin spezielle »Rentnerhilfen« oder »Kinderhilfen«. Hier war Fantasie gefragt.

Es erhöhte die Belastungen der Kommunen, dass das unterstützende soziale Engagement der Bürger aus den Mittel- und Oberschichten kontinuierlich mit dem Anwachsen der Krise zurückging. Die private Wohltätigkeit kam zum Erliegen. Der Mittelstand wurde in der Inflation selbst vollkommen mittellos und meldete in Bedrängnis nun seinerseits Ansprüche an die Kommunalpolitik an.

Die Mittelphase der Republik war nur eine begrenzte Erholungszeit der Gemeinden, die den sozialen Problemen mit ganz unterschiedlicher Innovation begegnet waren. Dabei wurde der Nachholbedarf an Investitionen abgearbeitet und das kommunale Unternehmertum (Gas, Wasser, Elektrizität etc.) weiter ausgebaut. Die Kommunen verloren in der zum Ende der zwanziger Jahre einsetzenden Krise mit der Vergrößerung der Soziallasten bei gleichzeitig staatlicher Reglementierung und dramatischen rückläufigen Einnahmen jeglichen Spielraum der Gestaltung. 1932/33 fielen über die Hälfte der Arbeitslosen, die aus der Arbeitslosenversicherung nicht mehr bedachten »Wohlfahrtserwerbslosen«, nun in die Fürsorge der Kommunen, und zwar endgültig und unbefristet. Angesichts knapper Kassen wurden Leistungssätze stetig gekürzt. Das von den Gemeinden geknüpfte soziale Netz wurde immer weitmaschiger, so dass immer mehr durchrutschten. Armut grassierte. Im thüringischen Gotha beispielsweise erhielt 1932 die Hälfte der Einwohner in irgendeiner Form Unterstützung. Im November 1932 standen 2.500 Wohlfahrtsempfänger bis zu vier Stunden an, um ihre karge Beihilfe in Empfang zu nehmen. Angesichts der geringen Leistungen war der Bedürftige auf Zuwendungen von Hilfsorganisationen angewiesen. Blieben 82 notleidende Gothaer im August 1928 gänzlich ohne öffentliche Unterstützung, so waren es zum Jahresende 1932 mehr als zehnmal so viel: 860. Die in Not Geratenen erhielten Naturalien und mussten sich mitunter entwürdigenden Bedürfnisprüfungen unterziehen. So wandten die Kommunen strenge Kontrollmechanismen an, bis hin zum Einsatz von Sozialfahndern.

Vor allem in der Weltwirtschaftskrise machte das Schlagwort von der »Krise der Selbstverwaltung« die Runde. Aus Sicht der Kommunen war dies eine Folge der Zentralisierung und der unverschuldeten prekären Finanzlage. Der Vorwurf der Untergrabung der kommunalen Selbstverwaltung wurde aber auch zum Bestandteil einer gegen die Republik gerichteten Polemik, in der immer die Vision einer autoritären Lösung mitschwang. Durch Notverordnungen 1930/31 wurden die Haushalte der Kommunen noch stärker kontrolliert und begrenzt, wobei das Vorgehen des Reiches auch der weit verbreiteten Kritik an einer vermeintlich unseriösen und unverantwortlichen gemeindlichen Finanzpolitik geschuldet war. Die Vorwürfe einer kommunalen Misswirtschaft, einer unsoliden Ausgaben- und leichtfertigen Verschuldungspolitik, wie sie nun von den zentralstaatlichen Behörden – und darüber hinaus – erhoben wurde, war zweifelsohne überzogen.

Das finanzielle Rückgrat der Kommunen wurde durch eine Vielzahl staatlicher Zwangseingriffe endgültig gebrochen. Die rapide Zunahme der Soziallasten in Zeiten der Massenarmut und Kürzung der Zuschüsse etwa für den Wohnungsbau rissen gleich zweifach Löcher in die Stadtsäckel und begrenzten das Handeln, so dass nun in der Wirtschaftskrise allgemein der »Schwanengesang auf die gemeindliche Selbstverwaltung« zu hören war. Das zwischen 1930 und 1932 gänzliche Abdrängen der Kommunen in eine Objektrolle nahm die »politische Zäsur von 1933« vorweg (DIETMAR PETZINA u. a.). Die Möglichkeit der eigenverantwortlichen Reaktion auf die Krise war ihnen genommen worden. Zuvor waren es gerade die Städte gewesen, die innovative Konzepte im Bereich der Sozialpolitik, des Wohnungsbaus, der Bildung, der Krankenversorgung, der Verkehrs- und der Strukturpolitik realisiert hatten. Hier war ein Epizentrum des Weimar-Experiments gewesen, bis die Krise und das zentralstaatliche Krisenmanagement den Gemeinden die Luft zum Atmen stahlen. Eine »Kumulation von inneren wie äußeren Krisenfaktoren« führte zur »Aushöhlung der kommunalen Selbstverwaltung« (WILFRIED RUDLOFF).

So war faktisch das Ende der gemeindlichen Selbstverwaltung bereits eingeläutet, als die Nationalsozialisten gänzlich zur Zertrümmerung dieses konstitutiven Elements der demokratischen Ordnung ansetzten und die Selbstverwaltungskörperschaften der unteren Ebene gleich- und ausschalteten. Die Hypotheken von Weltkrieg, Wirtschafts- und Finanzkrisen, einhergehend mit wachsender Arbeitslosigkeit, unterminierten in der Republik nicht nur die kommunale Selbstverwaltung, sondern sie waren auch mitverantwortlich dafür, dass der lokale Raum nicht zu einer weiten Akzeptanz der neuen Demokratie in der Bevölkerung beitragen konnte.

Im Januar 1933 bilanzierte Erich Koch-Weser, sturmerprobt als Stadtoberhaupt und als Innen- und später Justizminister, in seiner Schrift »Und dennoch aufwärts« die Republik. Aus der Erfahrung von fast zwei Jahrzehnten leitender Kommunalpolitik in Kaiserreich und Demokratie bemängelte er, dass die Selbstverwaltung nicht ausgebaut worden war. Als Negativum sah er weiter, dass bei der Wahl der Stadtoberhäupter Parteiinteressen, nicht verwaltungstechnische Qualifikation ausschlaggebend gewesen seien und der »parteipolitische Kuhhandel« im lokalen Raum wahre Orgien gefeiert hätte. Die Städte seien durch Zentralisierung, Vielregiererei und Verbürokratisierung – so seine Schlagworte – geradezu gequält worden. Wenn hier auch vieles überzogen war, so besaß seine Mahnung, mit dem er an seinen Aufsatz 14 Jahre zuvor anknüpfte, durchaus Berechtigung, dass man die »Gemeinde als Urzelle allen öffentlichen Lebens«, die fast noch wichtiger als der Staat sei, nicht verkümmern lassen dürfe. Sein Notruf blieb ohne Widerhall. Wenige Wochen später war seine Schrift verboten, die gemeindliche Selbstverwaltung zerstört.

5. Der umkämpfte Sozialstaat

Die Weimarer Republik definierte sich als Sozialstaat. Zu ihren sozialpolitischen Wesenskernen gehörten die klassische Daseinsvorsorge und Daseinsfürsorge, also die Absicherungen gegen die Lebensrisiken wie Krankheit, Invalidität, Alter und Arbeitslosigkeit sowie die Garantie eines menschenwürdigen Existenzminimums. Mit Maßnahmen zur Verminderung der sozialen und gesellschaftlichen Ungleichheit übernahm der Staat auch eine direkte sozialstaatliche Verantwortung. Diese öffentliche Sozialfürsorge zur Vermeidung von Armut war das zweite Element des Weimarer Wohlfahrtsstaates.

Bereits das Kaiserreich hatte sozialstaatliche Grundlagen geschaffen, doch gab es noch einiges u. a. auf dem Feld des Arbeitsrechts und des Arbeiterschutzes zu tun. Auf dem Tableau der unter Bismarck eingeführten Sozialversicherungen fehlte zudem eine kollektive Arbeitslosenversicherung. Der Erste Weltkrieg bewirkte einen sozialstaatlichen Schub, obwohl es gleichzeitig mit der umfassenden Mobilisierung eben auch in der Heimat zu einer drastischen Verschlechterung der sozialen Lage kam und so die Klassengegensätze sich verschärften. Der Krieg stellte letztlich als Schrittmacher der Sozialpolitik die Weichen für die Kooperation von Arbeit und Kapital in den Nachkriegsjahren. Das Vaterländische Hilfsdienstgesetz von 1916 brachte den Gewerkschaften die lang ersehnte Anerkennung als Vertretung der Arbeitnehmerschaft.

Die Parlamentarisierung der Politik und eine konsequente Demokratisierung in der Republik verbesserten grundlegend die Bedingungen für sozialstaatliche Maßnahmen, denn neben der dominierenden und oft an der Reichsregierung beteiligten SPD, die auf Besserung der Lage der Arbeiterschaft und deren soziale Absicherung abzielte, zeigten sich auch bürgerliche Parteien, zuvorderst die einen starken Arbeitnehmerflügel ihr Eigen nennende Zentrumspartei, aufgeschlossen für eine kontinuierliche sozialstaatliche Fortentwicklung. Das sich nun herausbildende Modell des Weimarer Sozialstaates verband Elemente der drei Parteien, deren Koalition bei den ersten Wahlen 1919 mit einer komfortablen Mehrheit ausgestattet worden war: Der Reformismus der SPD, die katholische Soziallehre der Zentrumspartei und der Sozialliberalismus der DDP flossen hier ein.

Der Arbeitsminister kam bis zum Spätherbst 1932 abwechselnd aus den Reihen von SPD und Zentrum, unter denen der engagierte Sozialpolitiker Heinrich Brauns vom Zentrum mit nahezu exakt acht Jahren (1920 bis 1928) die längste Verweilzeit vorweisen konnte. Mit seinem Amtsende korrespondierte in etwa auch das Ende des sozialpolitischen Ausbaus, der im Strudel der ökonomischen Krise zum Erliegen kam. Die Regierung der Großen Koalition unter Hermann Müller (SPD) zerschellte im März 1930 am unaufhebbaren sozialpolitischen Dissens der beiden Flügelparteien SPD und DVP. Den zunächst günstigen politischen Rahmenbedingungen für Sozialpolitik standen miserable ökonomische und finanzpolitische Daten entgegen, die sichtbarsten Ausdruck fanden in der von den Folgelasten des Krieges geprägten Dauerkrise der ersten Jahre und den Zwangslagen im Zuge der tiefgreifenden Weltwirtschaftskrise seit 1929.

Wesentliche Prägungen des Sozialstaates erfolgten außerhalb der Parlamente und Kabinettsrunden im Spiel der Wirtschaftskräfte, der Gewerkschaften und der Arbeitgeberverbände. In der dreigespaltenen Gewerkschaftsbewegung dominierten als schlagkräftigste Organisation die der Sozialdemokratie nahestehenden Freien Gewerkschaften (ADGB) mit etwa acht Millionen Mitgliedern, dem Höchststand 1920, während zum gleichen Zeitpunkt die christlich-nationalen Gewerkschaften 1,1 Millionen und die einem sozialorientierten Liberalismus verpflichteten Hirsch-Dunckerschen Gewerkvereine 225.000 eingeschriebene Gefolgsleute vorwiesen. Hinzu kamen Freie und christlich-nationale Angestelltenverbände, die es auf 690.000 bzw. 463.000 Mitglieder brachten. Auf dem Höchststand des Organisationsgrades 1920 waren dreimal so viele Arbeiter und Angestellte gewerkschaftlich organisiert wie 1913. Bis 1926 kam es nahezu zu einer Halbierung der Mitgliedschaft in den Gewerkschaften, bei den Angestelltenverbänden fiel der Rückgang mit einem Drittel bzw. einem Viertel moderater aus.

Die Gewerkschaften verhielten sich systemimmanent, wollten keine »Dreschflegelpolitik« betreiben, weil ein »Einschmeißen von Fensterscheiben« politisch nichts bewirke, wie der stellvertretende ADGB-Vorsitzende Peter Graßmann 1927 im Reichstag die reformpolitische Orientierung der Gewerkschaften umschrieb. Ihnen gegenüber standen als Zentralorganisationen der Unternehmer die bereits 1913 gebildete »Vereinigung der Deutschen Arbeitgeberverbände« (VDAV), die sich in erster Linie um Fragen der Sozialpolitik, von Tarifangelegenheiten bis Arbeitskämpfen, kümmerte, und der im April 1919 gegründete »Reichsverband der Deutschen Industrie« (RDI), dem bald drei Viertel aller deutschen Unternehmen angehörten und der für die generellen wirtschaftspolitischen Fragen zuständig war. Er suchte seine Interessenpolitik in den bürgerlichen Parteien zu verankern; vor allem in DNVP und DVP fühlte man sich gut vertreten. Einige Unternehmer fanden sich mit den neuen Verhältnissen ab, andere beharrten weiterhin auf dem alten »Herr-im-Hause-Standpunkt«.

Ein Großteil der arbeitsmarktpolitischen Auseinandersetzungen drehte sich naturgemäß um die Lohnfrage. Es dauerte bis 1928/29, bis die Reallöhne pro Woche das Niveau der Vorkriegszeit (1913) erreichten, mitunter diese sogar überstiegen. Nach 1919 war, gemessen an der Zahl der verlorenen Arbeitstage,

1924 das lohnpolitische Kampfjahr (MICHAEL SCHNEIDER), als mit der Überwindung der Hyperinflation und einer neuen Währung neue Tarifabschlüsse vonnöten waren, die dann auch in zunehmenden Maße Vereinbarungen über die generell wachsende Urlaubsdauer enthielten. In den nun deutlich schärfer werdenden Lohnkämpfen mussten sich die durch die Inflation geschwächten Gewerkschaften, die den Verlust ihrer Rücklagen erlitten hatten, mit einem rücksichtloser vorgehenden Unternehmertum messen, das die Hyperinflation und deren Folgen für eine Rückkehr zu den Vorkriegsverhältnissen nutzen wollte und jetzt rigoros zum Mittel der Aussperrung griff: Lag das Verhältnis der durch Streiks verlorenen Arbeitstage zu denen durch Aussperrung der Arbeitgeber verlorenen 1922 noch bei 5,3 zu 1, so errechnete man für 1924 eine Relation von 1 zu 1,7 zugunsten der aufgrund von Aussperrung verlorenen Tage. Besonders in der Endphase gerieten die durch die Wirtschaftskrise zusätzlich geschwächten Gewerkschaften noch weiter in die Defensive.

Zurück an den Anfang: Noch bevor überhaupt parlamentarisch-demokratische Körperschaften installiert waren, setzte der Rat der Volksbeauftragten in seiner Verordnung vom 12. November 1918 wichtige sozialstaatliche Eckpfeiler. Die mit dem Kriege aufgehobenen Arbeitsschutzbestimmungen wurden wiederhergestellt, alte Gesindeordnungen und die Landarbeiter betreffenden Ausnahmegesetze außer Kraft gesetzt. Weitere sozialpolitische Verordnungen etwa zur Bekämpfung der Wohnungsnot und zur Regelung der Erwerbslosenfürsorge wurden angekündigt. Festgeschrieben wurde jedoch die Einführung des Achtstundentages zum 1. Januar 1919; das entsprach bei sechs Arbeitstagen einer Wochenarbeitszeit von 48 Stunden. Das war für die Arbeiterbewegung die zentrale sozialpolitische Neuerung – ganz im Sinne ihrer alten Parole von den »Acht Stunden Arbeit, acht Stunden Erholung, acht Stunden Schlaf«, die seit 1890 auf den Feiern am 1. Mai weltweit breitenwirksam verkündet worden war. Die umgehend nach Kriegsende eingeführte Erwerbslosenunterstützung gewährte den sozial Bedürftigen aus Steuern finanzierte Mittel. Erstmals in der deutschen Geschichte wurde die staatliche Unterstützungspflicht für Arbeitslosigkeit anerkannt. Von nun an trug der Staat und damit die Allgemeinheit Verantwortung für den Erwerbslosen, finanziert zur Hälfte durch das Reich, zu einem Drittel durch die Länder und zu einem Sechstel durch die Kommunen. 22 Änderungen und fünf Neufassungen der Verordnung erfolgten bis zur Verabschiedung der an ihre Stelle tretenden Arbeitslosenversicherung 1927. In der Tat lagen auf dem »Gebiet des Arbeitsrechts und der Sozialpolitik [...] die dauerhaftesten und positivsten Ergebnisse der Revolution« (SUSANNE MILLER/GERHARD A. RITTER).

Die Zahl der Arbeitslosen lag auf dem Höhepunkt der Demobilisierung im Frühjahr 1919 bei etwa 1,5 Millionen, eine moderate Zahl angesichts von sechs Millionen aktiven Soldaten im Oktober des Vorjahres. Die sich bis in die kommunale Ebene erstreckende Organisation der Wiedereingliederung mit dem »Reichsamt für wirtschaftliche Demobilmachung« an der Spitze nutzte weitreichende Vollmachten zur Rückführung des Waffenträgers an den Arbeitsplatz. Die Reintegration der Soldaten gelang in erstaunlich kurzer Zeit. Am 1. Juni 1920 verzeichnete man noch 270.000 Bezieher von Erwerbslosenunterstützung (nach 418.000 am 1. Februar des Jahres). Die Arbeitslosigkeit wurde nach Kriegsende zunächst auch durch die von der öffentlichen Hand initiierten Notstandsarbeiten abgefedert. Diese wurden dann seit Herbst 1919 durch das System der sogenannten »Produktiven Erwerbslosenfürsorge« ersetzt. Wirtschaftliche Projekte, aus Mitteln der Erwerbslosenfürsorge bestritten, wurden angeleiert, um so Arbeitslose zu beschäftigen. Das hatte jedoch nur begrenzte Wirkung. Das langsam abgebaute System der Demobilmachungsorgane wurde dann im März 1924 gänzlich aufgelöst. Alles in allem sollte die Repatriierung und Reintegration in den Arbeitsmarkt weitestgehend glücken. Bis 1922 bestand Vollbeschäftigung, im Herbst/Winter des Jahres stieg jedoch die Arbeitslosigkeit.

Die sozialpolitischen Wegmarken der Revolutionsregierung wurden flankiert durch das »Stinnes-Legien-Abkommen«. Das am 15. November 1918 im Wesentlichen vom Gewerkschaftsführer Carl Legien und dem Industriemagnaten Hugo Stinnes abgeschlossene und landläufig nach ihnen benannte Zentralarbeitsgemeinschaftsabkommen von Arbeitgebern und Arbeitnehmern bescherte den Gewerkschaften Anerkennung, verankerte den Achtstundentag (ohne »Verdienstschmälerungen«) und ordnete die Bildung von Arbeitervertretungen in den Betrieben an. Die von den Gewerkschaften von jeher geforderte Koalitionsfreiheit der Arbeiter und Arbeiterinnen war nun grundsätzlich gesichert. Beide Seiten verpflichteten sich zudem zur Regelung der Arbeitsbeziehungen über Tarifverträge. In einer Verordnung vom 23. Dezember 1918 erklärten die Volksbeauftragten Tarifverträge als rechts- und allgemeinverbindlich. Bis 1922 sollte sich die Zahl der unter einen Tarifvertrag fallenden Arbeiter verdoppeln.

Die Unternehmer sahen sich vor allem aus Furcht vor weitreichenden Umwälzungen zu diesen Zugeständnissen bereit und erblickten in der Übereinkunft auch einen Damm zur Kanalisierung der revolutionären Flut. Das Abkommen war so nicht nur »das stärkste Bollwerk gegen weitergehende revolutionäre Veränderungen« (JÜRGEN KOCKA), sondern es wirkte wie ein Schutzschild vor einem permanenten sozialpolitischen Konflikt, vielleicht sogar einem Bürgerkrieg. In Abwehr rätediktatorischer Ansprüche wurde das Abkommen zum Fundament der sozialstaatlich ausgerichteten parlamentarischen Demokratie. Die damit begründete Partnerschaft von Arbeit und

Kapital war aber nicht von Dauer. Denn als die revolutionäre Flut gänzlich abebbte, brauchten die Arbeitgeber den Damm nicht mehr.

Im Gegensatz zum verflossenen Kaiserreich, in dem die Sozialversicherung ganz wesentlich auf die Erwerbstätigen zugeschnitten war, stellte sich Weimar dem Problem einer ganzheitlichen Sozialstaatspolitik. Das schlug sich im besonderen Maße in der im August 1919 verabschiedeten Reichsverfassung als der normativen Grundlage nieder. Sie zentralisierte die Gesetzgebung und übernahm Verantwortung für »das Arbeitsrecht, die Versicherung und den Schutz der Arbeiter und Angestellten sowie den Arbeitsnachweis«, für das Armenwesen und die Fürsorge für die Kriegsteilnehmer und ihre Hinterbliebenen (Artikel 7) sowie die Wohlfahrtspflege generell (Artikel 9). Die Verfassung verpflichtete den Staat zur Fürsorge und zur sozialen Sicherung der existentiellen Grundbedürfnisse seiner Bürger. Er hatte sich um das Wohl der Bevölkerung zu kümmern, von den kinderreichen Familien bis hin zu den Kriegsteilnehmern, und insbesondere den Schwächeren Schutz und Förderung zu geben. Das Reichsversorgungsgesetz von 1920 regelte die Unterstützung für die rund 1,5 Millionen Kriegsversehrten und die etwa 2,5 Millionen Hinterbliebenen.

Der Katalog des 57 Artikel umfassenden zweiten Hauptteils der Verfassung unter der Überschrift »Grundrechte und Grundpflichten der Deutschen« spiegelte die unterschiedlichen Interessenlagen der Parteien wider und war kaum homogen, mitunter zu weit ausdifferenziert. Sein fünfter Abschnitt über das »Wirtschaftsleben« umzäunte die Freiheit der Wirtschaftsordnung mit der Vorgabe, dass sie »den Grundsätzen der Gerechtigkeit mit dem Ziele der Gewährleistung eines menschenwürdigen Daseins für alle entsprechen« müsse (Artikel 151). Das Eigentum wurde garantiert, zugleich aber seine Sozialverpflichtung postuliert. Die Verfügungsgewalt des Unternehmers wurde durch Mitwirkungsrechte von Arbeitnehmern und Angestellten »in der Regelung der Lohn- und Arbeitsbedingungen sowie an der gesamten wirtschaftlichen Entwicklung der produktiven Kräfte« begrenzt (Artikel 165).

Die Umsetzung der enormen sozialpolitischen Ambitionen musste unweigerlich zu Konflikten führen: Das Betriebsrätegesetz von Anfang 1920, das als »Kerngesetz des Weimarer Sozialstaates« (KLAUS TENFELDE) den Arbeitnehmervertretungen Mitentscheidungsmöglichkeiten im Betrieb zusicherte und die Selbstregulierung der gesellschaftlichen Kräfte anerkannte, ging vielen der politischen Linken nicht weit genug. Bei einer am 13. Januar von USPD und KPD während der Beratungen rund um den Reichstag initiierten Massendemonstration von geschätzten 100.000 Menschen eskalierte die Lage mit dem Einsatz der preußischen Polizei. Am Ende waren 42 Tote und über 100 Verletzte zu beklagen. Der Arbeitgeberseite ging das Gesetz freilich viel zu weit: Der Reichsverband der Deutschen Industrie beklagte sich kurz vor der Verabschiedung an höchster Stelle, beim Reichspräsidenten, dass den Unternehmern die Entschlussfreiheit genommen werde. Generell prangerten sie eine »einseitige Berücksichtigung der Verbraucherinteressen« durch die neue Republik an. Ihr Lamento wurde aber von Ebert kühl zurückgewiesen. Dies sei nun einmal Kennzeichen der neuen Zeit. Doch manche verfassungsrechtliche Norm kam nicht zur Geltung. Der nach Artikel 165 ins Leben gerufene Vorläufige Reichswirtschaftsrat erlangte nicht die in der Verfassung angedachte Funktion eines Organs zur wirtschafts- und arbeitspolitischen Steuerung und Beratung.

Zur Realisierung der zentralen sozialstaatlichen Bestimmungen wie jener in Artikel 155, wonach der Staat darauf bedacht sein müsse, »jedem Deutschen eine gesunde Wohnung und allen deutschen Familien, besonders den kinderreichen, eine ihren Bedürfnissen entsprechende Wohn- und Wirtschaftsheimstätte zu sichern«, fehlten in der permanenten Finanz- und Wirtschaftskrise die staatlichen Ressourcen. Dennoch griff der Staat angesichts der dramatischen Wohnungslage auch in den marktwirtschaftlich organisierten Wohnungsmarkt mit Bewirtschaftungsmaßnahmen, Regulierung der Mieten, Förderung des Neubaus und Hilfen für Baugenossenschaften massiv ein. Jede zweite neue Wohnung wurde direkt von der öffentlichen Hand gebaut oder gefördert. Die Ankurbelung des im Krieg zum vollständigen Stillstand gekommenen Wohnungsbaus sorgte für Entlastung des engen Wohnungsmarktes, was jedoch nicht verhindern konnte, dass viele Menschen an der alleruntersten Skala der Einkünfte weiterhin in menschenunwürdigen Behausungen ihr Leben fristen mussten.

Auch hinsichtlich des Jugendschutzes übernahm der Staat eine aktivere Rolle. Das »Reichsgesetz für Jugendwohlfahrt« vom Juni 1922, das aufgrund der Inflation erst zwei Jahre später in Kraft trat, legte fest, dass, falls eine Familie das dem Kinde zustehende »Recht auf Erziehung zur leiblichen, seelischen und gesellschaftlichen Tüchtigkeit« nicht gewährleisten könne, die »öffentliche Jugendhilfe« greife. Damit nahm sich der Staat des Kindes an; die Ersatzerziehung oblag bestehenden Einrichtungen und Heimen. Jugendämter sollten hier steuernd eingreifen und die Maßnahmen ermöglichen. Obwohl das Reich für die ersten drei Jahre die Kosten für das Gesetz übernehmen wollte, kam es nur zu einer schleppenden Umsetzung, denn der Aufbau von Jugendämtern hinkte den Erfordernissen hinterher. Auch mangelte es an einer qualifizierten und gegenüber modernen Bildungsprinzipien aufgeschlossenen Betreuung. Die Finanzknappheit schlug mit der Weltwirtschaftskrise voll durch. Papens Regierung kappte dann die Jugendfürsorge weiter.

Das Jugendgerichtsgesetz vom Februar 1923 schuf spezielle Jugendgerichte, setzte die Strafmündigkeit auf 14 Jahre herauf und betonte den Vorrang von Erziehungsmaßregeln vor Strafen für die Täter. Die allgemeine Fürsorge für die Jugendlichen reichte weit, mitunter zu weit. Man mochte die Begrenzung des »schädlichen« Einflusses des neuen Massenmediums Kino auf die Heranwachsenden noch für sinnvoll erachten, indem man 1920 eine Vorzensur einführte, eine Vielzahl von Streifen für nicht jugendfrei erklärte und den Kinobesuch erst ab sechs, später dann (1929) ab zehn Jahren erlaubte. Doch schoss der Reichstag mit dem »Gesetz zur Bewahrung der Jugend vor Schund- und Schmutzschriften« 1926 – in Ausführung von Artikel 118 der Verfassung – über das Ziel hinaus, unter anderem den schädlichen Einfluss der Trivialliteratur einzudämmen.

Während in den ersten Nachkriegsjahren Maßnahmen zur Fürsorge für die Opfer von Krieg und Inflation im Zentrum gestanden hatten, kam es in der ruhigeren Mittelphase zum Ausbau der bestehenden Sozialversicherungen und des Arbeitsrechts. Im Dezember 1926 wurde mit dem Arbeitsgerichtsgesetz eine stufig bis hinauf zum Reichsarbeitsgericht aufgebaute Sonderrechtsprechung installiert. Eine signifikante Erweiterung des Empfängerkreises und auch der Leistungen der Sozialversicherungen folgten; das betraf vor allem die Kranken- und Invaliditätsversicherung. Kurzarbeiterfürsorge und erste Arbeitsbeschaffungsprogramme linderten die Not der Arbeitslosen.

Aber im Zuge der Inflation und deren Bewältigung verschärften sich auch die Verteilungskämpfe; Stinnes und die Protagonisten der Schwerindustrie predigten eine »Rückkehr zu den Verhältnissen der Vorkriegszeit oder zeitlich sogar noch weiter zurück« (PETRA WEBER). Das »Stinnes-Legien-Abkommen«, das als Markstein der Sozialpartnerschaft zunächst zum sozialen Frieden beigetragen hatte, wurde 1923/24 dann vor allem durch die Schwerindustrie torpediert und durch die Regierungen unterhöhlt. Der Achtstundentag wurde durchlöchert, wozu auch die bürgerliche Regierung von Reichskanzler Marx im Dezember 1923 mit der Zulassung von Ausnahmen durch die Arbeitszeitverordnung wesentlich beitrug, nachdem sie die Wochenarbeitszeit für Reichsbeamte von 48 auf 54 Stunden erhöht hatte. Als Konsequenz daraus arbeiteten Mitte 1924 mehr als die Hälfte der Arbeiter wieder länger als acht Stunden täglich, im Jahresschnitt 50,4 Stunden pro Woche. Im Zuge der Stabilisierung kehrte sich der Trend vorübergehend um: 1928 galt für mehr als 70 Prozent der Vollbeschäftigten wieder der Achtstundentag. Konfrontation herrschte eben nicht in allen Bereichen. In der Bauwirtschaft und der Chemieindustrie als bedeutenden Sektoren funktionierten auch nach 1923/24 jene 1918 begründeten Kooperationsmodelle.

Im Arbeitszeitnotgesetz vom April 1927 beschränkte die bürgerliche Regierung die Überschreitung des Achtstundentages und verfügte einen 25-prozentigen Lohnaufschlag für dennoch geleistete Überstunden. Das Gesetz, so resümierten die Freien Gewerkschaften, »hat nicht die Mehrarbeit über acht

Stunden hinaus ganz oder zum großen Teil unmöglich gemacht, sondern es hat sie verteuert«.

Der Staat hatte bereits im November 1920 in das Wirtschaftsleben eingegriffen, als der von der Gewerkschaftsführung nicht gebilligte Ausstand der Elektrizitätsarbeiter in Berlin das öffentliche Leben in der Hauptstadt lahm zu legen drohte. Verhandlungen mit den Streikenden waren ohne Ergebnis geblieben, so dass Reichspräsident und Reichsregierung eine Verordnung nach Artikel 48 erließen, die Arbeitsniederlegungen und Aussperrungen in lebenswichtigen Betrieben für Gas, Wasser und Elektrizität erst dann für zulässig erklärte, wenn nach einem Schiedsspruch des zuständigen Schlichtungsausschusses mindestens drei Tage vergangen waren. Die Verordnung werteten die Gewerkschaften als Eingriff in die Koalitionsfreiheit. Das war sie in der Tat, denn das Ganze klang nicht nach einer vorübergehenden Maßnahme bis zur Beendigung des Streiks, sondern galt für das ganze Reichsgebiet und nahm auch nicht Bezug auf den Berliner Ausstand. Als der Streik beendet war, blieb die Verordnung bestehen; denn der Reichstag lehnte eine von SPD und USPD geforderte Aufhebung ab. Die bürgerlichen Mittelparteien wollten die Verordnung nur dann abschaffen, wenn an ihrer Stelle ein Gesetz über die Einführung eines Schlichtungsverfahrens und gesetzlicher Vorschriften zur Aufrechterhaltung der Arbeitsfähigkeit lebenswichtiger Betriebe treten würde. Damit war der Erlass zementiert; durch die nun vom Reichstag zu verantwortende Dauerhaftigkeit der Verordnung handelte es sich um einen massiven, weil beständigen Eingriff in die Koalitionsfreiheit. Die Verordnung war »verewigt« – über die ganze Zeit der Weimarer Republik, ohne je wieder in Anwendung zu kommen.

Noch ein weiteres Mal griffen Reichspräsident und Reichsregierung mit einer Verordnung in das Koalitionsrecht ein: beim Ausstand der Eisenbahnbeamten im Februar 1922, dem letzten großen Beamtenstreik im Reich. Wie beim Elektrizitätsarbeiterstreik 1920, so klang auch die für das gesamte Reichsgebiet geltende Verordnung, mit der den Beamten der Reichsbahn die »Einstellung oder Verweigerung der ihnen obliegenden Arbeit verboten« wurde, doch dauerhaft. Der Streik konnte so binnen weniger Tage beigelegt werden. Nach Beendigung hob der Reichspräsident, wohl in Erinnerung an die scharfen Kontroversen vom November 1920, die Verordnung schnellstmöglich auf. Dennoch: Die bis dato immer wieder diskutierte Frage der Rechtmäßigkeit eines Beamtenstreiks war mit der Verordnung zwar nicht juristisch oder verfassungsmäßig, wohl aber doch praktisch im Sinne einer moralischen Unzulässigkeit entschieden worden. Zeitgenössisch wurden die nach Artikel 48 ergriffenen Maßnahmen gegen die beiden Streiks 1920 und 1922 bisweilen als ganz im Sinne der Wiederherstellung von Sicherheit und Ordnung gesehen, weil durch den Streik das Fehlen eines Mindestmaßes wirtschaftlicher Wohlfahrt gegeben gewesen sei.

Tief griff dann die Regierung Stresemann 1923 in die Tarifautonomie durch die über eine Notverordnung eingeführte staatliche Zwangsschlichtung ein. Neben Kapital und Arbeit trat jetzt der Staat als dritte Kraft auf die Bühne der Tarifverhandlungen, der dann zur Stelle war, wenn Arbeitgeber und Arbeiternehmer sich nicht einigten. Was als Notlösung bei ungesicherter Gestaltung der Arbeitsverhältnisse gedacht war, erwies sich als häufig angewandte, problematische Intervention in die Tarifautonomie und zu einer negativ auf den sozialen Diskurs zurückschlagenden Politisierung der Arbeitskämpfe. In den acht Jahren bis 1932 kam es zu rund 76.000 Schlichtungsverfahren; 1928 galten verbindliche staatliche Schiedssprüche für nahezu die Hälfte der von Tarifverträgen betroffenen Arbeiter. Regional setzten die Unternehmer dort, wo sie sich aufgrund der Wirtschaftsstruktur gegenüber den Gewerkschaften im Hintertreffen wähnten – etwa in Sachsen mit Klein- und Mittelbetrieben –, auf die staatliche Schlichtung, während dort, wo mächtige Verbände und großindustrielle Komplexe den Ton angaben, diese nicht akzeptabel erschienen.

So lehnten die Arbeitgeber der Schwerindustrie als Speerspitze unternehmerischer Interessen im Ruhreisenstreit 1928, dem größten Arbeitskampf der Republik, den von den Gewerkschaften zähneknirschend akzeptierten Schiedsspruch in Sachen Lohnerhöhung ab und verliehen ihrer Forderung mit der Aussperrung von etwa 230.000 rheinisch-westfälischen Eisen- und Stahlarbeitern Nachdruck. Ein neues Schlichtungsverfahren, auf dessen Einleitung sich die Tarifparteien erst nach einem Monat einigten, beendete den »Gewaltstreich der Ruhrmagnaten« (so eine sozialdemokratische Zeitung), der zugleich Höhe- und Wendepunkt der sozialpolitischen Kontroversen der ersten Republik darstellte.

Auf der anderen Seite gingen die Gewerkschaften 1928 mit dem Konzept der Wirtschaftsdemokratie in die Offensive, das als Modell mit einem Ausbau der Sozialpolitik, erweiterten innerbetrieblichen Mitbestimmungsrechten, der Ausweitung gemeinwirtschaftlicher Strukturen und der Kontrolle von Großunternehmern einen fundamentalen Wandel der Wirtschaftspolitik bedeutet hätte. Es blieb jedoch nur auf dem Papier stehen. Die in den Tagen um das Kriegsende geknüpften Bande von Unternehmern und Gewerkschaften erwiesen sich als wenig stabil, so dass aus dem Miteinander immer mehr ein Gegeneinander wurde, an dessen Ende eine Destabilisierung der Arbeitsbeziehungen stand.

Jenseits der Konflikte im freien Spiel der Wirtschaftskräfte erfolgte die Umsetzung des Leuchtturmprojektes im Weimarer Sozialstaat: Zum 1. Oktober 1927 wurde als vierte Säule der Sozialversicherung eine von Arbeitgebern und Arbeitnehmern zu gleichen Teilen finanzierte Arbeitslosenversicherung (Höchstsatz des Beitrages drei Prozent des Lohnes) eingerichtet, die an die Stelle der von der Revolutionsregierung im November 1918 geschaffenen und immer wieder abgeänderten Erwerbslosenfürsorge trat. Arbeiter und Angestellte besaßen jetzt mit der neuen Arbeitslosenversicherung einen Rechtsanspruch auf Unterstützung. Die Verwaltungsorgane setzten sich zu je einem Drittel aus Vertretern der Arbeiternehmer, der Arbeitgeber und der öffentlichen Hand zusammen. Die neue selbstverwaltete Versicherung, die eine schmerzliche Lücke im System der sozialen Sicherung schloss, wurde mit den staatlichen Arbeitsnachweisen gekoppelt, denn beides, Unterstützung und Arbeitsvermittlung, hing eng zusammen. Die in der Regel auf maximal ein halbes Jahr (»26 Wochen«) bemessene Unterstützung war sozial gestaffelt: Der Geringverdiener (angesetzt mit acht Mark Einheitslohn pro Woche) erhielt 75 Prozent seines letzten Arbeitsentgeltes, die Arbeitslosen aus den vier höheren Einkommensklassen (ab 48 Mark aufwärts) mussten sich mit 35 Prozent begnügen. Hinzu kam ein pro Kopf berechneter Familienzuschlag von fünf Prozent, wobei die Unterstützung in der untersten Stufe insgesamt 80 Prozent, in den oberen Klassen 60 Prozent des letzten Lohnes nicht überschreiten durfte.

Eingeführt in einer Phase der wirtschaftlichen Solidität unter guten konjunkturellen Rahmenbedingungen mit einem geringen Arbeitslosenstand von ca. 600.000, war die Leistungsfähigkeit auf 800.000 Arbeitslose berechnet, zu denen in besonderen Notlagen aus einem Sonderfonds (»Notstock«) noch weitere 600.000 für drei Monate finanziert werden konnten. Das große Manko lag in der Prognose, die auf »normalen« Verhältnissen basierte: Die Versicherung war auf relativ schwache Konjunktureinbrüche berechnet. Das Reich bürgte mit Krediten aus dem Etat für den Fall der Zahlungsunfähigkeit der Versicherung, wenn eben die Einnahmen aus Beiträgen nicht mehr zur Deckung der Ausgaben ausreichten. So stellte die Arbeitslosenversicherung eine »jederzeit widerrufbare soziale Reform dar« (PETER LEWEK).

Auch wenn in der Mittelphase deutliche Konfliktlinien auf der Ebene des Sozialstaates ausgemacht wurden, der Ton rauer und konfrontationswilliger und der Staat dauerhaft zum eigentlich unerwünschten Mitspieler auf dem Tariffeld wurde, so ging die Republik sozialstaatlich gesehen doch noch relativ stabil in ihr elftes Jahr. Kurz vor der wirtschaftlichen Eruption 1929 lagen die öffentlichen Ausgaben von Reich, Ländern und Kommunen real doppelt so hoch wie im letzten Friedensjahr vor dem Krieg. Im Vergleich zu 1913 hatten sich die Pro-Kopf-Ausgaben im Sozialbereich verfünffacht. Die Sozialausgaben umfassten die Hälfte sämtlicher öffentlicher Ausgaben – zum Vergleich: 1913 machten sie nur ein Fünftel aus. Möglicherweise hätte sich bei einer einigermaßen kontinuierlichen wirtschaftlichen Entwicklung das System politisch wie ökonomisch konsolidiert. Doch es folgte ein Einbruch unermesslichen Ausmaßes. Die Weltwirtschaftskrise sprengte die Grundlagen der Arbeitslosenversicherung. Sie war bei einer Vervielfachung der Arbeitslosenzahlen einfach nicht mehr zu gewährleisten. Die in der Phase günstiger Konjunkturdaten und niedriger Arbeitslosenziffern beschlossene Arbeitslosenversicherung – »eine Schönwetterkonstruktion« (DIETMAR PETZINA u. a.) – geriet in dem schweren Wetter in massive Schwierigkeiten, denn sie war nur in der Lage, maximal 1,4 Millionen Arbeitslose zu unterstützen. Die zuständige Reichsanstalt für Arbeitsvermittlung und Arbeitslosenversicherung konnte die garantierten Leistungen nicht mehr aus Beiträgen aufbringen, so dass der Staat entsprechend der gesetzlichen Verpflichtung einspringen musste. Die hohen Schulden der Reichsanstalt beim Reich (Dezember 1929: 342 Millionen Reichsmark) und das Anwachsen der Arbeitslosenzahl im ersten Vierteljahr 1930 auf 3,4 Millionen machten eine Reform unausweichlich. So wurde die Frage der Finanzierbarkeit der in Zeiten niedriger Arbeitslosenzahlen verabschiedeten Versicherung in der Wirtschaftskrise mit rapider steigender Zahl der Bezugsberechtigten zum Sprengsatz der ohnehin schon von den bürgerlichen Kräften zur Disposition gestellten Großen Koalition.

Weltwirtschaftskrise, Bankenkrach nach dem Zusammenbruch der Darmstädter und Nationalbank im Juli 1931: Verunsicherte vor einer Sparkasse in Berlin.

*

DAS STICHWORT: Die Weltwirtschaftskrise als Katalysator des Untergangs

Der Krach an der New Yorker Börse vom 24. Oktober 1929 stand am Beginn der bis 1932 anhaltenden Weltwirtschaftskrise. Ausgelöst wurde der als »Schwarzer Freitag« in die Geschichte eingegangene Crash durch panikartige Aktienverkäufe von Anlegern, die im Spekulationsfieber ihre Papiere über Kredite finanziert hatten und sie wegen fallender Kurse, die Folge eines Einbruchs der amerikanischen Konjunktur, rasch zu Geld machen wollten. Besonders das von der Weltwirtschaft abhängige Deutschland wurde in den Strudel mitgerissen. Der deutsche Wiederaufbau war über ausländische, überwiegend amerikanische Kredite finanziert worden, die nun schlagartig zurückgezogen wurden. Auch das Reich hatte sich direkt im Ausland, vor allem bei US-Großbanken, hoch verschuldet, so dass der Staatshaushalt ins Wanken geriet.

Die Börsenkrise wuchs rasch zur umfassenden Wirtschaftskrise: Der Welthandel schrumpfte, der deutsche Warenexport ging zwischen 1929 und 1932 auf 40 Prozent (nach Volumen in Reichsmark) zurück und die deutsche Industrieproduktion sackte um etwa 40 Prozent ab. Die Folgen waren sinkende Realeinkommen (bis zu einem Drittel), Massenarbeitslosigkeit und Massenelend. 1932 lag das deutsche Volkseinkommen fast 40 Prozent unter dem von 1929. Die Zahl der Arbeitslosen stieg sofort rasant an: von 1,3 Millionen im September 1929 auf fast drei Millionen zu Beginn des Jahres 1930.

Unter Heinrich Brüning erhielt die aus dem Reichshaushalt herausgelöste Arbeitslosenversicherung ab Mitte 1931 keine Zuschüsse mehr. Diese auch in anderen Bereichen vorgenommenen drastischen Kürzungen, die Erhöhung von Steuern und Abgaben, besonders der höheren Einkommen, sowie die Notopfer von jenen, die nicht um den Arbeitsplatz fürchten mussten, und Eingriffe in das Tarifrecht waren Bestandteile der von Brüning verfochtenen strikten Politik der Deflation, um den mehrfach drohenden Staatsbankrott abzuwenden. Die rigide Kürzungspolitik, zu deren Durchsetzung Brüning auch vor Durchbrechung der Verfassung nicht zurückschreckte, verschärfte die Auswirkungen der Krise, die sich potenzierte, als einer der größten Textilkonzerne im Juli 1931 in Konkurs ging und mit ihm die Kreditgeberin, die »Darmstädter und Nationalbank« (Danat), hohe Verluste schrieb. Seit dem Zusammenbruch der Österreichischen Creditanstalt im Mai 1931 hielt der Ansturm verunsicherter Sparer an, die ihr angelegtes Geld abzogen. Die Danat, zweitgrößte Bank in Deutschland, musste die Zahlungen am 13. Juli einstellen. Um der Panik Einhalt zu gebieten und die Zahlungsunfähigkeit weiterer Banken zu verhindern, griff der Staat massiv ein, schloss kurzfristig die Geldinstitute (»Bankfeiertage«) und setzte den Börsenhandel für einige Tage außer Kraft. Der Staat stützte trotz eines defizitären Reichshaushaltes die Finanzinstitute mit fast einer Milliarde Reichsmark.

Die Bankenkrise ließ die Zahl der Pleiten und damit die der Arbeitslosen drastisch anschwellen. Lag diese im Juni 1931 bei knapp vier Millionen, so überschritt sie die Grenze von sechs Millionen im Januar 1932. Hinzu kamen Kurzarbeiter und eine versteckte Arbeitslosigkeit, so dass wohl etwa die Hälfte der Bevölkerung direkt oder indirekt von Arbeitslosigkeit betroffen war. Die Krise, die sich in der ersten Jahreshälfte 1932 langsam abschwächte, offenbarte die strukturellen Defizite der deutschen Wirtschaft. Die Depression sorgte für eine allgemeine Katastrophenstimmung. Im Gefühl von Unsicherheit und Zukunft schmolz das Vertrauen in die Politik. Mit der Wirtschaftskrise geriet die Republik von Weimar in ihre größte Bewährungsprobe. Sie sollte diese nicht bestehen.

*

Unter der Wirtschaftsdepression in der Endphase der Republik brachen alte Frontstellungen gänzlich auf. Die sozialstaatlichen Errungenschaften wurden von Gewerkschaften und Sozialdemokratie verteidigt, von bürgerlichen Parteien infrage oder zur Disposition gestellt und von den Unternehmern massiv bekämpft. Konservative Kräfte aus Wirtschaft und Politik sammelten sich zum Angriff auf den Sozialstaat und damit auf einen der Grundwerte der Weimarer Demokratie. Nicht von ungefähr meldete sich der RDI zu Beginn der großen Krise im Dezember 1929 mit der Denkschrift »Aufstieg oder Niedergang« zu Wort, in der er u. a. offen den Rückbau des Sozialstaates hin zu einer vorrepublikanischen Stützung der Bedürftigen forderte. Seine Krisendiagnose mündete in die Forderung, Sozialpolitik habe sich nach der wirtschaftlichen »Tragfähigkeit« zu richten. Das Steuer müsse rumgerissen werden, um den Untergang noch abzuwehren. Solche Kassandrarufe wurden in der Politik gehört.

Die Präsidialkabinette vollführten eine Politik der prozyklisch angelegten Deflationspolitik: Die dramatischen Einnahmeverluste suchten sie mit strikten Ausgabenkürzungen zu kompensieren, was letztlich zu drastischen Leistungskürzungen führte, die viele Bedürftige in existentielle Zwangslagen brachte. Es geht jedoch fehl, allein der Weltwirtschaftskrise die Schuld am Sozialabbau zuzuschieben. Vieles war – unabhängig von der wirtschaftlichen Situation – politisch gewollt. Denn die politischen Koordinaten verschoben sich mit den über Notverordnungen agierenden Präsidialkabinetten hin zu einem Rückbau des Sozialstaates und Einschnitten im Sozialsystem, die von den erstarkten politischen Organisationen der Sozialstaatsgegner eingefordert wurden. Deutlich zeigte es sich, dass es keinen sozialpolitischen Konsens gab, weder zwischen den Parteien noch zwischen den Arbeitnehmer- und Arbeitgeberorganisationen. Letztlich gewannen die retardierenden Kräfte die Oberhand und schleiften die sozialpolitischen Wegmarken.

Die von der sozialstaatlichen Hüterin SPD befreiten Präsidialkabinette konnten ohne große Rücksicht auf die parlamentarischen Konstellationen zur sozialpolitischen Abholzung ansetzen. Und sie taten es umgehend. In seiner Regierungserklärung am 13. Oktober 1931 scheute sich Reichskanzler Brüning nicht, Verfassungsrechte zur Disposition zu stellen: »Die Sozialpolitik muss derart gestaltet und gehandhabt werden, dass sie sich den finanziellen und wirtschaftlichen Notwendigkeiten einfügt. Dabei kann an dem verfassungsmäßig verbrieften Mitbestimmungsrecht der Arbeitnehmerschaft nicht vorbeigegangen werden.« Und wenn er dann noch eine größere »Elastizität in der Handhabung« beim »Tarifgedanken, der als solcher gesund« zu erhalten sei, anmahnte, dann waren das deutliche Signale, dass er die Staatsfinanzen durch sozialstaatliche Opfer zu sanieren gedachte.

Bereits die erste Notverordnung seines Kabinetts nach vier Monaten Amtszeit schränkte die Leistungen der Kranken- und Arbeitslosenversicherungen ein. Vom Juni 1931 an erhielt die Arbeitslosenversicherung keine Reichszuschüsse mehr. Die weiteren Verordnungen bedeuteten massive Einschnitte in den Leistungskatalogen der Sozialversicherungen und im Wohnungsbau und griffen in das Tarifrecht ein mit der Verfügung einer allgemeinen Lohnsenkung (bis maximal 10 Prozent) auf das Niveau des Jahres 1927.

Die angesichts dieser dramatischen Entwicklungen im Sommer 1931 vermehrt geäußerten Forderungen nach einer Wende in der Wirtschaftspolitik hin zu einer aktiven Beschäftigungspolitik und zur Förderung privater Investitionen brachten Brüning nicht vom Kurs ab. Ein kreditfinanziertes Arbeitsbeschaffungsprogramm hätte die Absicht der Großindustrie durchkreuzt, »die Krise zu einer Gesamtbereinigung auf dem Gebiet der Sozialpolitik zu benutzen« (HANS MOMMSEN). Brüning nahm die Verschärfung der Krise und damit die wachsende Not weiter Teile der Bevölkerung auch in Kauf, war dies doch der Hebel, um bei den Alliierten auf eine Lösung der Reparationsfrage zu drängen.

Der staatlich autoritären Intervention in das sozialstaatliche Gefüge klatschten die Arbeitgeber Beifall, die in der Krise zum Anschlag auf den Sozialstaat ausholten, die Krankenversicherung vollkommen neu aufstellen und eingrenzen und beim Tarifrecht nicht nur die Zwangsschlichtung abschaffen, sondern sich, so die Schwerindustrie, generell von den »Tariffesseln« befreit wissen wollten. Ganz so weit wollte Brüning nicht gehen. Und weil er dies nicht tat, musste er dann gehen. Sein Nachfolger Papen scheute sich nicht vor klaren Worten, wenn er in seiner am 4. Juni 1932 über den Rundfunk ausgestrahlten Regierungserklärung glaubte von einem ständig steigenden, die Leistungsfähigkeit der Nation überfordernden »Staatssozialismus« sprechen zu müssen, der den Staat zu »einer Art Wohlfahrtsstaat« zu machen versucht habe. Er schritt gleich zur Tat und setzte zehn Tage später drastische Leistungskürzungen in allen Sozialversicherungsbereichen durch und führte bei der Arbeitslosenversicherung nun das Prinzip der Bedürftigkeit ein. Die nächsten Maßnahmen unterminierten das Tarifsystem.

Eine junge Frau aus dem Millionenheer der Arbeitslosen 1931 in Berlin.

Nach zwei Jahren der Präsidialkabinette hatte sich das Los der Arbeitslosen dramatisch verschlechtert. Von Juni 1930 bis Juni 1932 wurde die Unterstützung in der Arbeitslosenversicherung gegenüber dem Stand von 1927 halbiert und die Bezugsdauer von den ursprünglich im Gesetz vorgesehenen 26 (über zunächst 20) auf schließlich sechs Wochen gekürzt, so dass mit verschärfender Krise und Massenarbeitslosigkeit viele Arbeitslose zu Wohlfahrtsempfängern wurden. Der Kreis derer, die Ansprüche anmelden konnten, wurde stark begrenzt, was insbesondere Jugendliche und Ehefrauen betraf. Das Verhältnis der Arbeitslosen, die Arbeitslosenunterstützung erhielten, zu den sogenannten »Ausgesteuerten«, die Wohlfahrtsunterstützung bekamen, hatte sich von 3:1 im Januar 1931 zwei Jahre später ins Gegenteil verkehrt (1:3). Die nunmehr 2,4 Millionen Fürsorgeempfänger fielen den vor dem finanziellen Kollaps stehenden Kommunen zu Last.

Weil die rigide Rosskur der Präsidialkabinette massive Einschnitte in der Sozialpolitik nach sich zog, überstand der Weimarer Sozialstaat nur schwerbeschädigt die Wirtschaftskrise. Dabei wurde der »Schutzmantel der deutschen Sozialpolitik« deutlich »kürzer und dünner als in etlichen westeuropäischen Demokratien« (MANFRED G. SCHMIDT). Der Sozialstaat wurde von denen, die seiner bedurften, nicht mehr als das zuverlässige, ein menschenwürdiges Dasein sicherndes Fundament eines demokratischen Hauses wahrgenommen. Verunsichert und von Existenzängsten geschüttelt, suchten sie nach anderen Heilsbringern.

In der Aufbruchsstimmung der Anfangszeit und durch die Verfassung waren Erwartungen geweckt worden, die der Staat unter den extremen finanziellen und ökonomischen Bedingungen gar nicht zu erfüllen in der Lage sein konnte. Es konnte insgesamt nicht gelingen, die soziale Ungleichheit massiv anzugehen. Um für einen sozialen Ausgleich und eine Besserstellung der am unteren Rand der Gesellschaft ihr Auskommen fristenden Schichten zu sorgen, fehlte es an der konstanten finanziellen Substanz. Und gegen Ende der Republik wurde dezidiert Politik gegen den sozialpolitischen Auftrag der Verfassung betrieben.

Enttäuschte Hoffnungen auf ein auskömmliches, »normales« Leben und die sozialpolitische Kahlschlagpolitik am Ende führten zu einem Verlust von Ansehen und Akzeptanz der republikanischen Ordnung und ramponierten so eine der Legimitationsgrundlagen der ökonomisch überlasteten ersten deutschen Demokratie. Dennoch kann die sozialpolitische Bilanz der Republik sich in weiten Teilen sehen lassen. Man erprobte »auf allen klassischen Feldern der Daseinsvorsorge und Daseinsfürsorge innovative Initiativen [...] und neue Instrumente« (KLAUS SCHÖNHOVEN). Weimar beschritt Neuland in der Sozialpolitik und legte das Fundament für Entwicklungen, die über die Zeit hinausstrahlten und die nach der Katastrophe der Diktatur von der zweiten Republik unter wesentlich günstigeren Bedingungen verfestigt und ausgebaut werden konnten.

6. Ein Staat im Staate? – Das Militär zwischen Verfassungstreue und Staatsloyalität

Mit der Revolution 1918 und insbesondere mit der Abdankung des Kaisers und der Landesfürsten war das Militär, seines Königsschildes verlustig, in eine tiefe Sinnkrise geworfen worden. Die Entwaffnungs-, Kontingent- und Kontrollbestimmungen des Friedensvertrages trafen die Reichswehr materiell und belasteten das Offizierskorps mental, das es der Regierung anlastete, nicht entschieden genug gegen das »Dokument der Schande« gekämpft zu haben. Diese Denkmuster blieben bestimmend für die im Kaiserreich groß gewordenen, auch in der Republik weiterhin dienenden Offiziere. Denn eine nach dem Umsturz von vielen der parteipolitischen Linken erstrebte und so auch von der Allgemeinheit erwartete bzw. vom Offizierskorps befürchtete Reform des Militärs, die dieses zu einer verlässlichen Stütze der jungen Demokratie hätte machen sollen, war von der sozialdemokratischen Revolutionsregierung nicht mit Entschlossenheit verfolgt worden. Ein radikaler personeller Schnitt und eine organisatorische Reform waren in den Revolutionswochen ausgeblieben.

Eine erhebliche Zahl der aus dem Krieg zurückgekehrten Soldaten, von der Bevölkerung 1918/19 mit großem Jubel empfangen, fand sich in der Republik nicht zurecht. Sie schmiedeten, auch weil sie nicht bereit waren, die Kriegsniederlage und die sich daraus ergebenden Konsequenzen anzuerkennen, das Schwert der Revanche. Auffangbecken waren Traditionsvereine ehemaliger Offiziere und Frontsoldaten, die mit der Negation der neuen Ordnung später den nationalsozialistischen Aufstieg förderten.

Die alten Kommandobehörden mit der Obersten Heeresleitung (OHL) an der Spitze arbeiteten unversehrt weiter. Die Zurückhaltung der neuen sozialdemokratischen Machthaber resultierte vornehmlich aus der Einschätzung, dass aus innen- wie außenpolitischen Gründen eine wirkungsvoll funktionierende militärische Organisation in der Übergangszeit unerlässlich war. Die Zusammenarbeit zwischen dem Rat der Volksbeauftragten und der militärischen Führung fußte im Wesentlichen auf dem gemeinsamen Ziel, das Funktionieren der staatlichen Ordnung zu gewährleisten. Zu den dauerhaften und die junge Republik prägenden Entscheidungen gehörte die Verständigung des sozialdemokratischen Parteivorsitzenden Friedrich Ebert und Wilhelm Groener, Generalquartiermeister der OHL, am 10. November 1918. Mit dem Rückgriff auf das alte Offizierskorps und dem Weiterbestehen der OHL waren Vorentscheidungen für die künftige Struktur und personelle Besetzung der Armee gefallen. Zur Festigung der alten Militärmacht trug der Einsatz in den inneren Auseinandersetzungen 1919/20 bei. Von dieser Funktion als Krisenregulator sollte die Reichswehr nur vorübergehend entbunden werden.

Dichtgedrängt begrüßt die Bevölkerung vor dem Rathaus in Kassel im Dezember 1918 die von der Front heimkehrenden Truppen – eine Szene, die sich in allen Garnisonsstädten so abspielt.

In der Revolutionszeit bildeten sich in Ermangelung zuverlässiger Truppen sogenannte Freikorps. Diese den militärischen Kommandobehörden des Reiches unterstellten Freiwilligenverbände, in denen sich zum Teil entwurzelte, im Krieg sozialisierte Frontkämpfer in blindem Gehorsam um ihre Führer scharten, wurden von der Regierung zur Sicherung der Grenzen im Osten, aber auch im Innern gegen Aufständische eingesetzt. In den teilweise politisch recht fragwürdigen Freikorps, deren Stärke sich auf ca. 400.000 Mann belief, sammelten sich vornehmlich antidemokratische Kräfte. Sie gingen in den bürgerkriegsähnlichen Kämpfen etwa im Zusammenhang mit den Münchner Räterepubliken oder in Mitteldeutschland mit besonderer Brutalität gegen Arbeiter und unbeteiligte Zivilisten vor. Sie hinterließen eine Spur des Todes bei ihren brachialen »Feldzügen«.

In der verfassungsrechtlichen Übergangszeit vom Zusammentritt der Nationalversammlung im Februar 1919 bis zur Verabschiedung der Verfassung im August des Jahres bildeten die Grundlagen der Militärverfassung das Gesetz über die vorläufige Reichsgewalt vom 10. Februar, das dem erstmals in der deutschen Geschichte zu etablierenden Reichswehrminister wie jedem anderen Ressortleiter die parlamentarische Verantwortung für seinen Bereich (also die Militärangelegenheiten) zuwies, und das am 6. März 1919 verabschiedete Gesetz über die Bildung einer vorläufigen Reichswehr. Dieses als ein einjähriges Provisorium gedachte Gesetz besaß, auch bedingt durch den Kapp-Lüttwitz-Putsch, bis zum März 1921 Gültigkeit, als das endgültige Reichswehrgesetz verabschiedet wurde. Mit diesem Gesetz lag der Aufbau der neuen Streitmacht in den Händen der alten Militärs. Die Reichswehr, die sich als innenpolitischer Machtfaktor mit der Niederwerfung der Aufstände im Frühjahr 1919 stabilisierte und damit ihre Position im Machtgeflecht der jungen Republik festigte, wurde durch den als Dokument der Schmach apostrophierten Vertrag von Versailles in ihren Grundfesten erschüttert. Die Bedingungen wurden als erniedrigend und demütigend empfunden. Für den organisatorischen Neuordnungsprozess war zu beachten, dass nach dem Friedensvertrag (Artikel 160) ein »Großer Generalstab« oder ähnliche Formationen aufzulösen waren bzw. nicht mehr gebildet werden durften.

Die organisatorischen Weichenstellungen erfolgten unter der Federführung von Reichswehrminister Gustav Noske und des preußischen Kriegsministers Walther Reinhardt, der im Dezember 1918 das Amt übernommen hatte. Reinhardt stand einer moderaten militärischen Reform durchaus aufgeschlossen gegenüber und entwickelte einen einheitlichen Verwaltungs- und Kommandoapparat, in dem es keinen Platz für eine politisch nicht verantwortliche militärische Spitze in Form der alten Obersten Heeresleitung gab. Die OHL wurde am 3. Juli 1919 aufgelöst; am gleichen Tag reiste deren Chef Paul von Hindenburg, nachdem er Ende Juni den Oberbefehl niedergelegt hatte, im blumengeschmückten Salonwagen vom pommerschen Kolberg, wohin die OHL im Februar 1919 ihren Sitz von Kassel aus verlegt hatte, nach Hannover, wo er eine von der Stadt zur Verfügung gestellte Villa bezog.

Groener leitete den verbliebenen Rest der OHL als »Kommandostelle Kolberg« mit eingeschränkten Aufgaben (Sicherung der Ostgebiete, Demobilisierung des Ostheeres, Kontrolle der Baltikum-Truppen), bis sie schließlich ins neu aufgebaute Reichswehrministerium überführt wurde, das am 1. Oktober 1919 seine Arbeit aufnahm. Dem Minister unterstanden jetzt der Chef der Heeresleitung und der Chef der Marineleitung; zum ersten Mal in der deutschen Militärgeschichte war die Armee der ungeteilten Befehls- und Kommandogewalt eines zivilen Ministers unterstellt.

Die Nagelprobe kam im Zuge des Abbaus auf die friedensvertraglich verankerte Stärke. Die Alliierten konzedierten angesichts des verspäteten Inkrafttretens des Friedensvertrages, dass die Armee bis zum 10. April 1920 zunächst auf 200.000 und dann bis zum 10. Juli 1920 auf die endgültige Zahl von 100.000 Mann zu reduzieren war. Man hatte also mehr als drei Monate gewonnen.

*

DAS STICHWORT: Der Kapp-Lüttwitz-Putsch

Als im März 1920 die Reichsregierung im Zuge des im Friedensvertrag verfügten Abbaus der Streitkräfte auch die Marinebrigade Ehrhardt, die schlagkräftige Formation der Reichswehr, auflösen wollte, forderte der für den Osten Deutschlands zuständige Reichswehrgruppenkommandeur Walther von Lüttwitz ultimativ die Rücknahme der Order. Die Reichsregierung lehnte ab. Das war für den General und einen zum Umsturz bereiten Kreis um den ostpreußischen Generallandschaftsdirektor (Titel des Direktors einer öffentlichen Bank) Wolfgang Kapp der Anlass zum Losschlagen. Sie erklärten die Reichsregierung für abgesetzt und ließen Truppen auf Berlin losmarschieren. Die Führung der Reichswehr war nicht bereit, mit Waffengewalt gegen die Aufständischen vorzugehen. Der in diesem Zusammenhang vielzitierte Ausspruch »Truppe schießt nicht auf Truppe« (oder »Reichswehr schießt nicht auf Reichswehr«), ist historisch zwar nicht belegt – er wird General Hans von Seeckt zugeschrieben –, kennzeichnet jedoch die überwiegende Haltung der führenden Militärs. So flohen im letzten Moment Reichspräsident Ebert und einige Reichsminister ins sichere Stuttgart, wo sich auch die Nationalversammlung zu einer Sitzung versammelte.

»Der Putsch der Prätorianer und Junker« – so der liberale Theologe Ernst Troeltsch im März 1920 – hatte keine Aussicht auf Erfolg. Als Gegenmaßnahme riefen Reichspräsident und SPD-Minister zum Generalstreik auf, der von den Gewerkschaften flächendeckend umgesetzt wurde. Hauptsächlich dieser von der Arbeiterbewegung getragene Widerstand führte, neben der Weigerung der Beamten, sich den Putschisten zur Verfügung zu stellen, schon am fünften Tag zum Scheitern der ohne großen Rückhalt in der Bevölkerung gebliebenen rechten Putschregierung. Es sollte der einzige erfolgreiche Generalstreik in der deutschen Geschichte bleiben.

Mit dem Sieg über die Republikfeinde im Rücken forderten weite Teile der SPD und der sozialistischen Gewerkschaften die Entlassung von Reichswehrminister Gustav Noske, den sie für eine verfehlte Militärpolitik verantwortlich machten. Der gänzlich diskreditierte Noske war nicht mehr zu halten. Sein gegen den Willen des Reichspräsidenten erfolgter Abgang riss zwar sogleich das ganze Kabinett in den Strudel, aber ein tiefgreifender Neuanfang erfolgte nicht, auch wenn vor allem die Gewerkschaften Versäumtes nun endlich nachholen wollten. Unter dem neuen Reichskanzler Hermann Müller (SPD) blieb ein Großteil der Minister im Amt; selbst der gestürzte Reichskanzler Bauer gesellte sich als Reichsschatzminister wieder zur Kabinettsrunde.

Die Neubesetzung des Reichswehrministeriums entwickelte sich zu einem Bäumchen-Wechsel-Dich-Spiel, bei dem sich der Reichspräsident Absage um Absage einhandelte, nicht nur aus den eigenen sozialdemokratischen Reihen. Mit dem aus der Situation und aus psychologischen Gründen verständlichen, unter längerfristiger Perspektive jedoch fatalen Verzicht auf die Besetzung des Reichswehrministeriums beraubte sich die SPD der direkten Einflussnahme auf die sich immer noch im Aufbau befindliche Wehrmacht und gab damit die Möglichkeit aus der Hand, die militärische Macht zu einem wirklich republiktreuen Instrument zu formen.

Dem neuen Reichswehrminister Otto Geßler (DDP), der sich selbst als »Vernunftrepublikaner« bezeichnete, war die Republik keine Herzenssache. Eine weitere personelle Konsequenz war der Rücktritt von Walther Reinhardt als Chef der Heeresleitung, ausgerechnet jenes Mannes, der als einziger in der militärischen Führung nach Bekanntwerden des Anmarsches der meuternden Truppen auf Berlin für Widerstand gegen die Aufrührer plädiert hatte. Nachfolger wurde General Hans von Seeckt, Chef des Truppenamts, der wichtigsten zentralen Heeresdienststelle. Er hatte zwar den Einsatz der Reichswehr gegen die Putschisten abgelehnt, sich jedoch während der Kapp-Tage nichts zuschulden kommen lassen: Er war einfach zu Hause geblieben.

*

Auftakt zum Kapp-Lüttwitz-Putsch: Besetzung der Wilhelmstraße, des Regierungszentrums in Berlin, durch Soldaten der Marinebrigade Ehrhardt am 13. März 1920.

Die durch ihr Verhalten im Kapp-Lüttwitz-Putsch diskreditierte Reichswehr gewann umgehend ihre Position zurück, als die in der Abwehr des Staatstreiches in Mitteldeutschland und an der Ruhr gebildeten proletarischen Selbstschutzeinheiten ihrerseits gegen Freikorps und Reichswehr vorgingen. Besonders die im Ruhrgebiet entstandene, mittlerweile aber militant verselbstständigte und von den Kommunisten dominierte »Rote Ruhr-Armee« lieferte sich Kämpfe mit den von der Regierung entsandten Truppen, unter denen sich auch Freikorps befanden, die im Putsch eine höchst fragwürdige Haltung eingenommen hatten und nun rücksichtslos vorgingen: Erst Anfang April endete der von beiden Seiten ohne Pardon geführte »Ruhrkrieg« mit etwa 1.300 Toten, überwiegend in den Reihen der Selbstschutzverbände. Ohne Pardon agierte auch eine freiwillige Marburger Studentenkompanie, die zur Befriedung in Thüringen eingesetzt wurde. Sie ermordete am 25. März hinterrücks 15 gefangen genommene Arbeiter. Die Verantwortlichen für das brutale Massaker von Mechterstädt kamen später ungeschoren davon.

In der Folge wurden die Hilfstruppen abgebaut, weil sie nicht mehr gebraucht wurden. Gleichwohl bediente sich die Reichswehr zur Erfüllung ihrer Aufgaben im Innern, der Sicherheit und des Grenzschutzes illegaler, der Republik distanziert oder gar feindlich gegenüberstehenden Formationen wie Zeitfreiwilligenverbänden und der sogenannten Schwarzen Reichswehr. Wie unzuverlässig diese Einheiten waren, zeigte nicht erst der Oktober 1923, als in der Festungsstadt Küstrin an der Oder ein Verband zum Sturz der Reichsregierung aufrief. Der Putschversuch wurde umgehend von der Reichswehr vereitelt. In der Folge fanden die nicht in die Reichswehr übernommenen Freikorpssoldaten ihr neues Zuhause in paramilitärischen Wehrverbänden, Selbstschutztruppen und antirepublikanischen Geheimorganisationen, die in ihrem blindwütigen Hass auf die Republik vor Mord nicht zurückschreckten.

Das Ende des Kapp-Unternehmens, das deutlich gezeigt hatte, wie wenig das Militär bis dahin in die Demokratie eingebunden und wie tief die Kluft zwischen Republik und Truppe war, leitete einen neuen Abschnitt in der Geschichte der Reichswehr ein, der als Ära Seeckt bezeichnet worden ist. Mit Hans von Seeckt gelangte ein Mann in die verantwortliche Position für die Gestaltung der Reichswehr, der diese konsequent zu einer schlagkräftigen und eigenständigen Institution formte. Seeckt wollte wie kein Zweiter das Militär in Distanz zur Staatsordnung halten.

Bereits in den Tagen nach dem Kapp-Putsch entwickelte sich zwischen Reichspräsident Ebert und General Seeckt ein von gegenseitiger Achtung geprägtes Verhältnis. Die Troika Ebert-Geßler-Seeckt einte die grobe Zielrichtung, die Reichswehr von der Tagespolitik fernzuhalten. Es ging um ein »Herausziehen der Reichswehr aus der Politik und dem Brennpunkt der politischen

Agitation«, wie es der neue Reichswehrminister in einer seiner ersten Kundgebungen an die Truppe im Mai 1920 formulierte.

Nach der Niederschlagung des Kapp-Lüttwitz-Putsches lautete eine der zentralen Aufgaben, unzuverlässige Kräfte von der Reichswehr auszuschließen. Die Untersuchung des Verhaltens der Offiziere während des Putsches oblag einem im Reichswehrministerium gebildeten Untersuchungsausschuss. Die Säuberung wurde so zu einer innerdienstlichen Angelegenheit. Der Reichstag entledigte sich durch das »Gesetz über die Gewährung von Straffreiheit« vom 4. August 1920 einer Vielzahl anhängiger Verfahren; ausgenommen davon blieben die Rädelsführer. Mit dieser Amnestie war auch dem Untersuchungsausschuss der Boden entzogen, der am 1. September 1920 seine Arbeit abschloss. Insgesamt hatte er 1.021 Fälle in Heer und Marine behandelt. Bei etwa der Hälfte wurde vorgeschlagen, keine Konsequenzen zu ziehen, bei den anderen auf Dienstenthebung, Beurlaubung oder Versetzung erkannt. 172 Offiziere wurden entlassen, darunter sechs Generale. Kein einziger Reichswehrangehöriger wurde wegen seiner Beteiligung am Putsch zu einer Freiheitsstrafe verurteilt. Auch die führenden Köpfe der Putschisten kamen ungeschoren davon, versteckten sich oder wurden gedeckt, flohen schließlich nach Schweden (Kapp) oder nach Ungarn (Lüttwitz). Als einziger sollte lediglich der »preußische Innenminister« der Umsturzregierung, Traugott von Jagow, zu einer fünfjährigen Festungshaft verurteilt werden.

Gerade nach dem Putsch hätte die Möglichkeit bestanden, stärker die republiktreue Einstellung der Kräfte zu überprüfen, die in die zu verkleinernde Reichswehr übernommen werden sollten, und eben die demokratische Geisteshaltung, sofern sie überhaupt »prüfbar« war, zum Wertmaßstab der Auswahl zu machen. Doch gab es innerhalb der Armee kein ausreichend großes Reservoir an demokratisch gefestigten Offizieren, die an die Stelle der vom Putsch diskreditierten militärischen Führer hätten treten können. Und Neueinstellungen hätten gewiss weiteren Unmut der aktiven Offiziere hervorgerufen, weil ein Großteil von ihnen aufgrund der alliierten Auflagen in den Ruhestand zu schicken war.

Ein umfassendes personelles Revirement im Sinne einer personalpolitischen Erneuerung der Reichswehr, die sicher allgemein populär gewesen wäre und der man sich im Reichswehrministerium nach den Ereignissen vom März 1920 nicht hätte widersetzen können, blieb aus. Ebert und Seeckt wollten als Konsequenz des Putsches das Militär auf die eigentlichen Aufgaben zurückführen und Zivil- und Militärbereich wieder trennen.

Und das galt insbesondere für eine Armee, die auf 100.000 Mann zu reduzieren war und die zudem ohne die allgemeine Wehrpflicht auskommen musste, die der Friedensvertrag untersagte. Dies wurde schließlich durch das

Gesetz vom 21. August 1920 umgesetzt. Nicht nur Seeckt sah in der Abschaffung der Wehrpflicht die Gefahr, dass dem Reich ein »Söldnerheer« aufgezwungen werde, von dem eine Bedrohung für den Staat ausgehen könne.

Komplizierter als beim Heer gestalteten sich nach dem Ende des Kapp-Lüttwitz-Putsches die Verhältnisse in der Marine, die im Kaiserreich Prunkstück und Aushängeschild der Militärmacht gewesen war, lag doch die Zukunft des Kaiserreiches nach Ansicht von Wilhelm II. »auf dem Wasser«. Ihre Offiziere fühlten sich im besonderen Maße dem Kaiserreich verpflichtet und an den Monarchen gebunden, der ihre Ausnahmestellung gesichert hatte. Die Novemberrevolution hatte das Selbstwertgefühl der Marine und seiner Offiziere bis ins Mark erschüttert, hatte doch der Umsturz in der Kriegsflotte in Wilhelmshaven und Kiel seinen Ausgang genommen. Durch den Friedensvertrag war die Zukunft der Seestreitkräfte, beraubt um ihre Schlagkraft, ungewiss; ungewiss blieb auch, welche Rolle die beträchtlich zu vermindernde Marine (auf 15.000 Mann) künftig spielen sollte und inwieweit sie den Auftrag der Landesverteidigung mit einer kleinen Flotte überhaupt erfüllen konnte. Der Personalumfang der Marine, der zum Zeitpunkt der Übergabe der Friedensbedingungen im Mai 1919 bei einer Stärke von insgesamt 48.470 Mann lag, musste aufgrund des Versailler Vertrages um mehr als zwei Drittel reduziert werden.

Das Umsturzunternehmen, das die Marine mitten in ihrem organisatorischen Neuaufbau traf, verstärkte ihre Orientierungslosigkeit, stand doch mit der Marinebrigade 2 (Ehrhardt), die als Landeinheit zwar erst wenige Tage vor der Aktion direkt dem Chef der Admiralität unterstellt worden war, eine ihrer Formationen an der Spitze der antirepublikanischen Umsturzbewegung, und waren es doch gerade die Marineoffiziere, die sich auf die Seite der Putschisten geschlagen hatten. Chef der neuen Marineleitung wurde Admiral Paul Behncke, der die Marine auf ihre maritimen Aufgaben zurückführen, sie zu einem treu ergebenen Werkzeug der verfassungsmäßigen Regierung machen und sie »unverbrüchlich fest auf den Boden der Verfassung« stellen wollte, wie er es bei der offiziellen Übernahme der Amtsgeschäfte formulierte.

Erst am 23. März 1921 verabschiedete der Reichstag das Wehrgesetz, das weitgehend dem entsprach, was bereits durch Fakten geschaffen worden war. Für den Soldaten ruhte das Wahlrecht und es war ihm untersagt, sich einer politischen Vereinigung anzuschließen oder politischen Versammlungen beizuwohnen, sich überhaupt politisch zu betätigen. Das förderte die Abkapselung. Das Gesetz manifestierte das Selbstverständnis der Reichswehr, die sich über den parteipolitischen Hader gestellt sah und als eigenständiger Machtfaktor der abstrakten Idee des Staates verpflichtet fühlte. Diese Überparteilichkeit wurde zur »Chiffre«, hinter der sich die Distanz zur Verfassung, die Distanz zur Gesellschaft der Republik verbarg (HEINZ HÜRTEN).

Abschreiten der Ehrenformation zum Verfassungstag am 11. August 1922: Friedrich Ebert und Reichskanzler Joseph Wirth; mit dabei der Chef der Heeresleitung, General Hans von Seeckt (3. v. l.), und Hauptmann Hans-Henning von Alten, Kommandeur der Reichswehreinheit (2. v. l.).

Es waren auch und vor allem Vorkommisse in der Marine, die im Juli 1922 zu einem parlamentarischen Untersuchungsausschuss führten, der in seinem Abschlussbericht vom Februar 1923 dem Reichswehrministerium und insbesondere Minister Geßler, der »Kugelfang« zwischen Parlament und Militär sein wollte, die Absolution erteilte und deren Maßnahmen gegen antirepublikanische Ausfälle – von einzelnen Vorkommnissen bis hin zu den Missständen in der Mürwiker Marineschule – im Nachhinein als ausreichend guthieß. Das brachte aber die Kritik an der Reichswehr und am verantwortlichen Minister, vor allem von SPD und KPD, nicht zum Verstummen. Geßler versäumte es, das Militär stärker im republikanischen Geist zu formen. Die Abschirmung der Reichswehr vor demokratisch-parlamentarischer Kontrolle ließ ihr den Raum, die Versailler Bestimmungen durch eine illegale Rüstung und eine geheime, allerdings nicht sehr tiefgehende Zusammenarbeit mit der sowjetrussischen Roten Armee, die das Training mit den durch Versailles verbotenen Waffensystemen ermöglichte, zu untergraben.

Das Militär, das Seeckt immer als Garant der inneren Sicherheit und Ordnung verstand, gewann einiges von dem durch sein Verhalten im Kapp-Lüttwitz-Putsch verlorenen Terrain zurück. Nach der Revolte war das am augenfälligsten in der Frage des Ausnahmezustandes geschehen: Hatte die politische Führung in Gestalt von Reichspräsident und Reichsregierung bis zum Putsch wie selbstverständlich zur Sicherung von Ruhe und Ordnung auf die Reichswehr zurückgegriffen, so wurde sie danach von dieser Aufgabe entbunden. Der kommunistische Aufstand im mitteldeutschen Industrierevier im März 1921 wurde wesentlich von der preußischen Schutzpolizei niedergeschlagen. Erst in der Staatskrise 1923 rückte die Reichswehr wieder als Sicherungstruppe in den Mittelpunkt.

Gegen das 1921 bei den Unruhen in Mitteldeutschland zum Vorschein getretene Bemühen, dem Instrument Ausnahmezustand den militärischen Anstrich zu nehmen, machte die Reichswehr mobil, die sich mit Kritik zu Wort meldete, um sich als Krisenmanager in Erinnerung zu bringen. Das Vorgehen im preußischen Sachsen galt bei vielen Militärs als ein »Schulbeispiel dafür, wie man es nicht machen soll«. Das zielte darauf, die im April 1920 vollzogene und im März 1921 erprobte Entmilitarisierung des Ausnahmezustandes zu revidieren und den militärischen wieder zur Regel zu machen. In der Staatskrise des Herbstes 1923 sollte es dann soweit sein, als der militärische Ausnahmezustand im Gefolge des Abbruchs des passiven Widerstandes gegen die französische Besetzung der Ruhr verhängt und beim Hitler-Putsch im November 1923 Seeckt die vollziehende Gewalt übertragen wurde. Diejenigen, die mit einer Diktatur des Generals liebäugelten, wähnten sich dem Ziel nahe.

In diesem Moment, als – neben dem Reichspräsidenten – mächtigster Mann im Reich, trat der General aus der sich selbst auferlegten politischen Reserve heraus und testete aus, wie weit er sich auf politisches Terrain vorwagen konnte. Doch weit kam er nicht. Denn Reichspräsident Ebert, der ihn in die Schlüsselstellung gebracht hatte, wies ihn in die Schranken. Als Seeckt am 13. Februar 1924 dem Präsidenten vorschlug, den militärischen Ausnahmezustand alsbald aufzuheben, so war dieser Schritt eher aus der Resignation vor den wachsenden Widerständen von Seiten der Politik geboren worden als aus der Erkenntnis, dass die Zeit für eine Rückkehr zur staatlichen Normalität reif war.

Die 1924 einsetzende relative Stabilisierung entband die Reichswehr für den Rest von Seeckts Amtszeit von der Funktion als innenpolitischer Krisenregulator. Im Oktober 1926 musste Seeckt seinen Abschied nehmen, nachdem er ohne Absicherung beim Minister die Teilnahme eines Enkelsohnes des Kaisers an einer Truppenübung erlaubt hatte. Das Ende der Ära Seeckt markierte zweifelsohne einen Einschnitt in der Geschichte der Reichswehr in der ersten Republik.

Seeckt hatte unter Beschneidung der Kompetenzen des Reichswehrministers die Umwandlung vom »parlamentarischen Ministerium zum unverantwortlichen Kommandostab« ermöglicht. Das war die Vorstufe für die durch Seeckt forcierte Entwicklung der Reichswehr zu einer dem abstrakten Staate verpflichteten Institution. In eigenen Worten aus einer Schrift von 1929: »Das Heer dient dem Staat, nur dem Staat; denn es ist der Staat.«

Anders sahen das die Kritiker, die eine andere Wendung gebrauchten, nämlich die von der Reichswehr als einem »Staat im Staate«, der »seinen eigenen Gesetzen folgt und seine eigene Politik betreibt«, wie es Philipp Scheidemann in seiner großen Rede am 16. Dezember 1926 im Reichstag ausdrückte, als er die illegalen Machenschaften, die geheime Aufrüstung der Reichswehr und deren Kooperation mit der bolschewistischen Roten Armee anprangerte, was auch zum Sturz der bürgerlichen Regierung von Wilhelm Marx führte. Scheidemanns Formel wurde zum Signet für die von links gegen die Reichswehr gerichtete Kritik. Ganz so aber war es nicht, denn die kleine verbliebene Elitetruppe, eine Berufsarmee aus vornehmlich im Kaiserreich groß gewordenen Offizieren, die sich nicht mit der Republik aussöhnen wollten und konnten, war doch enger mit dem Staat und seinen Organen verbunden, als gemeinhin angenommen. Nach Scheidemanns Offenbarungen suchte und fand der neue Chef der Heeresleitung, Wilhelm Heye, die Rückendeckung der Politik für die geheime Aufrüstung, mit der man in absehbarer Zeit zu einer ernstzunehmenden militärischen Macht reifen wollte. Mit dem ehemaligen General Wilhelm Groener, der 1920 bis 1923 als Parteiloser Verkehrsminister war, folgte dann auf Geßler 1928 ein Reichswehrminister, der nicht mehr nur Schutzschirm sein wollte, sondern aktiv die militärpolitische Führung okkupierte, mit all den entsprechenden politischen und militärischen Implikationen. Das meinte in Abstimmung mit der Gesamtpolitik die stabile und leistungsfähige Reichswehr zu einer schlagkräftigen Armee auszubauen. Diese moderne Dynamisierung der Rüstungsanstrengungen konnte nur durch Kooperation und Kompromiss mit den Exekutivorganen gelingen, was im Grunde auch die Aufweichung jener von Seeckt konsequent verteidigten Distanz zum Staat bewirkte. Die Reichswehrführung betrieb die Aufrüstung nun in Zusammenarbeit mit der Politik, um die Nation wehrhaft für einen »totalen Krieg« zu machen. Sie setzte dabei ihre Hoffnungen in diejenigen politischen Kräfte, von denen sie die größte Unterstützung für ihre Pläne erwarten konnten. Insgesamt führte das zur »Normalisierung der Militärpolitik von einem isolierten Fremdkörper zu einem kontrollierbaren Bestandteil der Reichspolitik« (JOHANNES HÜRTER).

Ungeachtet dieser neuen Entwicklung, der ansatzweisen Integration in das republikanische System auch über eine Abstimmung der Rüstungsprojekte und der allgemeinen militärpolitischen Ziele mit der Regierung, bestanden bei vielen militärischen Führern antirepublikanische Grundeinstellungen fort. So konnte Groener sein Ziel, die Reichswehr aus den tagespolitischen Querelen herauszuhalten und eine neutrale Staatstreue zu implementieren, nicht erreichen: Er wollte, so der Minister im März 1928 im Reichstag, die »Angehörigen der Reichswehr zum Staatsgedanken erziehen und zum rückhaltlosen Gehorsam gegenüber Verfassung und verfassungsmäßiger Regierung«. Dabei zielte er darauf, die »überparteiliche Stellung der Reichswehr gegenüber allen Schichten der Bevölkerung« zu bewahren. Gegen seinen Kurs gab es Widerstände. Den Republikanern war das zu wenig, den Rechtskreisen viel zu viel. Groener, einer der wenigen hohen Militärs, der sich ausdrücklich auf den Boden der republikanischen Ordnung stellte, fehlte so der breite Rückhalt; es gelang ihm nicht, die Beziehungen der Reichswehr zu den relevanten gesellschaftlichen und politischen Gruppen zu normalisieren.

Auch seine Erklärung im Spätherbst 1929, dass in der Reichswehr kein Platz für Offiziere sei, die mit der NSDAP auch nur sympathisierten, konnte die wachsende Affinität gerade jüngerer Offiziere zur Hitler-Bewegung nicht unterbinden. Sein Erlass vom Januar 1932, der die Einstellung von Nationalsozialisten in die Reichswehr ermöglichte, war eine Konzession an die NSDAP, die ihm starken Widerspruch der Länder einbrachte. Als er dann, auch auf diesen Druck einiger Ministerpräsidenten hin, in seiner Eigenschaft als kommissarischer Innenminister im April 1932 die SA verbot und damit die Reichswehr sichtbar gegen die NSDAP zu positionieren versuchte, musste er seinen Stuhl räumen, zumal sein langjähriger Intimus Kurt von Schleicher, seit März 1929 Chef des Ministeramts, sich nun gegen ihn stellte und auch den Reichspräsidenten soufflierte, der die Verordnung ja unterzeichnet hatte, wenn auch widerwillig. Groener büßte bei Hindenburg jeglichen Rückhalt ein. Dass beide gegen Kriegsende die OHL geführt hatten, spielte da keine Rolle mehr. Auf alte Kameradschaft brauchte Groener nicht zu rechnen; er wurde kalt abserviert. Seine ungeschickte Rechtfertigungsrede am 10. Mai im Reichstag, als er die SA als »Staat gegen den Staat« und als »Gefahr der Staatsautorität« bezeichnete, führte zu seinem letztlich erzwungenen Rücktritt als Reichswehrminister, wenngleich er formal noch bis zur Gesamtdemission der Regierung Brüning drei Wochen später amtierte. Der Intrigant und Strippenzieher Schleicher übernahm im folgenden Kabinett Papen den Posten des Reichswehrministers.

Es blieb dabei: Die Reichswehr entwickelte sich nicht zum republikanischen Parlamentsheer; sie war und blieb Fremdkörper in der Republik, auch wenn sie sich, als Diener des abstrakten Staates verstehend, ihr neutral gegenüber gab. Demokratische und militärische Ordnung waren und blieben Gegensätze und eine besondere Belastung der Republik. Eine ausgeprägte Militarisierung der Gesellschaft, militaristische Verbände, Heldengedenken und Kriegsverherrlichung in Symbolen und in Literatur erleichterten es den Soldaten, ihre Rolle zu ertragen. Aber verinnerlicht hatten sie die Demokratie nicht. Am Ende der Republik steuerte der ambitionierte Kurt von Schleicher durch seine Verbindungen das Militär aus der politischen Reserve hinein in eine politische

Funktion, sehr zum Missfallen innerhalb der Generalität. Ihm war schon 1926 klar, dass die Monarchie »keinen Boden mehr in Deutschland« habe: »Nicht Republik oder Monarchie ist jetzt die Frage, sondern, wie soll diese Republik aussehen?« Da mischte er nun kräftig mit. Es spielte eine unheilvolle Schlüsselrolle am Ende der Republik.

Die von den politisch und militärisch Verantwortlichen in einem machtstaatlichen und nicht in einem republikanischen Selbstverständnis erzogene Reichswehr näherte sich innerlich der Republik nicht an, so dass sie zu einem autonomen Fremdkörper im demokratischen System wurde. Die Entpolitisierung führte schließlich, so prophezeite der oldenburgische Ministerpräsident Theodor Tantzen (DDP) schon im November 1922, zu einer Entrepublikanisierung der Reichswehr, die insofern ihren Anteil am Untergang der Republik besaß, als sie die Auflösung der Demokratie und die Machtergreifung Hitlers widerstandslos hinnahm, in Teilen gar tatkräftig förderte. Da die Politik sich still zur nationalsozialistischen Usurpierung der Macht verhielt, gab es für die militärische Führung, die der abstrakten Staatsidee und nicht der Staatsform sich verpflichtet fühlte, keinen Grund, gegen die braunen Horden vorzugehen. Die Reichswehr trug so zur Destabilisierung und zum Untergang der Republik bei: Sie versagte 1933 »ebenso wie alle anderen Staatsorgane« (HANS-ADOLF JACOBSEN).

Übung der Reichswehr im September 1930 in Unterfranken in Anwesenheit von Reichspräsident Paul von Hindenburg (vorn l.) und dem Chef der Heeresleitung, General Wilhelm Heye (4. v. r.).

*

IM FOKUS: *Wehr- und Kampfverbände*

Massenversammlungen und Massenaufmärsche als Machtdemonstrationen und zu Propagandazwecken sowie zur Festigung der eigenen Reihen gehörten zum Alltag der Republik. Die Reichswehr stand in Verbindung zu militaristischen Verbänden, die strikt die Republik ablehnten. Der mächtigste war der Ende 1918 ins Leben gerufene »Stahlhelm, Bund der Frontsoldaten«, der mit seinen ca. 500.000 Mitgliedern (um 1930) als Veteranenvereinigung sich der soldatischen Traditionspflege annahm und den Mythos vom Frontkämpfer pflegte. Der Stahlhelm als militanter Arm der DNVP bildete mit dieser und anderen nationalistischen Gruppen 1931 die »Harzburger Front«, in die sich auch die NSDAP einreihte und die offen auf den Sturz der Republik hinarbeitete. Die Nationalsozialisten hatten schon 1921 mit der SA (Sturmabteilung) und 1925 mit der SS (Schutzstaffel) Kampftruppen geschaffen. Bis in den Herbst 1930 hinein, so Reichsinnenminister Wilhelm Groener 1932 zur Begründung des Verbots der SA, sei diese eine »verhältnismäßig harmlose Sache« gewesen, habe sich aber dann zu einer Gefahr für den Staat entwickelt.

Vom Stahlhelm ausgeschlossen blieben jüdische Kriegsteilnehmer, die sich ihrerseits im »Reichsbund jüdischer Frontsoldaten« unter dem Begründer und Bundesvorsitzenden Leo Löwenstein sammelten (zeitweise um die 55.000 Mitglieder), um auch daran zu erinnern, dass 12.000 jüdische Soldaten in den Schützengräben ihr Leben gelassen hatten. 1920 gründete sich in Kassel der Jungdeutsche Orden, der sich mit konservativ-reaktionären Zielen in einem bündisch-elitären Geist der Pflege des Fronterlebnisses annahm und es mit einem merkwürdigen programmatischen Gebräu immerhin auf 70.000 Mitglieder brachte, untergliedert in Bruder- und Schwesternschaften. 1930 vereinigte sich der politische Arm des Verbandes mit der DDP zur Deutschen Staatspartei.

Die stärkste Organisation mit wohl etwa einer Million Mitgliedern war das im Februar 1924 aus regionalen republikanischen Soldatenverbänden gegründete Reichsbanner Schwarz-Rot-Gold, das überwiegend aus Mitgliedern der SPD, weit weniger des Zentrums und der DDP bestand. Der rein männliche Kampfverband – »eine bitter notwendige, vor allem aber psychologisch wertvolle Unterstützung« der Republik (HANS-ULRICH WEHLER) – verstand sich als überparteiliches Bündnis zum Schutz der Republik gegen »Hakenkreuz und Sowjetstern« und bemühte sich, republikanisches Gedankengut vor allem mit Fahnenweihen, Errichtung von Denkmälern und Verfassungsfeiern als Teil einer demokratischen Festkultur in der Bevölkerung zu implementieren. Zugleich bemühte er sich um ein demokratisches Kriegsgedenken jenseits eines verherrlichenden Nationalistenrummels. Als Reaktion auf die zunehmende Gewalt der Republik-

feinde und zum Schutz republikanischer Veranstaltungen bildete das Reichsbanner ab 1930 paramilitärisch ausgebildete Schutzformationen (Schufo) in einer Größenordnung von 250.000 Mann.

Demonstration der »Eisernen Front« im Juli 1932 in Frankfurt a. M.

Ebenfalls 1924 entstand der »Rote Frontkämpferbund« als »Organisation der proletarischen Frontkämpfer« (1927 etwa 125.000 Mitglieder), die sich als Armee der KPD, deren Mitgliederzahl der Bund zeitweise sogar überflügelte, zunächst mit dem Reichsbanner Auseinandersetzungen lieferte und später die Staatsmacht herausforderte.

Als Reflex auf die Bildung der antidemokratischen »Harzburger Front« schlossen sich SPD, Reichsbanner, die SPD-nahen Gewerkschaften und der Arbeiter-Turn- und Sportbund im Dezember 1931 zur »Eisernen Front« zusammen, die als Sammlungsbewegung der Republikaner – unter ihrem Symbol der drei Pfeile – die Kräfte zur Verteidigung der Demokratie mobilisierte. Die Republik hatte durchaus kampfbereite Massenorganisationen an ihrer Seite, was dem bis heute noch weitverbreiteten Bild von der »Republik ohne Republikaner« widerspricht. Allen Kampfverbänden gemein waren Symbolik, einheitliche Uniformen und militärische Attitüden als Identifikationselemente, welche die Gemeinschaft stärken sollten, auch im Kampf gegen den politischen Gegner. Aber die republiktreuen Verbände waren keine militaristischen Führervereine, sondern in erster Linie politische Organisationen mit demokratischen Strukturen.

Am Ende der Republik, als mit der Weltwirtschaftskrise und dem zeitgleichen Aufstieg der Nationalsozialisten die Gewalt eskalierte, trugen Saal- und Straßenschlachten zur Destabilisierung bei, wobei vor allem die brutalen Auseinandersetzungen zwischen SA und Rotfrontkämpfern bürgerkriegsähnliche Ausmaße mit Toten und Verletzten annahmen, die allerdings nicht an die Opferzahlen aus den Bürgerkriegsszenarien der ersten Jahre reichten. Zeitweilige Verbote der radikalen Verbände konnten nicht verhindern, dass die extremistischen Organisationen ihren Teil zum Untergang der Republik beitrugen. Dagegen vermochten die staatsloyalen Reservetruppen von Reichsbanner und Eiserner Front letztendlich kaum etwas ausrichten.

Aufmarsch des »Stahlhelm« auf dem Tempelhofer Feld in Berlin zum 13. Frontsoldatentag im September 1932 mit über 150.000 Teilnehmern.

7. Die Frau zwischen Wahlurne und Waschmaschine

»Besonders herzlich begrüße ich die Frauen, die zum ersten Mal gleichberechtigt im Reichsparlament erscheinen.« Mit diesem Satz in seiner Eröffnung der Nationalversammlung am 6. Februar 1919 unterstrich der Volksbeauftragte Friedrich Ebert eine der wesentlichen Neuerungen der Revolutionszeit: 1919 konnten erstmals in der deutschen Geschichte Frauen wählen und auch gewählt werden. Sie erhielten den Zugang zur Politik und zu den Parlamenten.

Bis 1918 durften in der patriarchalisch organisierten Welt des Kaiserreiches lediglich Männer über 25 Jahre zur Urne schreiten, auf kommunaler Ebene aber auch nur, wenn sie bestimmte Voraussetzungen wie das Zahlen von Steuern und den Besitz an Grund und Boden erfüllten. Die Forderung nach dem Wahlrecht für Frauen, das zum Kern des sozialdemokratischen Programms von Erfurt 1891 gehörte, wurde weltweit auf den seit 1911 begangenen Internationalen Frauentagen erhoben. Bald machten sich auch bürgerliche Frauenvereine, zumindest die fortschrittlichen, dieses Postulat der Emanzipation zu eigen. Der Krieg wirkte dann als »Katalysator weiblicher Politisierung« (UTE PLANERT).

Ihr Ziel erreichten die Frauen in der Revolution, an der sie über symbolische Akte hinaus – wie das Hissen der roten Fahne am 9. November auf dem Berliner Polizeipräsidium durch Helene Zirkel – ihren Anteil hatten. Auch Frauen gingen auf die Straßen, identifizierten sich mit den Zielen der Revolution und suchten nun die Geschlechtergerechtigkeit zu erkämpfen. Tony Sender von der USPD etwa spielte in den Tagen vor und nach dem 9. November eine führende Rolle in der Frankfurter Revolutionsbewegung. Aber Frauen blieben in der verschwindenden Minderheit: Im provisorischen Nationalrat, dem am 8. November gebildeten Revolutionsparlament des bayerischen Freistaates, gab es unter 256 Mitgliedern nur acht Frauen.

Am 12. November 1918 verkündete der Rat der Volksbeauftragten das Wahlrecht für Frauen. Das war nichts weniger als ein historischer Meilenstein. Das Recht war in der Tat keine kontrovers diskutierte Errungenschaft der Revolution, weil es auch für weite Teile des fortschrittlichen Bürgertums eine Selbstverständlichkeit darstellte. Dass es aber just zu diesem Zeitpunkt umgesetzt wurde, hatte die Frau der Revolution und dem sozialdemokratischen Rat der Volksbeauftragten zu verdanken. Noch am 8. November vollführten die bürgerlichen Parteien im Interfraktionellen Ausschuss des Reichstags wahre Eiertänze um die Einführung des Frauenwahlrechts. Kurzerhand verordneten die neuen sozialdemokratischen Machthaber vier Tage später das Stimmrecht, auch wenn man sich bewusst war, dass es sich »in seiner Praxis wohl für die Zentrumspartei« auszahlen würde, wie Eduard David von der SPD am 8. November 1918 prophezeite. Im Gegensatz zur deutschen Frau musste die der Siegermächte wie jene in Frankreich teilweise noch Jahrzehnte auf ihr Grundrecht warten. Es spricht vieles dafür, dass ohne die Revolution es wohl auch in Deutschland doch noch einige Zeit mit dem Frauenwahlrecht gedauert hätte.

Andrang am 19. Januar 1919 bei den Wahlen zur Nationalversammlung: Zum ersten Mal dürfen Frauen reichsweit wählen und gewählt werden.

Freilich gab es beim anderen Geschlecht eine gewisse Verunsicherung über diese Neuerung. Selbst der zu den fortschrittlichen Liberalen zählende Verfassungsvater Hugo Preuß besaß Vorbehalte, sah er doch zwischen dem wahlberechtigten zwanzigjährigen Arbeiter und einem gleichaltrigen Mädchen einen Unterschied. Die noch am Tag vor den Wahlen geäußerten Bedenken wie die der fränkischen Schriftstellerin Sophie Hoechstetter, dass für viele der Frauen, »die bisher mit ihren häuslichen Interessen lebten, das Wahlrecht mehr eine schwierige Pflicht als ein beglückendes Geschenk« sei und sie daher nicht wählen würden, erwiesen sich als unbegründet. Der allerorten verkündete Appell »Frauen! Wählt!« und das direkte auf die weibliche Wählerschaft zielende Werben der Parteien schlugen sich in einer 90-prozentigen Beteiligung der Frauen bei den Wahlen zur Nationalversammlung am 19. Januar 1919 nieder.

Unter den 423 Erstgewählten befanden sich 37 Frauen (8,7 Prozent), davon allein 19 in der SPD-Fraktion, die 165 Köpfe umfasste. Die deutsche Wählerin wandte sich jedoch in der Folgezeit prozentual mehr als ihr männliches Pendant den bürgerlichen und konservativen Parteien zu. Die SPD, die das Wahlrecht eingeführt hatte, erhielt von der Frau an der Wahlurne keinen Dankeszettel ausgestellt. Die Frau wählte weniger radikal, stärker religiös und mehr konservativ als der Mann.

Ein Großteil der neuen weiblichen Abgeordneten brachte reichlich Erfahrungen mit in die Politik: Aus der Verbandsfunktionärin wurde nun auch eine Parlamentarierin. Frauen hatten sich während des Kaiserreiches in unterschiedlichsten Organisationen, Vereinen und Frauengruppen ihre Sporen verdient und Politik gelernt. Gertrud Bäumer etwa, die von 1919 bis 1932 für die DDP/Staatspartei im Reichstag saß, konnte führende Funktionen in der bürgerlichen Frauenbewegung vorweisen. Ab 1920 wirkte sie dann als Ministerialrätin im Reichsinnenministerium. Radikale Feministinnen fanden sich kaum unter den Mandatsträgerinnen, dafür aber manch eine aus dem bürgerlich-konservativen Lager, das bis 1918 so ganz und gar nicht für das Frauenwahlrecht eingetreten war. Das hohe Engagement von Frauen des bürgerlichen Spektrums nach dem Zusammenbruch resultierte auch aus der Befürchtung, die Politisierung der Frauen draußen im Lande den linken Parteien zu überlassen. Die Pionierin der katholischen Frauenbewegung in Bayern, die aus Schweden stammende Ellen Ammann, wurde 1919 in den Landtag gewählt, dem sie als Mitglied der BVP bis zu ihrem Tod – nach einer Landtagsrede im November 1932 – ununterbrochen angehörte. Insgesamt gab es in den Landtagen in Bayern und Sachsen während der gesamten ersten Republik jeweils nur 19 Frauen, im Volksstaat Hessen zwölf. Zwischen 1920 und 1932 zogen insgesamt 111 Volksvertreterinnen in den Reichstag ein, dessen Frauenanteil konstant unter acht Prozent lag; überdurchschnittlich rangierte die Quote von Mandatsträgerinnen durchgängig nur bei der SPD.

Die erste Frau aber, die in einem deutschen Parlament sprach, kam von der liberalen DDP: Es war Marianne Weber. Dass sie als erste von drei Frauen am 15. Januar 1919 auf der konstituierenden Sitzung der bereits am 5. Januar gewählten badischen Nationalversammlung zum Rednerpult schritt, war Zufälligkeiten geschuldet. Der Gattin des großen Nationalökonomen und Soziologen Max Weber folgte als erste Frau in einem deutschen Reichsparlament Marie Juchacz (SPD), die auf den Tag genau einen Monat später in der Nationalversammlung das Wort ergriff. Und wiederum einen Monat danach, am 19. März, erlebte die verfassunggebende preußische Landesversammlung die frauenpolitische Ouvertüre mit Margarethe Poehlmann (DVP).

Der Weg der Frauen in *die* Politik war nunmehr geebnet, ihr weiterer Weg in *der* Politik sollte ein dornenreicher sein. Sie nutzten keineswegs unvorbereitet das neue Mitbestimmungsrecht, waren sie doch in der überwiegenden

Mehrzahl politisch kampferprobt. Doch spielten sie in den Parlamenten zumeist eine Rolle am Rande. Dort konzentrierten sich die Vertreterinnen vor allem des bürgerlichen Spektrums, durchaus noch im Glauben an die Wesensunterschiede von Mann und Frau, auf jene Bereiche, die ihnen die Männer überließen, eben auf die vermeintlich klassischen »weiblichen« Aufgabenfelder: Familie und Frauen, Sozialfragen, Erziehung und Bildung. Keineswegs überwunden war die Einschätzung, dass Männer und Frauen aufgrund ihrer »natürlichen« Charaktereigenschaften auch über unterschiedliche Fähigkeiten verfügten und damit auch auf unterschiedlichen Tätigkeitsfeldern von Nutzen sein konnten, die Frau eben auf dem sozialen und karikativen Terrain. Das galt gleichermaßen für Reichstag und Landtage sowie für die Kommunalparlamente, wo jetzt neben den »Stadtvätern« auch »Stadtmütter« saßen. Jenny Apolant, liberale Vorkämpferin des Frauenwahlrechts und 1919 mit zehn anderen Frauen ins 96-köpfige Frankfurter Stadtparlament gewählt, erhob es schon früh zur Aufgabe der Parlamentarierinnen, sich in den diesbezüglichen Ausschüssen zu engagieren, da diese ihren »Fähigkeiten am meisten« entsprechen würden. Illusionen über die Schwere des künftigen frauenpolitischen Weges machte sich die DDP-Politikerin dabei nicht: »Ein Ziel ist erreicht, aber dieses Ziel bedeutet keinen Ruhepunkt, sondern wiederum einen Anfang und wahrscheinlich einen schweren.« Neben dem Mandat erlangte die Frau auf dem kommunalen Parkett vereinzelt ein Amt: Meta Quarck-Hammerschlag, Frau des SPD-Reichstagsabgeordneten Max Quarck, gehörte ab 1919 als ehrenamtliche Stadträtin dem Frankfurter Magistrat an. Doch bekleidete, bis auf die Episode der unabhängigen Sozialdemokratin Minna Fasshauer als Volkskommissarin im Land Braunschweig 1918/19, keine Frau ein Ministeramt im Reich oder in den Ländern. Erst 1961 sollte mit Elisabeth Schwarzhaupt eine Frau ein Bundesministerium leiten, nahezu unausweichlich das für Gesundheit.

Wie die Ikone der Frauenbewegung und der sozialen Arbeit, Alice Salomon, bereits im Dezember 1918 geschrieben und Marianne Weber in ihrer Auftaktrede in Karlsruhe unterstrichen hatte, sollten die Frauen der verschiedenen politischen Richtungen sich mehr als die Männer untereinander verbunden fühlen, denn neben »allen Parteiinteressen« existiere über die Parteigrenzen hinweg »ein großes gemeinsames Interesse« der Frau. Doch die überparteiliche Zusammenarbeit der Frauen erwies sich angesichts der parteipolitischen Fraktionierung und der permanenten Krisen als äußerst schwierig.

Die Frauen wollten jedoch mitwirken. Insgesamt aber war und blieb Politik Domäne der Männer, die über das neue Listenwahlsystem dafür sorgten, dass die aussichtsreichen Plätze zumeist ihnen vorbehalten waren, so dass bei führenden Politikerinnen wie der Vorkämpferin für das Frauenwahlrecht und Pazifistin Anita Augspurg, die 1919 in Bayern vergeblich für die USPD zur

Nationalversammlung kandidiert hatte, und der parteilosen Lida Gustava Heymann Mitte der 1920er Jahre Gedanken an gemeinsame Frauenlisten keimten. Sie wurden aber letztlich nicht realisiert; die Ausnahme bildeten einige gemeinsame Frauenlisten auf Gemeindeebene. Die Parteibindung wog schwerer als die geschlechtsspezifischen Bande. In der Endphase der Republik kam es durch die Verrohung der politischen Kultur und den kometenhaften Aufstieg des Nationalsozialismus, der eine politisierte Frau ablehnte und nach der Machtübernahme den Frauen das passive Wahlrecht stahl, zu einer rückwärtsgerichteten Vermännlichung auch in den anderen Parteien.

Auch jenseits der Politik gab es Hemmungen der Gleichberechtigung. In Artikel 109 der Weimarer Verfassung war zu lesen, dass Männer und Frauen zwar »grundsätzlich dieselben staatsbürgerlichen Rechte und Pflichten« besaßen, aber das »grundsätzlich« signalisierte eine gewichtige Einschränkung, gegen die eine Mehrheit der Parlamentarierinnen vor allem aus dem linken Spektrum gestimmt hatte. Denn die vermeintlichen Wesensunterschiede wurden damit verfassungsrechtlich zementiert, auch wenn Artikel 119 die Ehe als Grundlage des Familienlebens unter den besonderen Schutz der Verfassung stellte und erklärte, dass sie auf der Gleichberechtigung der beiden Geschlechter beruhe. Doch blieb die Ungleichheit im Privatrecht bestehen, besonders im Ehe- und Familienrecht, das die Frauen nach wie vor entmündigte. Alte Gesetze des Kaiserreichs und allgemeine gesellschaftliche Normen, die die Divergenz der Geschlechter zementierten und damit der Gleichberechtigung entgegenwirkten, überdauerten den Systembruch.

Von einer kontinuierlichen Fortentwicklung der Rechte der Frauen, ihrer Beteiligung am politischen Leben und einer Gleichstellung im Beruf konnte trotz einiger »Frauengesetze« in der ersten Republik nicht die Rede sein. Zu diesen »Frauengesetzen« zählten u. a. das Jugendwohlfahrtsgesetz, die Zulassung von Frauen als Rechtsanwältinnen und Richterinnen, Mindestlöhne und Sozialversicherung für Heimarbeiterinnen und die Erweiterung des Mutterschutzes und der Wöchnerinnenfürsorge.

Die mit dem Kriegsende sich breitmachende frauenpolitische Aufbruchsstimmung wich später der Ernüchterung. Im Herbst 1919 bejubelte die sozialdemokratische Zeitschrift »Volk und Zeit« kurz hintereinander, dass die große Malerin, Grafikerin und Bildhauerin Käthe Kollwitz zum ersten weiblichen »Kunstprofessor in Deutschland« ernannt und in die Preußische Akademie der Künste aufgenommen worden war, sich die erste Berliner Universitätsdozentin habilitiert und dass die Frauenrechtlerin Gertrud Hanna der deutschen Delegation zur Internationalen Arbeitskonferenz in Washington im Herbst 1919 angehören sollte, an der die Deutschen dann doch nicht teilnahmen. Schauspielerinnen avancierten zu Medienstars und waren in Kleidung, Frisur und Auftreten Trendsetterinnen. Marlene Dietrich war durch ihren Filmerfolg »Der blaue Engel« die »Femme fatale« schlechthin. Sportlerinnen wie die erste deutsche Wimbledon-Siegerin Cilly Aussem und ihre Endspielgegnerin von 1931, Hilde Krahwinkel, wurden verehrt. Die Stinnes-Tochter Clärenore gewann Autorennen gegen ihre männliche Konkurrenz, bevor sie 1927 zu einer zweijährigen Weltumrundung mit dem Auto aufbrach. Die Kunstfliegerin Elly Beinhorn umrundete nach einem Afrikaalleinflug 1931/32 im Alter von 24 Jahren mit einem Flugzeug allein die Welt. Und die »Flotte Helene«, die 17-jährige Helene Wranovsky aus dem Württembergischen, stand in Motorradrennen »ihren Mann«. Diese herausragenden Leistungen galten als Belege für eine fortschreitende Emanzipation. Aber das waren und blieben Ausnahmen, jedoch mit breiter Öffentlichkeit.

Saisoneröffnung eines Berliner Motorradklubs im März 1924: Frauen mit ihren Motorrädern bei der Startvorbereitung.

Die soziale und gesellschaftliche Emanzipation hinkte den Ansätzen zu einer politischen Gleichberechtigung mit dem Wahlrecht für die Frau hinterher. Im Krieg hatte sich die traditionelle Rolle der Frau, gekennzeichnet durch die drei

»K« – Kinder, Küche, Kirche –, gewandelt, als sie stärker am wirtschaftlichen und gesellschaftlichen Leben partizipierte. Im Zuge der Normalisierung wurde nach Kriegsschluss vieles davon wieder zurückgenommen. Frauen wurden aus den von den zum Kriegsdienst eingezogenen Männern übernommenen Arbeitsplätzen wieder verdrängt, vor allem aus dem industriellen Bereich, wo der Frauenanteil sich bald nach dem Waffenstillstand wieder auf dem Vorkriegsniveau einpendelte. Mancherorts bat man mildtätig um Spenden für die nach der Rückkehr der Männer entlassenen Frauen. Und ein liberales Blatt meinte zehn Wochen nach Kriegsende, dass die Frau im Krieg den Mann vertreten und damit ihre Pflicht erfüllt habe, jetzt aber diene sie »sich und dem deutschen Volke, wenn sie Platz macht«. Wenn sie es aber nicht aus Einsicht tue, helfe nur gesetzlicher Zwang.

Die kommunalen Demobilisierungsausschüsse besaßen weitreichende Vollmachten, um die Soldaten wieder in Arbeit zu bringen. Die Frauen hatten aus den im Krieg eingenommenen Arbeitsplätzen zu weichen und in die »Erwerbszweige« zurückzugehen, die für die »männlichen Arbeitskräfte völlig ungeeignet« seien, wie eine bürgerliche Zeitung schrieb. Das bedeutete bei vielen Frauen eine Rückstufung aus qualifizierten Berufsfeldern zurück in ungelernte (und freilich auch schlechter bezahlte) Tätigkeiten. Ende März 1919 erging eine Reichsverordnung, wonach diejenigen männlichen und weiblichen Arbeiter, die nicht auf das Einkommen ihrer während des Krieges angenommenen Stellung angewiesen seien, den Kriegsheimkehrern Platz machen mussten. In der Realität bedeutete dies konkret: Die Ehefrau wurde wieder an den Herd zurückgestoßen, zurück in die Familie. Die Doppelverdienerin wurde zur Negativfigur.

Zurück blieb bei vielen Betroffenen das Gefühl der konjunkturellen Verfügungsmasse, auf die man bei Bedarf zurückgreifen konnte oder bei Überkapazitäten einfach wieder freisetzte. Andere Frauen wiederum, die im Krieg in der Doppelbelastung Arbeit und Familie gestanden hatten, sehnten sich nach den »geregelten«, den in der Vorkriegszeit eingeschliffenen familiären Verhältnissen zurück. Das allerdings konnte nur den Ehefrauen gelingen, deren Männer relativ unversehrt an Körper und Geist das Schlachthaus überstanden hatten. Viele unverheiratete Frauen konnten nun endlich ihren Liebsten heiraten, womit sich die Hoffnung auf eine soziale Absicherung verband. 1919/20 war ein sprunghafter Anstieg der Eheschließungen zu verzeichnen. Andere Ehefrauen trugen die Belastungen einer Ehe mit einem körperlich verstümmelt und seelisch traumatisiert von der Front heimgekehrten Mann. Und die Kriegerwitwe hatte als Alleinerziehende die Verantwortung für die Familie. So lastete auf vielen Frauen eine Vielfachbelastung als Ernährerin der Familie, Mutter einer Kinderschar oder Pflegekraft eines kriegsversehrten Mannes.

Angesichts der bald nach Kriegsende einsetzenden Diskriminierung der Frau am Arbeitsplatz warnte im August 1919 die Nationalversammlungsabgeordnete Marie Baum (DDP) bei der Erläuterung einer interfraktionellen Interpellation der Mandatsträgerinnen, die sich gegen massenhafte Entlassung von Frauen wandte, ihre Kollegen, es dürfe »nicht auf dem Markt der Arbeit anstelle des Klassenkampfs ein Kampf der Geschlechter um die Arbeitsplätze erwachsen«. Das blieb ein Weckruf ohne große Folgen.

Marie Baum beklagte gleichzeitig, dass einige Universitäten Frauen ausschließen würden. Im Krieg war der weibliche Anteil an den Hochschulen gestiegen; mitunter befanden sich die Frauen, unter Berücksichtigung der tatsächlichen Präsenz an der Hochschule, gegen Kriegsende sogar knapp in der Mehrheit. Manche Universität verzeichnete zum Wintersemester 1919/20 den höchsten Frauenanteil, der erst wieder gegen Ende der Republik überboten werden sollte, denn die Quote sank in den 1920er Jahren wieder rapide, rangierte aber 1932 mit 16 Prozent über dem Vorkriegsniveau.

Selbst das avantgardistische »Bauhaus«, das angetreten war, zwischen dem »schönen und starken Geschlecht« keine Unterschiede machen zu wollen, suchte den Ansturm der Frauen auf das Studium durch eine besonders gründliche Prüfung einzudämmen, nachdem im ersten Sommersemester 1919 die Frauen noch knapp in der Minderheit gewesen waren, obwohl sie 20 Prozent mehr Studiengebühren als ihre männlichen Mitstudierenden zu zahlen hatten. Mit Erfolg: Die Zahl der »Bauhausmädels« sank kontinuierlich. Im Lehrkörper befanden sich Frauen ohnehin in der verschwindend kleinen Minderheit.

Wenn auch die bisherige Geschlechterordnung ins Wanken geriet und ein Emanzipationsschub festzustellen war, so konnte von einem durch den Funktionswandel während des Krieges angestoßenen kontinuierlichen Fortschreiten der Frauenrechte und einer gleichberechtigten Teilhabe der Frau am politischen Leben keine Rede sein. So wehrte der männerdominierte Landtag des Volksstaates Hessen 1921 Forderungen von weiblichen Abgeordneten nach Zulassung von Frauen zum Richteramt mit der Begründung ab, die zu behandelnden »garstigen Sachen« seien nichts für das warmherzige Gemüt des schwachen Geschlechts. In der Tat scheint es im Darmstädtischen – wie in den Ländern Bayern und Oldenburg – bis 1933 keine Richterin gegeben zu haben, obwohl mit dem »Reichsgesetz über die Zulassung der Frauen zu den Ämtern und Berufen der Rechtspflege« von 1922 die Möglichkeit hierzu eröffnet wurde. Aber die Wahl des Justizpersonals war Ländersache. 1930 zählte man unter den reichsweit über 10.000 Köpfen im richterlichen Bereich ganze 74 Frauen. Nur Preußen und Sachsen stellten in steigender Zahl Frauen in den Justizdienst ein.

Frauen mit einer Strickmaschine (um 1930).

Einige Männerbastionen fielen doch: 1922 wurden Frauen an der Frankfurter Börse zugelassen. Doch blieben Karrieren in akademischen und freien Berufen für Frauen die Ausnahme. Die verheiratete Frau benötigte nach wie vor zur Arbeitsaufnahme das Einverständnis des Ehemannes. Ohnehin wurden Frauen geringer als die in gleicher Stellung beschäftigten Männer entlohnt. Die nach dem Krieg erreichte Höhe der Frauenlöhne schmolz, so dass der Abstand zum Entgelt für Männer wieder größer wurde: Gelernte Arbeiterinnen erhielten 1926 lediglich 82 Prozent und 1932 84 Prozent des Männerlohns (zum Vergleich 1913: 78 Prozent), ungelernte 1926 ebenfalls 82 Prozent und 1932 79 Prozent (1913: 84 Prozent). Im Übrigen pendelte sich das Niveau nach dem Zweiten Weltkrieg – nach einem weiteren Absinken in den 1950er Jahren – auf diese Weimarer Werte erst wieder in den 1970er Jahren ein.

Insgesamt nahm die Berufstätigkeit der Frauen nur leicht zu; etwas mehr als ein Drittel aller Frauen ging einer Arbeit nach: 1925 exakt 35,6 Prozent (1907: 30,4 Prozent). Unter allen Erwerbstätigen lag der Frauenanteil 1925 bei 35,8 Prozent (1907: 33,8 Prozent). Deutlich geringer fiel der gewerkschaftliche Organisationsgrad der Frau aus. Unter den Mitgliedern des freigewerkschaftlichen (sozialdemokratischen) ADGB befanden sich 1919 21,8 Prozent Frauen.

Der Anteil fiel dann bis 1931 auf 14 Prozent. Insgesamt veränderte sich das Berufsbild: Dienstmädchen und Hausangestellte wurden, zumindest in den städtischen Bereichen, immer mehr von der Industriearbeiterin und der Sekretärin verdrängt.

Die Werbung nahm sich der neuen Frau zwischen Wahlurne und Waschmaschine an, präsentierte die adrette Angestellte neben dem rauchenden leicht bekleideten Vamp. Die Hausfrau sollte ab der zweiten Hälfte der zwanziger Jahre in der technisierten, genormt-funktionalen »Frankfurter Küche« wirken, die anstelle der traditionellen Wohnküche zunächst jedoch auf wenig Gegenliebe stieß. Auch die Hausfrau an sich sollte aufgewertet werden. Die im Krieg begründeten Hausfrauenverbände setzten ihre Arbeit mit gleicher Stoßrichtung fort. Die Frankfurter »Hausfrauenvereinigung 1915« nannte sich ab März 1920 »Berufsorganisation der Hausfrauen«, um direkt im Namen ihre zentrale Forderung zum Ausdruck zu bringen: die Anerkennung der Hausfrauentätigkeit als Beruf. Das blieb Wunschtraum.

Jenseits des Hausfrauendaseins entstand ein neues Frauenbild: Die moderne selbstbewusste und ungebundene Angestellte kleidete sich im Kostüm, trug in der Freizeit einen kurzen Rock, auch kniefrei, drapierte ihre Kurzhaarfrisur »Bubikopf« mit einem »Topfhut«, des Abends war sie im Charleston-Kleid und mit Zigarrenspitze in den Bars und Cafés unterwegs. Diese idealisierte Darstellung der erfolgreichen, selbstbewussten und selbstbestimmten Frau, in Filmen und Illustrierten verbreitet, in Romanen von und über Frauen thematisiert, von Künstlerinnen wie Jeanne Mammen gezeichnet, spiegelte aber nicht die Realität der meisten Frauen wider, allenfalls einiger weniger in den Großstädten, wo junge Frauen dic mit der Republik neu eröffneten Chancen zur Selbstentfaltung nutzten. Vision und Wirklichkeit klafften auseinander, denn der überwiegende Teil der Frauen durchlebte weiterhin die alten Rollen.

Daran änderte es auch wenig, dass die neue Freizügigkeit es Frauen erlaubte, ihre Homosexualität auszuleben; § 175 des Strafgesetzbuches galt nach wie vor nur für Männer, die gleichgeschlechtliche sexuelle Handlungen vornahmen. Die Frau konnte sich mit ihrer Geliebten öffentlich zeigen. Allein in Berlin gab es über 50 Clubs und Bars, wo sich lesbische Frauen trafen, an die sich ab 1924 als erste Lesbenzeitschrift »Die Freundin« wandte.

Auf der anderen Seite standen Abtreibungen weiter unter Strafe (§ 218), auch wenn der Paragraph von den Arbeiterparteien im Reichstag immer wieder zur Disposition gestellt wurde. Hier waren sich die Parlamentarierinnen uneins: Gegen die politische Linke, die Straffreiheit bei einer Abtreibung in den ersten drei Monaten befürwortete, formierte sich ein Gegenblock bürgerlicher Vertreterinnen. So scheiterte ein Gesetzentwurf der SPD 1920 im Reichstag. Ein kleiner Erfolg war es da, dass ab 1926 der Schwangerschaftsabbruch nicht mehr als Verbrechen, sondern nur noch als Vergehen geahndet wurde, also nicht mehr mit bis zu fünf Jahren Zuchthaus, sondern lediglich mit Gefängnisstrafe. 1927 wurde über ein Reichsgerichtsurteil als legislativer Ersatz die medizinische Indikation gestattet. Eine breite Kampagne setzte sich fort: »Nieder mit dem Abtreibungs-Paragraphen!« forderte Käthe Kollwitz 1923 in einem von den Kommunisten in Auftrag gegebenen Plakat, und Bertolt Brecht lieferte 1929 mit seiner »Ballade vom Paragraphen 218« das Bild einer schwangeren, in Not geratenen Proletarierin, die von dem von ihr um Hilfe angeflehten Arzt verhöhnt wird.

Bei bis zu einer Million geschätzter illegaler Schwangerschaftsabbrüche pro Jahr, vor allem aus Angst vor wirtschaftlicher und sozialer Not, gab es unzählige Todesfälle, die auf 5.000 bis 48.000 pro Jahr beziffert wurden. Jährlich trugen 50.–100.000 Frauen schwere Gesundheitsschäden davon. Die Gesundheitsbehörde in Hamburg ging Mitte der 1920er Jahre von 15.000 Abbrüchen pro Jahr aus, davon seien ca. 80 Prozent illegal. Auf eine Geburt sei in etwa ein Schwangerschaftsabbruch gekommen. Überwiegend verheiratete Arbeiterfrauen mit mehreren Kindern entschlossen sich zur Abtreibung. Das alles wurde aufrüttelnd thematisiert im Bühnenstück »Cyankali« des kommunistischen Schriftstellers und Arztes Friedrich Wolf, Vater des späteren langjährigen Chefs des Auslandsnachrichtendienstes der DDR, Markus Wolf. Das im September 1929 in Berlin uraufgeführte, weltweit inszenierte und schon 1930 erstmals verfilmte Drama befeuerte nicht nur in Deutschland die Debatte um die Entkriminalisierung des Schwangerschaftsabbruchs.

Wenngleich in der Republik der Frauenpolitik staatlicherseits nur eine begrenzte Förderung zuteil wurde, so war den Frauen, die während des Krieges über die Mitarbeit in der sozialen Fürsorge hinaus stärker am politisch-gesellschaftlichen Leben partizipiert hatten, zumindest die politische Mitsprache über den Stimmzettel nicht mehr länger zu verweigern. Marie Juchacz hatte in der ersten Rede vor der Nationalversammlung deutlich gemacht, »dass in zivilrechtlicher wie auch wirtschaftlicher Beziehung die Frauen noch lange nicht die Gleichberechtigten« seien. Sie sollte Recht behalten. In der Gesellschaft und Wirtschaft weiter um die Gleichberechtigung ringend, hatte die Frau zumindest an der Wahlurne das gleiche Gewicht wie der Mann.

1933 markierte einen gewaltigen Rückschritt. Mit Hitlers Machtantritt wurden die existierenden Frauenverbände vereinnahmt oder aufgelöst, die bereits von der 1931 gegründeten NS-Frauenschaft diffamiert worden waren. Zu den Wahlen im März 1933 rief der Bund Deutscher Frauenvereine als Dachorganisation der bürgerlichen Frauenbewegung dazu auf, keine Parteien zu wählen, die Frauen zu Bürgern zweiter Klasse degradieren wollten. Es war zu spät. Der Bund löste sich im Mai 1933 auf.

8. Der Schein der Goldenen Zwanziger

Die Jahre der relativen Stabilität von 1924 bis 1929/30 gelten als die Goldenen Zwanziger – ein Begriff, der in erster Linie die Vielfalt der Hoch-Kultur sowie die Herausbildung einer vielschichtigen Massenkultur in den Blick nahm. Politik und Wirtschaft bewegten sich in diesem Jahrfünft in scheinbar ruhigen Bahnen: Die fünf bürgerlichen Kabinette vom Herbst 1923 bis zum März 1928 waren zwar mitunter kurzlebig, aber doch relativ stabil, weil sie in zahlreichen Fragen von der SPD unterstützt wurden. Die folgende Große Koalition verfügte über eine Parlamentsmehrheit. Die Währungsfrage war durch einen radikalen Schnitt gelöst. Die Anpassungskrise wurde allmählich überwunden; die Wirtschaft befand sich trotz eines Einbruchs 1925/26 im Aufwind; der Dawes-Plan stellte 1924 die Reparationen auf eine einigermaßen verlässliche Grundlage.

Wenn der Begriff »Experiment« das Weimarer Sein widerspiegelt, dann gilt das besonders für den Bereich der Kultur in all ihren Facetten, die mit den Tendenzen der Demokratisierung von Gesellschaft und Raum reichste Blüte erlebte und durchlebte. Sie war gekennzeichnet durch Freiheit der Meinungsäußerung, einer ungeheuren Vielfalt, dem Aufbrechen von Grenzen und dem Aufbruch zu neuen Ufern auf allen Gebieten der Kunst, einem überschwänglichen Lebensgefühl mit großer Probierfreudigkeit und Freizügigkeit, Toleranz gegenüber Minderheiten und dem Anderssein sowie einem Boom von Massenveranstaltungen und Massenmedien. Erst in dieser Phase entwickelte die kulturelle Modernität ihre breiteste Entfaltung: Kunst und Kultur experimentierten freudig und stießen neue Horizonte auf. Kultur wurde ein »brodelndes Laboratorium und virulentes Experimentierfeld« (SABINA BECKER).

In ihrer Vielschichtigkeit entwickelte sich die Kultur analog zu den politischen Phasen: Bis in das Krisenjahr 1923 dominierte der in der Vorkriegszeit begründete Expressionismus, der in der ruhigen Mittelphase von der »Neuen Sachlichkeit« mit objektivistischem Realismus und dokumentarischer Nüchternheit verdrängt wurde. In der Zeit der Auflösung der Republik ab 1930 gewannen die Gegner der Moderne an Zulauf.

In der Kunst besaß die Demokratie einen kritischen Begleiter. Auch in der Kultur spiegelte sich die innere Zerrissenheit der Gesellschaft wider. Der politische Spannungsbogen reichte von linken Zirkeln, die aus Enttäuschung über die nach ihrer Ansicht unvollkommene Republik das in ihren Augen mittelmäßige Personal angriffen, über diejenigen, die dem republikanischen Versuch positiv gegenüberstanden und ihren Teil zum Aufbau der Demokratie beitragen wollten, über die in der Mitte der Gesellschaft stehenden Republikaner aus Vernunft bis hin zu den Republikgegnern am rechten Rand, die nur

Hohn für die neue Ordnung und Verachtung für die demokratischen Politiker übrig hatten. Der Wegfall der Zensur mit der Revolution, verankert in dem in Artikel 118 der Verfassung jedem Deutschen zugesicherten »Recht, innerhalb der Schranken der allgemeinen Gesetze seine Meinung durch Wort, Schrift, Druck, Bild oder in sonstiger Weise frei zu äußern«, sorgte für eine Breite der Meinungen und die Möglichkeit der Teilhabe aller an der kulturellen Öffentlichkeit. Dass diese Freiheit auch gegen die Republik missbraucht wurde, war die Kehrseite der Medaille.

Gratisvorstellung eines Varietés für die Berliner Schutzpolizei im April 1930.

Unmittelbar mit der Revolution explodierte die Kunst- und Kulturszene regelrecht. Mit der politischen Linken sympathisierte die »Novembergruppe«, die schon bewusst mit ihrem Namen das Revolutionäre vor sich hertrug. Sie stellte sich in ihrem ersten Manifest »auf den fruchtbaren Boden der Revolution« und erkor »Freiheit, Gleichheit, Brüderlichkeit«, die Leitsterne der französischen Revolution, zu ihrem Wahlspruch. Es ging der mehrere hundert Köpfe umfassenden Gruppe aus Malern, Grafikern und Architekten, der u. a. Walter Gropius, Paul Klee, George Grosz und Hannah Höch angehörten, um die freie Entfaltung der Kunst. Sie vereinigte ganz unterschiedliche Gattungen und Stile, die sie erstmals auf der Berliner Kunstausstellung 1919 präsentieren konnte. Die künstlerische Avantgarde führte kein Schattendasein im Hinterhof oder in exzentrischen Zirkeln, sondern wurde öffentlich wahrgenommen und diskutiert. Kulturelle Höchstleistungen und stilbildende Kunstwerke prägten das Bild und erfreuten sich eines regen Publikumsinteresses.

Diejenigen, die es sich leisten konnten, stürzten sich ins Amüsement. Das Bedürfnis nach Unterhaltung und Ablenkung konnte in den Städten auf vielfältige Weise gestillt werden: Opernhäuser, Theater, Musikhallen, Kinos und Kabaretts vermeldeten Zuschauerrekorde. Das Varieté lockte mit frivolen Shows.

Bei Tanztees in den unterschiedlichsten Etablissements bewegte man sich nach den aus den USA importierten »Charleston« oder »Shimmy«. Der Siegeszug von Swing und Jazz, den man ab 1928 in Frankfurt a. M. (wohl einmalig auf der Welt) an einer klassischen Hochschule lernen konnte, wurde befördert durch spektakuläre Auftritte der »Chocolate Kiddies« (annonciert als »berühmte Neger Production«) oder der »Charleston Jazzband« mit der freizügigen Josephine Baker im Bananenröckchen.

Der Tanz war exzessiv und wild, die Musik laut und lebensfroh. Nicht nur Musik und Tanz erlebten eine von vielen begrüßte, von anderen wiederum abgelehnte Amerikanisierung, sondern die gesamte Freizeitkultur wurde vom innovativen Geist aus der Neuen Welt inspiriert. Ein neues Lebensgefühl der Leichtigkeit und Grenzenlosigkeit machte sich im Bürgertum der Großstädte breit, das die unteren Schichten jedoch nicht erfasste, überhaupt nicht erreichen konnte. Denn die kurzzeitige Flucht aus dem Grau des Alltags konnten nur die Begüterten antreten, während sich die Masse um die Sicherung der Existenz sorgte und sich allenfalls das Kino leisten konnte. Die Landbevölkerung blieb weitestgehend außen vor. Ganz anders Berlin.

*

IM FOKUS: Berlin – Taktgeber der Moderne

In den 1920er Jahren avancierte Berlin, dessen Einwohnerzahl sich mit der Bildung Groß-Berlins 1920 auf 3,8 Millionen verdoppelte, zum Taktgeber und Gravitationszentrum der kulturellen Moderne. Die Reichshauptstadt, nach London und New York die drittgrößte Stadt der Welt, prägte das Bild der Goldenen Zwanziger. Eine Vielfalt sondergleichen machte die Stadt neben Paris zum Zentrum der europäischen Kultur in der Zwischenkriegszeit, das sich zum Sammelplatz der Avantgarde, des Experimentellen, des Unerlaubten und Ungeheuerlichen entwickelte. Alltagselend und Verschwendungssucht lagen dicht nebeneinander. Der Kunstmäzen und der Kriegsversehrte, die Grande Dame und die Bettlerin, der Polizist und der Ganove teilten sich das Trottoir. Die Industriestadt zog Arbeiter mit ihren Familien an, deren Zuhause die Mietskaserne wurde, ehe mit dem sozialen Wohnungsbau so wie mit der nach Plänen von Bruno Taut und Martin Wagner geschaffenen Hufeisensiedlung die allgemeine Wohnungsnot bekämpft wurde. Künstler kamen, weil bekannte Größen Großartiges präsen-

tierten; sie trafen sich im »Romanischen Café« am Kurfürstendamm. Für die, die nicht das große Glück (und Geld) machten, hielt die von Künstlerverbänden gebaute Künstlerkolonie Friedenau mehr als 500 preisgünstige Wohnungen bereit.

Die technisierte Stadt mit nahezu 500.000 Telefonanschlüssen besaß mit der 1921 als Rennstrecke eingeweihten AVUS die erste Autobahn, setzte im gleichen Jahr die Tradition der durch den Krieg unterbrochenen »Internationalen Automobilausstellung« fort. Die Stadt erlebte 1924 die »1. Große Deutsche Funkausstellung« und 1926 die erste »Grüne Woche« als Landwirtschaftsmesse.

Drei Opernhäuser, bis zu 49 Theater und 20 Konzertsäle boten höchsten Kunstgenuss; zahllose Varietés und Kabaretts waren Orte der Zerstreuung. Für die aufwändig inszenierten Shows im Großen Schauspielhaus oder im Admiralspalast mit seinen legendären »Haller-Revuen« lieferten berühmte Operettenkomponisten die Musik. Zahlreiche Revuen mit einem Schuss Erotik boten ein abwechslungsreiches Programm; Ballettgruppen wie die »Tiller-« oder die »Scala-Girls« waren Publikumsmagneten der Hauptstadtszene.

Berlin war neben Wien die eigentliche Hauptstadt der Operette. Paul Linckes »Berliner Luft« von 1904 wurde mit der Operette »Frau Luna« 1922 zur Hymne von und an Berlin und verkörperte das freie Lebensgefühl jener Jahre in der Metropole zwischen Bohème und Bordell, zwischen Kaschemme und Kunsttempel, zwischen Spaßgesellschaft und Überlebenskampf. Berlin offerierte in beispielloser Offenheit allen (fast) alles. Travestie-Bands spielten auf, Kokain machte die Runde. Die Schwulenszene mit Stricherlokalen war weithin bekannt. Für homosexuelle Frauen gab es Clubs und Bars. Berlin verkörperte als pulsierender Organismus schlechthin die Moderne, der Walther Ruttmann in seinem experimentellen Dokumentarfilm »Die Sinfonie der Großstadt« 1927 ein visualisiertes Denkmal setzte. In der Reichshauptstadt residierten 1.000 Verlage, deren Werke in über 1.800 Buchhandlungen auslagen. Hier buhlten etwa 100 Tageszeitungen um die Leserschaft.

*

Eine Fülle von Zeitungen in Kleinauflagen prägte reichsweit über das Kriegsende hinaus die dezentrale Presselandschaft. 3.700 Zeitungen, darunter nur wenige mit einer Auflage von über 100.000, und 7.000 Zeitschriften erschienen in der Republik. Nach Auflage, Anzahl und Bedeutung erlebte die Zeitung einen extremen Aufschwung. In der von staatlichen Gängelungen weitgehend befreiten Presse fand die Republik gleichermaßen Unterstützung und Gegnerschaft. Die liberalen Zeitungshäuser Mosse, u. a. mit dem »Berliner Tageblatt«, und Ullstein, in dem neben der »Vossischen Zeitung« die 1930 mit 400.000

Exemplaren wochentags auflagenstärkste Tageszeitung »Berliner Morgenpost« erschien, stellten sich an die Seite der Demokratie. Demgegenüber formierte sich ein militanter Gegner im Scherl-Verlag Alfred Hugenbergs, der sein Presseimperium politisch gegen die Republik instrumentalisierte. Über Informationsdienste versorgte er die Provinzpresse mit fertigen Artikeln, so dass der deutschnationale Wegbereiter Adolf Hitlers weit über die eigenen Zeitungen hinaus Meinungsführerschaft gewann.

Unter der Parteipresse, die an Bedeutung verlor, ragte das SPD-Zentralorgan »Vorwärts« heraus, das wie die großen Tageszeitungen dreimal täglich erschien; in jeder größeren Stadt besaß die SPD eine Zeitung. Die anderen Parteien, mit Ausnahme der KPD mit ihrer »Roten Fahne«, verfügten nicht über solch wirkmächtige Multiplikatoren; ihnen standen jedoch neben kleinen Parteiblättern einzelne Tageszeitungen sehr nahe. Die den Milieus und Parteien verbundenen Blätter waren Echokammern der jeweiligen politischen Standpunkte, die sich auch medial verfestigten. Es kam zu einer »fraktionierten Weimarer Parteien- und Presselandschaft« (UTE DANIEL).

Mit dem Fortschritt in der Fototechnik blühte die Boulevardpresse auf, die die Sensationslust der Leser stillte. Der Fotograf Erich Salomon entwickelte sich zum Meister des nunmehr durch Neuerungen der Fototechnik möglichen Schnappschusses; sein Bildband »Berühmte Zeitgenossen in unbewachten Augenblicken« von 1931 wurde zum Standardwerk. Neben den illustrierten Beilagen der Tageszeitungen gab es eine Fülle von zumeist wöchentlich erscheinenden illustrierten Blättern, die mit der Überwindung der Inflation 1924 bis zur Weltwirtschaftskrise 1929 ihre Blütezeit erlebten. Insgesamt beförderte die Fotoreportage den Aufschwung der illustrierten Blätter, allen voran von Ullsteins »Berliner Illustrirter Zeitung«, deren Auflage nach Kriegsende in der Zeit der Inflation auf 450.000 herabgesunken war und die es dann 1929 auf beachtliche 1,85 Mio. Exemplare pro Ausgabe brachte. Sie hatte in Scherls »Die Woche« und in der »Münchner Illustrierten Presse« ihre Hauptkonkurrenten. Die KPD-nahe »Arbeiter Illustrierte Zeitung« setzte auf politische Aufklärung, vor allem über das Foto und die Fotomontage.

Das Foto wurde zunächst von der Presse nicht als Nachrichtenübermittler und nicht als Mittel der Bildformung verstanden, sondern vorwiegend als rein illustratives Beiwerk zum Text eingesetzt. Erst Zug um Zug gewann das Bild als Nachrichtentransformator an Wertigkeit. Nur wenige erkannten früh, dass die Fotografie ein eigenständiger Informationsträger sein konnte, der in der Wahrnehmung durch das Publikum für glaubwürdiger gehalten wurde als das geschriebene Wort. Die »Berliner Illustrirte Zeitung« brach schon früh eine Lanze für den Fotografen: »Platz für den Photographen! Öffnet ihm alle Wege und Türen! Denn er ist der Bildjournalist Eurer Geschichte.« Das Flaggschiff der Bilder-Zeitungen schrieb 1924 von einer »Jagd in hoher Blüte, die Jagd des Illustrationsphotographen auf die Berühmtheiten des Tages«. Es manifestierte sich ein wachsendes Interesse der Zeitungen an Kunst, auch daran, wie bekannte Künstler – vom Dichter bis zum Filmstar – ihre Freizeit gestalteten. Das ging einher mit dem visuellen Siegeszug des neuen Massenphänomens Sport. Die »Neue Leipziger Illustrierte Zeitung« erweiterte im Oktober 1920 ihren Titel um den Zusatz »mit illustrierter Sportbeilage«. Von da an nahm die Sportberichterstattung mit einer Vielzahl von Fotos breiten Raum ein. Der neue Titel war Programm. Eine Steigerung der Nachfrage wie für Kunst und Sport – und deren Protagonisten – scheint es für Politik und Politiker nicht in der gleichen Weise gegeben zu haben. Jedenfalls überwogen bald Sportereignisse, Sportler und Künstler auf den ersten Seiten der illustrierten Gazetten.

Dagegen erhielt der Bürger von Weimar nur wenig Einblick in das Privatleben der politischen Elite. Der Volksvertreter hatte sich in den Dienst der Sache zu stellen; öffentliche Dokumentation von Freizeit oder heimischer Idylle konnte da abträglich sein. Man adaptierte nicht die Popularisierung des Politikers durch das Private, wie es in den USA sich entwickelte. Das wurde sogar als unangemessene Anbiederung gesehen. Insgesamt gab es in den Anfangsjahren in den Bildergazetten mehr Reportagen vom Privaten des exilierten Kaisers oder des Tannenberg-Heroen Hindenburg als von der republikanischen Politprominenz. Auf dem Höhepunkt 1930 fanden insgesamt etwa fünf Millionen Illustrierte wöchentlich ihre Käufer und erreichten so eine geschätzte Leserschaft von 20 Millionen.

Unter den politisch-kulturellen Wochenschriften ragte die von Siegfried Jacobsohn gegründete und später nacheinander von Kurt Tucholsky und Carl von Ossietzky geleitete »Weltbühne« heraus, die sich trotz kleiner Auflage (ca. 15.000 Exemplare) dank erlesener Autorenschaft zum weithin rezipierten radikaldemokratischen Sprachrohr entwickelte. Der Intellektuelle, vor allem jener, der sich der Schrift und des Bildes bediente, wurde ernstzunehmender Part im demokratischen Diskurs. Tucholsky zählte als überzeugter Anhänger der Republik zu ihren scharfsinnigsten und kritischsten Begleitern. In unzähligen, unter verschiedenen Pseudonymen verfassten Artikeln, Gedichten und Essays diagnostizierte er die Unzulänglichkeiten der Republik, warnte vor den Gefahren für die Demokratie und nahm die Amtsträger in zum Teil unbotmäßiger Diffamierung aufs Korn, womit er wie so viele andere auch aus den linksintellektuellen Zirkeln der Republik einen Bärendienst erwies, weil er so zum künstlerisch überzogenen Negativbild der Gesellschaft beitrug. Nicht Unterstützung, sondern Beschädigung der Republik war die Konsequenz, die so sehr des ideellen Beistandes bedurft hätte. Aus der Freiheit der Kultur und der Kulturschaffenden zog das neue System Republik nur begrenzte Unterstützung, denn sie wurde von den Protagonisten der neuen freien Szene als Produkt des Mittelmaßes an den Pranger gestellt. Ein Teil der Linksintellektuellen überzog die in ihrer Ansicht unvollkommene Demokratie und ihre Repräsentanten mit giftigem Spott.

In seiner mit Montagen von John Heartfield 1929 veröffentlichen Textsammlung »Deutschland, Deutschland über alles« (der ersten Zeile der Nationalhymne) bilanzierte Tucholsky den Zustand einer in seinen Augen unvollendeten und mit unheilvollen Traditionen belasteten neuen Ordnung. Vielfach angefeindet, desillusioniert und enttäuscht von der Entwicklung der Republik ging er im gleichen Jahr nach Schweden. Mit einer unter dem Pseudonym Ignaz Wrobel verfassten »Weltbühne«-Glosse sorgte Tucholsky 1931 für reichsweites Aufsehen. Der darin enthaltene Satz »Soldaten sind Mörder« brachte dem verantwortlichen Redakteur Ossietzky wegen »Beleidigung der Reichswehr« ein Verfahren ein, in dem er freigesprochen wurde. Da saß der Angeklagte jedoch bereits in Haft: In einem »Weltbühne«-Artikel 1929 war die verbotene Aufrüstung der Reichswehr aufgedeckt und der pazifistisch-sozialistische Ossietzky zwei Jahre später wegen Verrats militärischer Geheimnisse zu 18 Monaten Gefängnis verurteilt worden, von denen er aufgrund einer Amnestie nur die Hälfte absitzen musste.

Das reichhaltige Tableau etablierter Satirezeitschriften, darunter die bald nach rechts wandernden »Kladderadatsch« und »Simplicissimus« sowie der sozialdemokratische »Wahre Jacob«, erweiterte sich um radikale Blätter wie die KPD-nahen »Die Pleite«, »Roter Pfeffer« und »Der Knüppel« sowie die nationalsozialistische »Brennessel«. Es gab knapp 80 humoristisch-satirische Blätter, darunter Eintagsfliegen wic »Paprika« oder »Die Peitsche«. Der Boom der Karikatur von hoher Qualität war mit Namen wie Th. Th. Heine, Olaf Gulbransson und Karl Arnold verknüpft. Die Spannbreite der Karikaturen reichte über harmlos-lustige Stilisierungen bis zu verleumderischen Darstellungen. Auch in ihnen spiegelten sich die gesellschaftlichen Gegensätze der Weimarer Republik. Die Frage »Was darf die Satire?« beantwortete Kurt Tucholsky mit einem nachdrücklichen »Alles!«. Doch dieses »Alles« konnte es nur in einem Klima von Meinungs- und Pressefreiheit geben, das die demokratische Republik ermöglichte.

Große Bandbreite, immense Fülle und hohes Niveau kennzeichneten die höchst innovative Literatur von Weimar, die in Funktion und Bedeutung eine deutliche öffentliche Wahrnehmung und Aufwertung erfuhr. Die Buchproduktion blieb hoch: Im Rekordjahr 1925 wurden 31.500 Bücher verlegt. Thomas Mann setzte seine große Karriere mit dem Bildungsroman »Der Zauberberg« (1924) fort. Mann hatte sich mit seiner Rede vom Oktober 1922 »Von deutscher Republik« als bekennender Republikanhänger positioniert, was die anwesende akademische nationalkonservative Jugend freilich mit deutlichem Missfallen quittierte. Mann erhielt 1929 den Nobelpreis für Literatur, für den auch Alfred Döblin nominiert worden war, dessen »Berlin Alexanderplatz« vom gleichen Jahr zum wichtigsten avantgardistischen Roman der Zeit avancierte. Es ist das Bild des Einzelmenschen im Moloch Großstadt. Solche Zeitromane, für die auch Lion Feuchtwanger, Arnold Zweig und Hans Fallada standen, und die Sozialreportagen des »rasenden Reporters« Egon Erwin Kisch warfen mit Brenngläsern einen Blick auf Zeit und Zeitgenossen. Ungeachtet neuer Stile und Formen galt der von der Politik hofierte, vielfach geehrte Gerhart Hauptmann als Dichterfürst der Republik, obwohl er den Zenit seines Schaffens bereits überschritten hatte. Sein 60. Geburtstag wurde (vorzeitig im August 1922) auch in seiner schlesischen Heimat Breslau ausgiebig befeiert.

Dass viele sich mit der Republik weiterhin schwertaten, offenbarte der Festakt zu Hauptmanns 60. Geburtstag im November in der Berliner Universität, an der mit Reichspräsident Friedrich Ebert und Reichstagspräsident Paul Löbe die zwei führenden Repräsentanten der Republik, beides Sozialdemokraten, teilnahmen. Der als Festredner auserkorene Germanistik-Professor lieferte ein beredtes Zeugnis von der Distanz, ja Ablehnung der Republik und ihrer Träger durch weite Teile der Intelligenz, als er den die Feier ausrichtenden Verleger im Vorfeld bat, Ebert wieder auszuladen, »da es der Universität nicht angenehm sein werde, wenn das republikanische Reichsoberhaupt bei ihr erscheine«. Der Verleger lehnte ab, woraufhin der Germanist empfahl, dann doch wenigstens Löbe auszuladen, »denn zwei Sozialdemokraten auf einem Mal sei doch etwas viel!«.

Neues machte Furore: Mit kritisch-satirischer Gebrauchslyrik reüssierten Erich Kästner und Kurt Tucholsky. Die moderne Frau wurde von Autorinnen wie Irmgard Keun literarisch verarbeitet. Arbeiterdichter nahmen sich stilisierend des Proletarierdaseins an, andere suchten das Klassenbewusstsein durch Schilderung des sozialen Elends »revolutionär« zu stärken. Ernst Toller, der als Teilnehmer der Münchner Räterepublik Jahre in Haft saß, lieferte mit seinen Dramen und der Geschichtsrevue »Hoppla, wir leben!« politisches Zeitkolorit. Unter den Dramatikern war zunächst der Expressionist Georg Kaiser mit Werken wie »Gas« der meistgespielte. Carl Zuckmayer, der in seiner Heidelberger Studienzeit den pöbelhaften Antirepublikanismus von Hochschullehrern und Studierenden hatte erfahren müssen, ließ dem Lustspiel »Der fröhliche Weinberg« (1925) mit dem »Hauptmann von Köpenick« (1931) eine meisterhafte gesellschaftskritische Tragikomödie folgen. »Der fröhliche Weinberg« sorgte im politischen Raum für einige Entrüstung, ein Zentrumsabgeordneter meinte gar, dass das Werk auf den Index müsste. Das war nun weit über das Ziel geschossen. Um Kunst und Kultur kreisten leidenschaftliche Diskussionen. Da wurde selbst die Benennung eines Kulturpreises nach dem 1837 verstorbenen Georg Büchner zum vieldiskutierten Politikum bis hin zur Debatte im Parlament des Volksstaates Hessen, weil Kritiker den Vormärz-Dichter für vollkommen ungeeignet hielten, Namensgeber eines aus Landesmitteln geförderten Kulturpreises zu sein.

Für einen handfesten Theaterskandal sorgte die Uraufführung von Marieluise Fleißers »Pioniere in Ingolstadt« in Berlin, die Brecht szenisch noch verschärft hatte. Auch wenn Fleißer daraufhin angefeindet wurde: Frauen feierten Erfolge in der Literatur. Gegenüber der Neuen Sachlichkeit einer Fleißer bot weiterhin leichte Kost Hedwig Courths-Mahler, deren über 200 Romane an der Spitze der Verkaufszahlen lagen und auch in Form von Heften erschienen, wie überhaupt der Groschenroman eine treue Leserschaft besaß. Vicki Baum gehörte nicht nur mit ihrem Roman »Menschen im Hotel«, der das Berlin der Goldenen Zwanziger beschreibt, zu den erfolgreichsten Unterhaltungsschriftstellerinnen.

Das 1926 vom Reichstag verabschiedete Schund- und Schmutzgesetz, mit der die Jugend vor »gefährdenden Schriften« geschützt werden sollte, sorgte für erhebliche Aufregung, stand es doch in Konflikt mit der Freiheit der Kultur und der Kulturschaffenden. Das Gesetz galt als Anschlag auf die Presse- und Meinungsfreiheit, für den SPD-Abgeordneten Julius Moses was es nichts weiter als eine »illegale schwarze geistige Reichswehr«. Der antiliberale Stoß der auch von den fortschrittlich-liberalen Parlamentariern wie Theodor Heuss (DDP) mitgetragenen Regelungen war für den Chefredakteur des »Berliner Tageblatts« Theodor Wolff Anlass, sich umgehend aus der von ihm im November 1918 mitbegründeten DDP zu verabschieden. Die »bureaukratische Schundarbeit [...] muckerischer und kunstfremder Bonzen« war für die Leitfigur der liberalen Publizistik eine Willkürherrschaft, eine Entrechtung des Schriftstellers unter dem Deckmantel des Jugendschutzes.

Aufregung entstand auch um die literarische Aufarbeitung des Krieges, die in unterschiedlicher Weise geschah, die gegensätzlicher nicht sein konnte: Da war der pathetische Tagebuchbericht des Republikgegners Ernst Jünger (»In Stahlgewittern«, 1920), daneben die nationalistische Schilderung eines Werner Beumelburg, der ein Reflex auf Erich Maria Remarques Antikriegsroman »Im Westen nichts Neues« (1929) war, den weltweit wirkungsmächtigsten pazifistischen Roman. Das völkisch-nationalistische Milieu fühlte sich durch das Buch provoziert. Die Aufführung der US-Verfilmung im Dezember 1930 störten lärmende Nationalsozialisten; die Filmprüfstelle verbot dann schließlich den Streifen, weil die Sittenwächter das deutsche Ansehen gefährdet sahen.

Die Aufhebung der Zensur mit der Revolution verlieh dem Theater der Republik einen kräftigen politischen Impuls. Es wurde experimentell und spektakulär. Aufführungen an den Berliner Bühnen von Max Reinhardt und Leopold Jessner, der jungen Dramatikern Raum bot und Klassiker expressionistisch interpretierte, gingen in die Geschichte ein. Für den linksorientierten Virtuosen Erwin Piscator war die Bühne des proletarischen Theaters Instrument des Klassenkampfes: »Einfachheit im Ausdruck und im Aufbau, klare eindeutige Wirkung auf das Empfinden des Arbeiterpublikums.« Mit ihm im Geiste einig ging Bertolt Brecht, der mit seinem »epischen Theater« auf die Gleichzeitigkeit von Unterhaltung und Belehrung setzte. Seine mit dem Komponisten Kurt Weill geschaffene »Dreigroschenoper« (1928) wurde zum größten Theatererfolg der Republik, einige der Songs wie die Moritat von »Mackie Messer« avancierten zu Schlagern. Das revolutionär-künstlerische Agitprop kam aber bei denen kaum an, auf die es zugeschnitten war: beim Arbeiter, der eben das konventionelle Theater bevorzugte. Die proletarischen Lehrstücke zogen eher den Neugierigen aus dem bürgerlichen Milieu an, ohne ihn belehren zu können.

Theater war allgemein überaus populär und wurde in der Tagespresse von den Feuilletonisten, unter denen Siegfried Kracauer zu den scharfsinnigsten zählte, ausgiebig diskutiert. Die Kritik erhielt Eigengewicht, stellte die Verbindung von Theater und potentiellem Publikum her und entschied mit über Wohl und Wehe manch einer Aufführung. Wie Kracauer, der die neue Schicht der politisch ungefestigten, für radikale Ideen empfänglichen Angestellten in einer vielbeachteten Sozialreportage 1929 porträtierte, meisterte auch Joseph Roth erfolgreich den Spagat als Journalist, Feuilletonist und Schriftsteller. Felix Hollaender war selbst Dramaturg, ehe er ins Metier der Theaterkritik wechselte.

Die reichhaltige Theaterlandschaft, der im Kino ein populärer Konkurrent vor allem mit dem Tonfilm erwuchs, spürte im Besonderen die Wirtschaftskrise, die zu einem Sterben der Schauspiel- wie auch der Opernhäuser führte, weil die öffentliche Hand, die die Kulturräume seit der Revolution hoch subventionierte, sich eine Alimentierung nicht mehr leisten konnte. Die 1919 begründete gemeinnützige Gesellschaft »Große Volksoper Berlin«, die im Sinne eines künstlerischen Volksbildungsauftrags auch wenig begüterten Schichten den Zugang zum Theater ermöglichen wollte und hierzu 1922 das »Theater des Westens« übernommen hatte, musste schon 1924 Konkurs anmelden.

Auch in der bildenden Kunst überdauerte der Expressionismus den Krieg. Der impressionistische Grandseigneur der Malerei Max Liebermann suchte als Präsident der Berliner Akademie der Künste (1920–1932) die verschiedenen Strömungen unter dem Dach der Akademie zu vereinen. Die in der Malerei sich ausdrucksstark manifestierende »Neue Sachlichkeit« kennzeichnete bald auch die gleichgelagerten neuzeitlichen Strömungen in anderen Kunstbereichen. Führend in der Malerei war Otto Dix, der das Furchtbare des Krieges wie die Gegensätzlichkeit der Moderne in den Triptychen »Der Krieg« und »Großstadt« thematisierte und auch die sozialen Missstände anprangerte. Der Krieg war auch früh Sujet von Max Beckmann, dem Meister des Selbstbildnisses, der am Städelschen Institut in Frankfurt a. M. lehrte. Besonders in der Malerei kamen wichtige Impulse durch Künstlergruppen in den verschiedenen Zentren des Reiches außerhalb Berlins.

Der in Berlin stark politisch motivierte antibürgerliche radikale Dadaismus, der mit allen Konventionen brach und sich mit Sinnhaftigkeit und Un-Sinn gegen die herkömmliche Kunst wandte, erlebte eine kurze Hochphase, gipfelnd in der »Ersten Internationalen Dada-Messe« 1920, die provozierte und aufschreckte. Der dadaistische Angriff auf das Traditionelle verband sich mit spielerischen Momenten in der »MERZ-Kunst« des Dichters, Malers und Architekten Kurt Schwitters in Hannover.

Der Kommunist George Grosz, neben Raoul Hausmann und John Heartfield Veranstalter der Dada-Messe, überzog in der Folge in seinen Karikaturen und Gemälden die Weimarer Elite, die »Stützen der Gesellschaft« (1926), mit beißender Kritik. Der Zentrumsmann Erzberger war für ihn lediglich eine päpstliche Marionette, der die Republik klerikalisieren wollte. Zunächst auch Mitglied der »Novembergruppe«, die er 1921 enttäuscht verließ, wurde er Vorsitzender der kommunistischen Künstlervereinigung »Rote Gruppe« und Mitglied von »Asso«, der 1928 ins Leben gerufenen »Assoziation revolutionärer bildender Künstler«. Mit seiner konsequenten Kritik an Militarismus, Spießertum und Religion traf er den Nerv der Zeit und wurde dafür auch mehrfach gerichtlich belangt. Seine Zeichnung des gekreuzigten Jesus in Gasmaske und Kommissstiefeln sorgte für einen handfesten Skandal, auch im Reichstag. George Grosz zeichnete das, was Kurt Tucholsky in Worte verpackte: die fehlerhafte Republik, deren spießbürgerliches Personal nur Marionetten in den Händen von Kapitalisten und Militaristen waren. Sie etikettierten die Politikträger als Leitfiguren der Unzulänglichkeit, als verbonzte und blutleere Papiermenschen.

John Heartfield bediente sich der Fotomontage für seine linkspolitischen Botschaften. Die wohl bekannteste war »Der Sinn des Hitlergrußes« vom Herbst 1932 in der »Arbeiter Illustrierten Zeitung«: Sie zeigt Hitler mit der nach hinten zum Hitlergruß weisenden Hand, in die ein Industrieller ein Bündel von Geldscheinen legt. Wie viele andere, so stellte Ernst Barlach, der bedeutendste Bildhauer der Zeit und einer der wichtigsten Künstler des Expressionismus, sein Talent auch auf anderen Kunstebenen unter Beweis, u. a. als Dramatiker. Die Grafikerin und Bildhauerin Käthe Kollwitz, die in pazifistischen und linkskritischen Zirkeln ihr Zuhause hatte, widmete sich sowohl ernsten Themen – Not, Hunger und Krieg – wie auch durchaus heiteren Sujets. Ihr Plakat »Nie wieder Krieg« wurde zum zeitlosen Signum des Pazifismus. Die

Plakatkunst – auch für wahlkämpfende Parteien und Politik – entwickelte sich zu einer eigenständigen Kunstform.

»Neue Sachlichkeit« beeinflusste die Kunstfotografie: August Sander dokumentierte in gestellten Bildern Menschen in ihren Wirkungsfeldern. Das ganzheitliche Zentrum der »Neuen Sachlichkeit« war das 1919 von Walter Gropius in Weimar begründete »Bauhaus«. Die Schule für Architekten, Künstler und Designer brachte es als Nabel der künstlerischen Moderne zu Weltruhm. Gropius setzte auf Zusammenführung aller gestalterischen Disziplinen und bot Raum für Experimentelles, um neue Formen von Modernität und Funktionalität zu entwickeln. Er holte hervorragende Künstler aller Bereiche als Lehrer an das Bauhaus, das 1925 nach Querelen mit der rechtsbürgerlichen Thüringer Regierung, eingeleitet durch eine kleine Anfrage eines völkischen Abgeordneten im Landtag, Weimar verließ. Es fand seine neue Heimat unter Förderung des Flugzeugbauers Hugo Junkers im anhaltinischen Dessau. Hier ergaben sich Möglichkeiten, die Idee vom funktionalen Bauen mit neuen Materialien in klaren Formen zu realisieren, musterhaft umgesetzt in dem dort entstandenen »Bauhausgebäude« als der Verkörperung der Moderne.

Das Bauhaus beschritt nicht nur in der von Funktionalität, Gradlinigkeit und Offenheit geprägten Architektur, sondern auch auf zahlreichen weiteren künstlerischen Feldern wie Design und Gebrauchsgraphik neue Wege, brachte dabei Handwerker und Künstler zusammen. Unter ihnen befand sich die künstlerische Avantgarde der Zeit: Wassily Kandinsky, Lionel Feininger und Paul Klee. Der letzte Direktor, der Architekt Ludwig Mies van der Rohe, konnte die auf Initiative der NSDAP als stärkster Stadtratsfraktion erfolgende Schließung im Sommer 1932 nicht abwehren. Das Bauhaus zog noch einmal um, diesmal als private Einrichtung nach Berlin, wo es weiter NS-Repressalien ausgesetzt war. Auch wenn die Nationalsozialisten über das Aus der »Brutstätte des Kulturbolschewismus« triumphierten: Die Wirkmächtigkeit des Bauhauses über die Zeit hinweg konnten sie nicht beeinträchtigen.

Musikalisch dominierte neben den beliebten Revuen eines Felix Hollaender weiterhin die Operette mit Kompositionen von Franz Lehár, Paul Lincke, Nico Dostal und Walter Kollo. Die Opernbühne wurde nach wie vor von Richard Strauss beherrscht; zu ihm gesellte sich als Vertreter der jungen Generation Erich Wolfgang Korngold. Ungleich schwerer mit öffentlicher Anerkennung tat sich die moderne ernste Musik, obwohl große Dirigenten wie Wilhelm Furtwängler in Berlin oder Fritz Busch in Dresden neben dem Alten auch das Neue zu Gehör brachten. Alban Berg lieferte mit seiner 1925 an der Berliner Staatsoper unter ihrem Dirigenten Erich Kleiber uraufgeführten Oper »Wozzeck« ein Hauptwerk der neuzeitlichen Oper. Sein Lehrer Arnold Schönberg unternahm mit seiner Zwölftonmusik ein radikales Experiment, übte aber nur begrenzten

Einfluss aus. Zur Spitze der musikalischen Avantgarde gehörten weiter Paul Hindemith und Kurt Weill, der kongeniale Partner von Bertolt Brecht. Der Schönberg-Schüler Hanns Eisler arbeitete mit Brecht zusammen, schrieb für ihn Bühnenmusik und komponierte Lieder für Arbeiterchöre und Agitproptruppen. Der Kommunist schuf später die Melodie der DDR-Nationalhymne. Hindemith, Weill und Carl Orff versuchten mit speziellen Werken für die Jugend den elitären Charakter der ernsten Musik zu überwinden und breiteren Schichten des Volkes näherzubringen.

Friedrich Ebert (l.) im September 1920 bei den Dreharbeiten zum Monumentalfilm »Anna Boleyn«, an dem 4.000 Komparsen mitwirken, mit den Schauspielern Henny Porten und Emil Jannings; über allen schwebend: der Regisseur Ernst Lubitsch.

Das neue Massenmedium Rundfunk und eine verbesserte Qualität der Schallplatte sorgten für weite Verbreitung neuer Musik wie dem Jazz und machten den Schlagersänger zum Popstar. Neben dem populärsten Sänger Richard Tauber, Tenor von Weltruhm, wurde Josef Schmidt als deutscher Caruso gefeiert, der seine große Karriere wesentlich dem Rundfunk verdankte. Kometenhaft war der Aufstieg des 1928 gegründeten A-cappella-Sextetts »Comedian Harmonists« mit zeitlosen Gassenhauern. Im Berliner Dialekt präsentierte die gebürtige Gelsenkirchnerin Claire Waldoff ihr Repertoire vom kabarettistischen

Chanson bis zum gängigen Schlager und brach alle Rekorde der Schallplattenverkäufe. Doch für sie, Schmidt, Tauber, Korngold und die »Comedian Harmonists«, von denen drei Sänger Juden waren, sowie für viele andere Künstler markierte die Machtübernahme Hitlers den Anfang vom Ende der Karriere.

Analog zur Ausweitung der Massenmedien entwickelte sich, mit zahlreichen Impulsen aus den USA, eine breite Massenkultur. Die Presselandschaft wurde durch neue Zeitungstypen vielfältiger, das Kino setzte seinen Siegeszug fort. Das neue Medium Rundfunk übertrug Großveranstaltungen, die ihrerseits die Massen lockten. Fortschrittsglaube und Technikbegeisterung breiteten sich aus in einem Land, das zugleich Wissenschaftsstandort erster Güte war: 15 Nobelpreise in Chemie, Physik und Medizin gingen von 1918 bis 1933 an deutsche Wissenschaftler. Daneben erhielten Gustav Stresemann und der Pazifist Ludwig Quidde den Friedensnobelpreis, Thomas Mann den für Literatur. Albert Einstein, 1921 mit dem Nobelpreis für Physik geehrt, gilt weltweit als der herausragendste Wissenschaftler des 20. Jahrhunderts.

Vor allem dank der 1917 gegründeten Universum-Film-AG (UFA) entwickelte sich Deutschland zu einer der führenden Filmnationen der Welt, wo mehr Filme als in allen anderen Staaten Europas zusammen produziert wurden. Mit dem Wegfall der Filmzensur durch die Revolutionsregierung stieg die Zahl der Filmproduktionen und der Lichtspieltheater rapide. Aus dem Jahrmarktvergnügen der Vorkriegszeit wurde eine feste Freizeitstätte, auch wenn weiterhin Wanderkinos über das platte Land zogen.

Babelsberg bot Hollywood Paroli. Regisseure wie Fritz Lang, Friedrich Wilhelm Murnau oder Ernst Lubitsch setzten stilbildende Maßstäbe. Fritz Langs Film »Metropolis«, der Premiere im Januar 1927 feierte, zeichnet eine mehrstündige düstere Vision der Zukunft, die mit ihren ausdrucksstarken Bildern jedoch beim Publikum durchfiel, aber 2001 von der Unesco in das »Weltdokumentenerbe« aufgenommen wurde.

Emil Jannings als zweifellos der bedeutendste und bestbezahlte deutsche Schauspieler reüssierte auch in Hollywood und erhielt für seine Darstellung in zwei US-Produktionen 1929 als bislang einziger Deutsche den »Oscar« für den besten männlichen Hauptdarsteller, ehe er sich nach 1933 den Nationalsozialisten andiente. Schauspielerinnen wie Asta Nielsen, der als gefeierter Stummfilmstar nicht der Sprung in den Tonfilm gelingen sollte, oder Pola Negri, die schon 1922 nach Hollywood ging, wurden zu modischen Trendsettern. Marlene Dietrich schaffte an der Seite von Jannings als Vamp in »Der blaue Engel« (1930) nicht nur den Durchbruch zum Weltstar, sondern landete mit ihrem Schlager aus dem weltweit überaus erfolgreichen Film »Ich bin von Kopf bis Fuß auf Liebe eingestellt« einen Welthit. Im Jahr 1928 verzeichneten die reichsweit ca. 5.000 Kinos über 350 Millionen Besucher. Die Einführung des

Tonfilms 1929 bewirkte einen weiteren Schub; er brachte eine Vielzahl neuer Filmstars hervor, sorgte aber zugleich auch für das Ende mancher Stummfilmgröße, der die Fortsetzung der Karriere ins sprechende Metier aufgrund begrenzter Sprachfähigkeit oder einer das Publikum irritierenden Stimmlage verwehrt blieb. Zugleich entstand als neues Genre die Tonfilmoperette. Wurden 1931 bereits je zur Hälfte Stumm- und Tonfilme produziert, so waren 1932 alle 127 hergestellten Streifen vertont.

Als neues Massenmedium etablierte sich der Rundfunk, der Unterhaltung bis in jedes Wohnzimmer bringen konnte und so eine neue Öffentlichkeit schuf. Der erste Sender wurde 1923 durch das Postministerium lizensiert. Am 29. Oktober 1923 wurde aus dem Berliner Voxhaus das musikalische Eröffnungsprogramm gesendet. Aktuelle Informationen, Lesungen, Bildungssendungen und Hörspiele kamen mit der Zeit als neue Formate hinzu. Der Rundfunk, dessen Programm sich zu rund einem Drittel der »leichten Unterhaltung« widmete, wurde aber auch zur Bildung genutzt: So zählte man in Preußen 10.000 Schulen, die Hörfunksendungen in den Unterricht einfließen ließen. Im Januar 1926 nahm der »Pädagogische Rundfunk« seinen Betrieb auf.

Mehr als 200 Meter in luftiger Höhe im Dienste des Radios: In Königswusterhausen bei Berlin entsteht 1925 im Auftrag der Reichspost der höchste Sendeturm Deutschlands.

Das Radio begann zunehmend eine Rolle in der Bildformung und in der Nachrichtenübermittlung zu spielen. Doch wandten sich Politiker erst spät über den Äther an die Bevölkerung. Reichskanzler Wilhelm Marx trat Ende 1923 mit einer Ansprache über den Rundfunk an die Öffentlichkeit. Und wenige Wochen später erfolgte die Radioaufnahme einer Rede des Kanzlers aus dem Reichstag, jedoch nicht im Rahmen einer Sitzung, also nicht vor dem Parlament, sondern auf einer Veranstaltung zur »Not der geistigen Arbeiter« in den Räumen des Reichstags. Im Februar 1932 wurde dann erstmals eine im Reichstag gehaltene Rede eines Reichskanzlers im Rundfunk übertragen.

Der Siegeszug des über die 1925 gegründete »Reichs-Rundfunk-Gesellschaft« staatlich kontrollierten Rundfunks manifestierte sich in der sprunghaft steigenden Zahl der Besitzer von Radioapparaten: von 10.000 (April 1924) über 780.000 (April 1925) bis auf vier Millionen (Februar 1932). Damit verfügte fast jeder vierte Haushalt über einen Empfänger, in den Großstädten beinahe jeder zweite. Forderungen nach verstärkter Zensur und politischer Neutralität wurden laut. Dagegen wehrte sich der vormalige Reichsinnenminister Wilhelm Sollmann (SPD) 1929 im Reichstag. Der Rundfunk könne nicht neutral sein; er müsse im Gegenteil politisch sein und er sei dies im Sinne der Demokratie: »99 Prozent der geistigen Darbietungen« würden die Gesellschaftsform bejahen. So richtig als massenwirksames Propagandavehikel nutzten dann die Nationalsozialisten das Radio – sie missbrauchten es.

Film und Rundfunk waren die Leitmedien der neuen Massenkultur. Durch das Radio gelangten auch Sportveranstaltungen in die Wohnstuben. Max Schmelings Gewinn der Europameisterschaft 1927 vor 7.000 Zuschauern in der Dortmunder Westfalenhalle war der erste im Radio übertragene Boxkampf. Mit dem im Juni 1930 errungenen Weltmeistertitel wurde Schmeling endgültig zum beliebtesten Sportler mit dem Status eines Nationalhelden. Berichte vom Boxen magnetisierten die Massen, ebenso wie die von Sechstagerennen, vor allem aus dem Sportpalast von Berlin. Die Six Days (ab 1926 auch in Dortmund, ab 1928 in Frankfurt a. M. und Köln) warteten als gesellschaftliches Ereignis mit reichhaltigem Beiprogramm auf. Sport lockte die Zuschauer: Im 1923 eingeweihten Müngersdorfer Stadion in Köln, mit einem Fassungsvermögen von 80.000 das größte in Deutschland, fanden Endspiele um die deutsche Meisterschaft im lange verpönten Fußball vor Zigtausenden statt. 1924 kam sogar der wenig durch die Lande reisende Reichspräsident Ebert im Rahmen seines Besuches der ersten Kölner Messe mit dem Kölner Oberbürgermeister Adenauer in die Arena.

Der Zugewinn an Freizeit durch den Achtstundentag führte auch dazu, dass man selbst Sport betrieb. Neben dem Fußball expandierte die traditionelle Turnbewegung: 1,5 Millionen Mitglieder konnte die »Deutsche Turnerschaft«

1930 vorweisen. Allgemein blühte das Vereinswesen, auch das weit verzweigte der Arbeiterkulturbewegung. 1925 fand die Erste Arbeiter-Olympiade der Arbeitersportvereine vor einigen Hunderttausend Zuschauern in Frankfurt a. M. statt.

Die populären neuen Medien bewirkten eine Akzentverschiebung. Zur Lesekultur gesellte sich eine Kultur des Zuschauens und Zuhörens. Die Massenkultur ruhte auf technischem Fortschritt. Elektrizität, die zunächst allein als Lichtspender betrachtet wurde, bestimmte zunehmend das gesellschaftliche Leben, auch im Konsum und in der Freizeit. Die Versorgung sicherten Elektrizitätswerke wie das 1924 in Betrieb genommene Walchensee-Kraftwerk, das seinerzeit größte in Europa. Für den Haushalt hatte der Handel immer mehr elektrische Geräte parat, vom Staubsauger über den Haartrockner bis zur Gänserupfmaschine. Miele stellte 1929 die erste elektrische Geschirrspülmaschine Europas her. 1932 errechnete man für Deutschland auf 1.000 Einwohner 66 Rundfunkteilnehmer, 52 Telefonanschlüsse und acht Autos. Das Reich lag damit weit über dem europäischen Durchschnitt, aber noch meilenweit hinter den USA zurück.

Anfänge der Luftfahrt: Mit einer Junkers F 13 fliegt Reichspräsident Friedrich Ebert im März 1923 vom Flugfeld Berlin-Tempelhof zur Einweihung des erweiterten Flughafens Leipzig-Mockau; bei der Ankunft in Leipzig: ein wenig unsicher entsteigt das Staatsoberhaupt dem Flugzeug.

Die neue mobile Freiheit mit eigenem Auto und Motorrad konnten sich nur wenige leisten. Doch stieg die Zahl der Automobile von ca. 130.000 (1924) in fünf Jahren auf über eine Million. Opels kleiner grüner Zweisitzer – im Volksmund »Laubfrosch« genannt – lief 1924 als erstes deutsches Auto vom Fließband. Die Großstädte versuchten das Verkehrsaufkommen zu kanalisieren; die erste Ampelanlage regelte 1924 in Berlin den Verkehr. Auch der Deutsche, zumindest der begüterte, ging in die Luft. Gestartet wurde in Berlin vom Flughafen Tempelhof, dessen Tauglichkeit als Flugfeld am 7. März 1923 unter Beweis gestellt wurde: Reichspräsident Ebert flog an diesem Tag von Tempelhof aus »unter einem wahren Kreuzfeuer von Photographen und Kinooperateuren«, wie die Presse schrieb, mit einer Junkers F 13, dem ersten Ganzmetallflugzeug der zivilen Luftfahrt, zur Einweihung der Erweiterung des Flughafens Leipzig-Mockau, wo man verspätet ankam, da der Pilot zunächst versehentlich die anhaltinische Hauptstadt Dessau angesteuert hatte. Mit diesem Flug stellte sich das Staatsoberhaupt in den Dienst des Reiches beim Wettstreit der Nationen um einen »Platz in der Luft«, wie die »Vossische Zeitung« kommentierte. Hitler nutzte dann bei den Wahlen 1932 das Flugzeug als Transportmittel, um an einem Tag in bis zu drei Städten aufzutreten, so das Bild von Omnipräsenz und Moderne vermittelnd.

Die 1926 aus der Fusion mehrerer Gesellschaften entstandene »Deutsche Luft Hansa« transportierte 1928 bereits 110.000 Fluggäste und legte 9,5 Millionen Kilometer zurück. Im gleichen Jahr begann mit dem Zeppelin LZ 127 die Ära der Zeppelin-Luftschifffahrt. 1924 hatte der Luftfahrtpionier Hugo Eckener mit der LZ 126, die als Reparationszahlung an die Vereinigen Staaten ging, den Atlantik erstmals ohne Zwischenlandung überquert. Diese Fahrt besaß den Charakter einer Friedensmission im Sinne der Wiederannäherung zwischen Deutschland und den Vereinigten Staaten.

Zum Zeitgeist gehörte der Rausch der Geschwindigkeit: Rennfahrer Fritz von Opel, der 1921 mit einer Durchschnittsgeschwindigkeit von 128 km/h eines der ersten Rennen auf der neuen Berliner Avus gewann, jagte 1928 am gleichen Ort im Raketenauto mit 238 km/h über die Piste. 1931 stellte der 600 PS-starke »Schienenzeppelin« mit 230 km/h einen über 20 Jahre gültigen Geschwindigkeitsrekord im Bahnverkehr auf.

Zwar schienen in der Massenkultur die Milieugrenzen kaum eine Rolle zu spielen, weil man ungeachtet der Herkunft im Kino den gleichen Film anschaute, die gleiche Zeitung las, die gleiche Radiosendung hörte und den gleichen Gassenhauer trällerte, doch fand eine gesellschaftliche Nivellierung nicht statt. In der scheinbar schrankenlosen Massenkultur drohte der Identitätsverlust des Einzelnen: »Ich bin die Masse. Ich bin niemand und alle«, schrieb Kurt Tucholsky.

Die Goldenen Zwanziger waren nur für einen kleinen Prozentsatz tatsächlich golden; denn hinter Glanz und Glamour, Lustbarkeit und Laster, hinter der schimmernden Außenhülle blieben Klassengegensätze und Milieus bestehen. Die trügerische Beruhigung überdeckte die nach wie vor bestehenden wirtschaftlichen und politischen Konfliktlagen. Nur mit Blattgold war das harte Brot der Zeit überzogen.

Die in dieser Mittelphase aufblühende Kultur überstrahlte die sozialen und gesellschaftlichen Verwerfungen. Hinter dieser glitzernden Welt verbarg sich weiter das soziale Elend. 1926 gab es zwei Millionen Arbeitslose; das entsprach einer Quote von zehn Prozent. In der mittleren Phase der »Scheinblüte und Desorientierung« (GUNTHER MAI) litten Teile der Bevölkerung. In letzter Verzweiflung begingen einige Selbstmord oder rissen ganze Familien in den Tod – wie der Frankfurter Kaufmann Friedrich Wiechmann, der im März 1928 gemeinschaftlich mit seiner Ehefrau seine drei Kinder tötete, dann seine Frau auf deren Verlangen umbrachte, seinen eigenen Erhängungsversuch aber überlebte. Wiechmanns Name stand als Synonym für den in Not geratenen, nur unzureichend von der Sozialfürsorge unterstützten Frankfurter. Der durch die Wirtschaftskrise ausgelöste flächendeckende kulturelle Einbruch führte drastisch vor Augen, dass der dann rasch verblassende schöne Schein der Goldenen Zwanziger Jahre manches nur übertüncht hatte.

Die Kultur von Weimar war hochproduktiv wie innovativ; aber das Exzeptionelle beherrschte nicht reichsweit die Szene, auf der weiterhin Tradition und Traditionelles ihr Zuhause hatten. Es gab auch die gegenläufige Bewegung gegen das Neue, gegen all das, was sich als Moderne etikettierte, gegen das vermeintlich »Undeutsche« wie den Jazz oder das »Kulturbolschewistische« wie das Agitproptheater. Gerade auf dem kulturellen Parkett offenbarte sich der weit verbreitete Antisemitismus in besonderer Weise; die modernistische Kulturszene galt in nationalkonservativen Kreisen als »jüdisch« degeneriert. Hier trat der überkommene Hass gegen Judentum und Jüdisches zum Vorschein.

Aus diesen niederen rassistischen, aber auch aus politischen oder vermeintlich künstlerischen Motiven wurden viele der Künstler der Moderne nach der Machtübernahme der Hitler-Bewegung verfolgt, außer Landes getrieben oder inhaftiert und ermordet. Große Teile der experimentellen, aber auch der traditionellen »Weimarer Kultur« verbrannten auf den Scheiterhaufen der Nationalsozialisten. Sie diffamierten publikumsträchtig die von ihnen geschmähten Kunststile in den Wanderausstellungen über entartete Kunst (ab 1937) und über entartete Musik (ab 1938). Von dem personellen Exodus und dem barbarischen kulturpolitischen Inferno nach 1933 sollte sich Deutschland nie wieder erholen.

9. Die bedrängte und die wehrhafte Republik

Meinungsfreiheit und Aufhebung der Zensur eröffneten allen Bürgern die Möglichkeiten, um Interessen, Denkhaltungen und Wertvorstellungen offen zu artikulieren – zumindest im Rahmen des Erlaubten, der jedoch vielfach überschritten wurde. Die Republik offerierte auch denjenigen Freiräume, die sich am Überkommenen orientierten und die gegen die neue Staatsordnung agitierten. Tradierte Identitäten und Werteorientierungen waren nicht von heute auf morgen verschwunden. Sie lebten auf allen Ebenen weiter.

Im Wesentlichen blieben die in vorrepublikanischer Zeit geformten und personell besetzten Behörden bestehen. Hier arbeiteten die alten und die neuen Amtsträger im Reich, in den Ländern und in den Kommunen mit einem wilhelminisch sozialisierten Beamtenstab zusammen, der nur selten ein klares Bekenntnis zur Demokratie abgab, sich mehrheitlich bestenfalls als »unpolitisch«, also dem abstrakten Staat dienend, verstand. Das weitgehend aus dem Kaiserreich übernommene Berufsbeamtentum identifizierte sich nur zu einem Teil mit der neuen Republik oder gar mit den die neue Ordnung tragenden Parteien. Eine zielorientierte Republikanisierung erreichte nur allmählich die Amtsstuben, wo mitunter das Bild vom exilierten Kaiser hängen blieb. So kam es in Limburg im Juli 1922 zu einem regelrechten Bildersturm, als ein Protestzug der sozialistischen Arbeiterbewegung erfolgreich die Herausgabe eines noch im Stadtverordnetensaal befindlichen Kaiserporträts verlangte und es zerstörte – und der Magistrat im Nachgang von den verantwortlichen Organisatoren Schadenersatz verlangte, die solch groteske Forderung mit dem Angebot konterten, auf ihre Kosten ein Bild des demokratischen Staatsoberhaupts, des Reichspräsidenten Friedrich Ebert, zu beschaffen.

Auch die geistige Elite begleitete die Republik mehrheitlich mit kritischer Aufmerksamkeit, seltener mit rückhaltloser Unterstützung. An den Universitäten pflegte eine Vielzahl von Lehrenden und Lernenden eine aus dem Kaiserreich hinübergerettete völkisch-nationale Gesinnung, die sich bei vielen mit antisemitischen Elementen paarte. Der Republik standen sie zumindest abwartend, weithin distanziert, gar strikt ablehnend gegenüber. Es war die Zeit, als Professoren der Universitäten, denen als »Pflanzstätten des Geistes« (so der Kasseler Regierungspräsident Ferdinand Friedensburg 1929) eine wichtige Funktion im Prozess der politisch-demokratischen Bildung zukam, tosenden Beifall ernteten, wenn sie in den Vorlesungen die Republik und ihre Repräsentanten in den Schmutz zogen. Der junge Schriftsteller Carl Zuckmayer und sein Freund Carlo Mierendorff wurden bei einer Versammlung der Universität Frankfurt im Frühjahr 1919, als der Rektor eine wüste Rede gegen streikende Arbeiter hielt und zum Eintritt in Studentenbataillone zum Kampf gegen die Streikenden aufforderte, von den aufgeputschten Studenten verprügelt, nachdem beide, selbst Frontkämpfer, zur Solidarität mit den Arbeitern als den »Kameraden von gestern« aufgerufen hatten. Als der Physiker Philipp Lenard, Nobelpreisträger von 1905, sich am Tag der Staatstrauer im Juni 1922 für den ermordeten Reichsaußenminister Walther Rathenau weigerte, sein Institut an der Heidelberger Universität zu schließen und Halbmast zu flaggen, setzten ihn Studenten fest, angeführt von eben jenem Sozialdemokraten Carlo Mierendorff. Der junge Republikaner wurde dafür zu vier Monaten Haft verurteilt; der sich der Trauer verweigernde Antidemokrat erhielt lediglich einen Verweis in der Personalakte. 1924 erzielte an der Technischen Hochschule Darmstadt der nationalsozialistische Hochschulring bei den studentischen Wahlen eine Zweidrittelmehrheit. Im gleichen Jahr beschloss der Allgemeine Studentenausschuss der Universität Frankfurt auf Antrag völkischer Gruppen, dass ausländische Juden nicht mehr zum Studium zugelassen werden sollten. Die Militanz der radikalen Studentenschaft nahm zu Beginn der 1930er Jahre zu. Ein von einem NS-Studenten verübter Tränengasanschlag auf eine Versammlung von demokratischen Studenten mit dem Völkerrechtler und Pazifisten Walther Schücking in Kiel 1931 blieb kein Einzelfall.

Völkisch-nationale und antisemitische Gesinnungen überdauerten nicht nur in den Universitäten den Systembruch. Im politischen Diskurs wurde der Antisemitismus weiter gepflegt, wenn zu den Wahlen 1919 ein hakenkreuzverziertes Plakat der DNVP Sozialdemokraten und russische Revolutionäre jüdischer Herkunft als Männer des verderblichen Umsturzes mit vermeintlich jüdischen Charakterzügen zeichnete und dabei den verhassten katholischen Zentrumspolitiker Matthias Erzberger sogleich der mit dem Davidstern markierten »jüdischen Verbrecherclique« zuordnete.

Der »Deutschvölkische Schutz- und Trutzbund«, von dem Verbindungen und Personen später direkt zur NSDAP führen sollten, war mit bis zu 180.000 Mitgliedern das einflussreichste Sprachrohr des Antisemitismus und Antirepublikanismus. 1922 in den meisten Ländern verboten, verlor er zusehends an Bedeutung und verschwand ab 1924 nahezu von der politischen Bühne. Nicht verschwinden aber sollte antisemitisches Gedankengut. Auch der pöbelhafte Hass auf die Juden feierte fröhlich Urständ. So kam es immer wieder zu antisemitischen Ausschreitungen. 1924 wurde die Synagoge in Hersfeld südlich von Kassel beschädigt, in einem Gebiet, das von 1893 bis zur Revolution 1918 durchgängig von einem Antisemiten im Reichstag vertreten worden war.

In einer Demokratie gehört auch immer die Kritik am politischen Gegenüber und am System dazu, der jedoch nach Form und Inhalt Grenzen gezogen sind. Viele aus der rigoros-militanten Fundamentalopposition missbrauchten die neue Freiheit und ignorierten die gesetzlich gesteckten Schranken. Das galt für die linke wie für die rechte Systemkritik bzw. Systemopposition. Die rechtsnationalistischen Antirepublikaner überzogen den demokratischen Politiker mit Spott und Hohn und inszenierten gegen einzelne ein regelrechtes Kesseltreiben mit Verleumdungen und Beleidigungen.

Eine solche Kampagne ergoss sich über Friedrich Ebert, der sich mit juristischen Mitteln zur Wehr setzte. So sind mehr als 200 Prozesse des ersten Reichspräsidenten gezählt worden. Die Klage erwies sich jedoch im Kampf um die Reputation von Amt und Republik als eine stumpfe Waffe, wie Ebert schmerzlich erfuhr, als er gegen den besonders verletzenden Vorwurf des Landesverrats vorging. Ein in Magdeburg anhängiger Prozess endete am 23. Dezember 1924 mit einem Skandal. Das Gericht bestrafte zwar den Redakteur wegen Beleidigung des Präsidenten, stellte in seiner Urteilsbegründung aber zugleich fest, dass Eberts Beteiligung am großen Munitionsarbeiterstreik im Januar 1918 den Tatbestand des Landesverrats erfülle. Das traf den Patrioten Ebert zutiefst. Denn jeder antirepublikanische Gossenjournalist und Stammtischbruder durfte nach dem Urteil das Staatsoberhaupt ungestraft »Landesverräter« schimpfen. Das Odium des Landesverrats, ein dem reichhaltigen antisozialistischen Arsenal der Vorkriegszeit entlehntes Stereotyp, klebte an Ebert und an der gesamten SPD. Der Republik haftete nun das Verdikt von der Geburt aus dem Verrat an. Der Topos von der landesverräterischen Sozialdemokratie, in der Bismarck-Zeit geschaffen, wuchs zum zentralen Bestandteil der antirepublikanischen Sammlungsideologie in Weimar.

Einige Skandale, tatsächliche oder inszenierte, erschütterten das Ansehen von Politik und Politikern, mitunter verstärkt vom politischen Gegner durch eine gezielte propagandistische Ausschlachtung, die es mit der Wahrheit nicht so genau nahm. Im Fall Sklarz wurde den 1918/19 in Regierungsämtern befindlichen Sozialdemokraten Vorteilsnahme unterstellt. Weite Kreise zog der Fall der Gebrüder Julius und Henry Barmat, die nach dem Zusammenbruch ihres Konzerns Ende 1924 verhaftet wurden. Einige ihrer Spekulationsgeschäfte waren über Kredite der preußischen Staatsbank und der Reichspost finanziert worden. Im Zuge der Affäre kam der wegen der Anschuldigungen zurückgetretene Reichspostminister Anton Höfle (Zentrum) in Untersuchungshaft, während der er verstarb. Weitere Regierungsmitglieder, darunter auch Reichspräsident Ebert und der vormalige Reichskanzler Bauer, wurden der Korruption bezichtigt, wobei antirepublikanische Sudelköche kräftig den Verleumdungsbrei rührten. Ebert erlebte die vollständige Rehabilitation durch einen parlamentarischen Untersuchungsausschuss des preußischen Landtags Ende 1925 nicht mehr. Und obwohl der auch von den Parteiämtern entbundene Gustav Bauer von den Vorwürfen freigesprochen wurde, war sein Ruf dauerhaft beschädigt, so dass er nicht mehr in die aktive Politik zurückkehren konnte. Der von KPD und NSDAP weidlich ausgeschlachtete Korruptionsskandal um die Gebrüder Sklarek führte 1929 zu einem Untersuchungsausschuss des preußischen Landtags und zum Rücktritt des Berliner Oberbürgermeisters Gustav Böß, der später zum Teil rehabilitiert wurde. Selbst die liberale Presse, deren Aufgabe es hätte sein können, den überaus erfolgreichen Böß zu stützen, trug zu seiner medialen Demontage bei. Der erste Reichsfinanzminister Matthias Erzberger sollte Opfer einer perfiden Hetze jenseits jeglichen politischen Anstandes werden.

Die Politik mochte die auf Fakten beruhenden Skandale letztendlich verkraften; aber von diesen wie von den inszenierten Beschuldigungen blieb immer etwas hängen, auch wenn sie widerlegt wurden. Zudem schwebte der Demokrat der ersten Reihe (und auch manch einer der zweiten) immer in Gefahr, ja in Lebensgefahr, denn der radikale Gegner schreckte vor Mord nicht zurück. Brachiale Gewalt gegenüber den Andersdenkenden bis hin zu dem in Deutschland bis dahin unüblichen politisch motivierten Mord hielt Einzug in die politische Arena, was vielfach auf die Erfahrung von Gewalt und Töten während des Krieges zurückgeführt wird, die von vielen Entwurzelten von der Front mit ins Reich gebracht worden sei. Die Gewaltspirale konnte sich aber nur entfalten, weil Schreibtischtäter mit ihren Worten die Waffen der Mörder munitionierten. So hinterließen die aktionsbereiten Republikfeinde schließlich eine Spur des Todes. Gewalt gehörte zum Alltag des politischen Kampfes, die sich vor allem nach der ersten Phase als eine Auseinandersetzung im öffentlichen Raum artikulierte, auf der Straße und im Saal. »Die politische Gewalt des ritualisierten Terrainkampfes« (DIRK SCHUMANN) spiegelte vor allem zum Ende der Republik hin auch das Fehlen des demokratischen Grundkonsenses wider.

Die ersten prominenten Opfer der Gewalt waren die kommunistischen Parteigründer Rosa Luxemburg und Karl Liebknecht, die nach dem Spartakusaufstand von Freikorpssoldaten meuchlings ermordet wurden. Auch Leo Jogiches, der dann den Parteivorsitz der KPD übernahm, wurde am 10. März 1919 in Untersuchungshaft willkürlich erschossen.

Der Hass der Republikgegner richtete sich weiter allgemein gegen die »Novemberverbrecher«, die das Kaiserreich zum Einsturz gebracht hatten, und die »Erfüllungsvasallen«, die mit dem Versuch, den als Schmach empfundenen Versailler Friedensvertrag so weit wie möglich zu erfüllen, als Landesverräter galten. Wer gar von einer deutschen Schuld am Kriegsausbruch sprach, galt als Vaterlandsverräter. Einer der ersten, der offen von einer deutschen Kriegsschuld sprach, war der bayerische Ministerpräsident Kurt Eisner (USPD). Das machte ihn, den linken jüdischen Literaten, zur Zielscheibe wütender rechtsradikaler Angriffe. Die Symbolfigur der Münchner Revolutionstage hatte am 8. November 1918 den Freistaat proklamiert und das Amt des Ministerpräsidenten übernommen. Er wurde am 21. Februar 1919 von einem deutschvölkischen Adelsspross auf offener Straße niedergestreckt, just auf dem Weg zur konstituierenden Sitzung des Landtags, auf der er nach dem Debakel seiner Partei bei den Landtagswahlen am 12. Januar (2,5 Prozent und lediglich drei der 180 Mandate) seinen Rücktritt erklären wollte. Das Attentat löste einen weiteren Anschlag aus: Ein den revolutionären Kommunisten zuzurechnender Kellner schoss im Landtag den SPD-Fraktionsvorsitzenden Erhard Auer nieder, der schwer verletzt überlebte. Ein im Saal anwesender Major und Heinrich Osel, Abgeordneter der Bayerischen Volkspartei, wurden bei der anschließenden Schießerei getötet.

Eisners Parteifreund Hugo Haase, seit der Gründung der USPD im April 1917 ihr Vorsitzender, starb im November 1919 infolge eines von einem vermutlich geistesgestörten Arbeiter vier Wochen zuvor verübten Attentates. Der Anschlag auf Karl Gareis, den Vorsitzenden der bayerischen USPD-Fraktion, am 9. Juni 1921 zählte zu den Fememorden. Bei den vor allem in den Jahren bis 1923 erfolgenden Femetaten handelte es sich um Anschläge, zu denen sich politische Organisationen, vor allem vaterländische Verbände, oder einzelne ihrer Gehilfen verabredet hatten, um als verräterisch geltende Personen, ehemalige oder aktive Mitglieder aus ihren eigenen Reihen sowie auch Externe, zu liquidieren. Gareis hatte sich um die Aufklärung des nationalistischen Treibens der Einwohnerwehren verdient gemacht. Sein Tod ging wahrscheinlich auf das Konto der »Organisation Consul« (O. C.), eines nationalistischen und antisemitischen Geheimbundes, der Anfang 1924 auch an der Tötung eines pfälzischen Separatistenführers beteiligt war.

Opfer dieser Terrororganisation wurde auch der ehemalige Reichsfinanzminister Matthias Erzberger, wenngleich seine Ermordung nicht als Femetat gilt. Der Mann, der im November 1918 den Waffenstillstand unterzeichnet hatte und schon früh für eine Annahme des Versailler Vertrages eingetreten war, wurde mit einer Verleumdungskampagne überzogen. Getrieben von persönlichen Rachegelüsten und einer generellen Ablehnung der Republik, schoss sich der DNVP-Abgeordnete Karl Helfferich auf den Finanzminister ein. Seinen auch in Buchform publizierten Ruf »Fort mit Erzberger« konnte er in einem Prozess gegen den Finanzminister publikumswirksam untermauern, in dem der Beschuldigte schließlich wegen Vermischung von Politik und persönlichen Interessen, wegen Meineids und Verstoßes gegen die Wohlanständigkeit verurteilt wurde. Obwohl sich die Vorwürfe später mehrheitlich als nicht erwiesen herausstellten, war Erzbergers Reputation auf Dauer beschädigt. Nach seinem Rücktritt als Minister im März 1920 entschied er, der ein erstes Attentat im Januar des Jahres dank höchst glücklicher Umstände überlebt hatte, sich nach einer kurzen Karenzzeit für ein politisches Comeback, zu dem es aber nicht mehr kommen sollte. Zwei ehemalige Freikorpsoffiziere setzten seinem Leben am 21. August 1921 bei Bad Griesbach im Schwarzwald ein Ende. In Berlin versammelten sich rund eine halbe Million Republikaner zu einer eindrucksvollen Kundgebung gegen die Mordtat. Auch Erzbergers Begräbnis in Biberach wurde zu einer beeindruckenden Massendemonstration für die Republik, zu der mehr als 30.000 Trauergäste kamen. Doch es wurde auch Beifall geklatscht. Für den evangelischen Theologieprofessor Martin Rade aus Marburg war es irritierend und ungeheuerlich, »mit welcher Genugtuung, mit welchem Jubel ungezählte evangelische Christenleute diese Nachricht begrüßt haben«.

Massendemonstration in Berlin nach dem Mord an dem vormaligen Reichsfinanzminister Matthias Erzberger im August 1921.

Der Anschlag reihte sich ein in die Serie von Attentaten auf Repräsentanten der Republik, mit denen die junge Demokratie destabilisiert werden sollte. Am Pfingstsonntag 1922 spritzten zwei O.C.-Mitglieder dem Republikausrufer Philipp Scheidemann, mittlerweile Oberbürgermeister seiner Geburtsstadt Kassel, Blausäure ins Gesicht – mit einem Klistierspritzball. Denn für den »Novemberverbrecher« war eine »ehrenvolle« Kugel viel zu schade. Nur dank einer schnellen Reaktion überlebte Scheidemann. Schwer verletzt überstand der vom Monarchisten zum Sozialisten geläuterte republikkritische Publizist Maximilian Harden im Juli 1922 einen Anschlag.

Scheidemann hatte bereits im Oktober 1919 vor der Nationalversammlung eindringlich vor rechtsradikalen Treibereien gewarnt: »Der Feind steht rechts.« Dieser Satz wurde drei Wochen nach dem Anschlag auf ihn von Reichskanzler Joseph Wirth im Reichstag zum geflügelten Wort erweitert: »Da steht [...] der Feind, der sein Gift in die Wunden eines Volkes träufelt, [...] kein Zweifel: dieser Feind steht rechts!« Anlass für Wirths Anklage war die Ermordung von Reichsaußenminister Walther Rathenau, der als führender Amtsträger, Industrieller und Jude für die antirepublikanische, antisemitische Rechte eine der Symbolfiguren der verabscheuten Republik war.

Es ist angesichts der Morddrohungen und der permanenten Lebensgefahr schon erstaunlich, wie dürftig doch die Sicherheitsmaßnahmen für Politiker ausfielen. Reichskanzler Joseph Wirth legte sich nach den Attentaten einen Schäferhund zu, Reichspräsident Friedrich Ebert führte zur Selbstverteidigung einen Stockdegen mit sich, wollte aber ansonsten den Personenschutz sehr begrenzt sehen. So begleitete ihn bei seinen Reisen durch die Republik nur ein einziger Kriminalbeamter. Und vor Ort fuhr man, wenn es das Wetter erlaubte, im offenen Wagen durch die Menge.

Dies tat auch Außenminister Rathenau am 24. Juni 1922 auf der Fahrt von seiner Villa zum Auswärtigen Amt, als zwei O.C.-Mitglieder mit einer Maschinenpistolensalve und einer Handgranate seinem Leben ein Ende bereiteten. Der Mord wühlte die Republik wie kein zweites Attentat auf: »Gerichtet war die Bluttat gegen die Deutsche Republik und gegen den Gedanken der Demokratie«, geißelte Reichspräsident Ebert auf der Trauerfeier im Reichstag den »Anschlag auf die Nation«. Wieder gingen die Republikaner zu Hunderttausenden auf die Straße.

Und die Täter? Die beiden Rathenau-Mörder wurden in ihrem Unterschlupf bei einem O.C.-Kumpanen auf Burg Saaleck in Sachsen-Anhalt vier Wochen nach dem Anschlag gestellt; einer wurde von den Sicherheitskräften erschossen, der andere richtete sich selbst. Gegen die Hintermänner sprach der neu errichtete »Staatsgerichtshof zum Schutze der Republik« im Oktober 1922 verhältnismäßig hohe Strafen aus, konnte aber nicht den Beweis für ein durch eine Organisation gesteuertes Mordkomplott erbringen.

Die Mörder von Rosa Luxemburg und Karl Liebknecht kamen in einem skandalösen Militärgerichtsverfahren mit glimpflichen Urteilen davon. Obwohl Reichspräsident Ebert die überaus milden Militärgerichtsurteile aufheben und die Verfahren neu aufrollen wollte, kam es nicht dazu. Er fügte sich der Mehrheit in der Reichsregierung, die eine gegenteilige Meinung vertrat, so dass die schändlichen Urteile bestätigt wurden.

Strafmaß und Strafverbüßung der rechten Mordgesellen waren mitunter kaum nachvollziehbar: Das Todesurteil gegen den deutschnationalen Eisner-Attentäter wurde von der Landesregierung umgehend in lebenslange Festungshaft abgemildert, die jedoch schon vier Jahre später aufgrund einer Amnestie ihr Ende fand. Dagegen musste der Auer-Attentäter acht seiner 14 Jahre Haft verbüßen. Die im Dezember 1922 gefassten Scheidemann-Attentäter wurden zu zehn Jahren Zuchthaus verurteilt, Ende 1927 unter Zustimmung Scheidemanns begnadigt. Die beiden Erzberger-Mörder konnten erst nach dem Zweiten Weltkrieg zur Rechenschaft gezogen werden, und dies auch nur, weil die französische Besatzungsmacht auf ein Verfahren gedrängt hatte. Sie erhielten langjährige Haftstrafen, wurden aber schon nach wenigen Jahren wieder auf freien Fuß gesetzt.

Der Pazifist Emil Gumbel wies die Rechtslastigkeit der Weimarer Justiz mehrfach nach, zuletzt in der staatlicherseits bestätigten Analyse »Vier Jahre politischer Mord« vom Oktober 1922: Von den 376 gezählten politischen Morden waren 93 Prozent von Tätern aus dem rechtsnationalistischen Lager verübt worden, der Rest ging auf das Konto der radikalen Linken. Während die Mörder aus dem linken Spektrum harte Strafen erhielten, übten die Richter Milde gegenüber den Rechtsterroristen; Gumbels Zusammenfassung: »354 politische Morde von rechts; Gesamtsühne: 90 Jahre, 2 Monate Einsperrung, 730 M. Geldstrafe und 1 lebenslängliche Haft/22 Morde von links; Gesamtsühne: 10 Erschießungen, 248 Jahre, 9 Monate Einsperrung, 3 lebenslängliche Zuchthausstrafen.«

Viele der monarchietreuen konservativen Juristen, im Kaiserreich in Positionen des Beamtenapparats gelangt, legten ihre Vorbehalte gegen die Republik nicht ab. Die Justizbürokratie blieb unbehelligt von Eingriffen, »da sich weder Reich noch Länder an die Bastion der Richter- und Staatsanwaltschaften herantrauten« (HANS-ULRICH WEHLER). Wenn dann noch im sogenannten Magdeburger Justizskandal 1925/26 die Richter in einem unpolitischen Mordfall starrköpfig an der Schuld eines jüdischen, den Sozialdemokraten nahestehenden Fabrikanten festhielten, gegen den die rechte Presse Stimmung gemacht hatte, obwohl ihn erdrückende Beweise entlasteten und ein anderer die Tat gestand, so bestätigte dies das Urteil von der auf dem rechten Auge blinden Rechtsprechung – ein treffliches Bild, aber doch nicht so ganz allgemeingültig für die Justiz. Denn es gab nicht nur rechtslastige Rechtsbehörden, sondern auch einen »Republikanischen Richterbund«. Wie weit jedoch dessen Einfluss in Justiz und deren Verwaltung reichte, ist schlicht nicht feststellbar. Während das »antidemokratische Denken« (KURT SONTHEIMER) und die antidemokratische Aktion gut erforscht sind, wurden das durchaus weit verbreitete »demokratische Denken« (CHRISTOPH GUSY) und die demokratische Aktion bislang nur stiefmütterlich betrachtet. Dabei gilt es immer die Frage zu beantworten, was jeweils unter den Bezeichnungen zu fassen war, denn einige aus dem antidemokratischen Raum definierten sich selbst als »Demokraten«, und zwar als Anhänger einer völkischen, autoritären Demokratie oder gar einer Führerdemokratie, aber nicht der originären repräsentativen parlamentarischen Demokratie, wie sie in der Weimarer Verfassung niedergelegt wurde.

*

DAS STICHWORT: Konservative Revolution

Eine »Herrschaft der Minderwertigen« konstatierte 1926 aus der nationalkonservativen Ecke Edgar Julius Jung, einer der Meinungsführer der »Konservativen Revolution«, die den Parlamentarismus durch eine parteiungebundene »Revolution des Geistes« zertrümmern wollte. Dieser Konservatismus, der sich vom überlieferten monarchistischen Konservatismus gänzlich unterschied, dachte überhaupt nicht an eine Wiedererrichtung des überlebten Kaiserreiches, sondern zielte auf »Das Dritte Reich«, wie ihr einflussreichster Agitator Arthur Moeller van den Bruck sein kulturkritisches Werk von 1923 betitelte.

Die konservativen »Revolutionäre« verabscheuten »Parteigetriebe« und republikanische Egalität, fanden sich zusammen in Zirkeln und Kreisen, scharten sich um Dichter (wie um den einflussreichen Stefan George) und um programmatische Zeitschriften: Heinrich von Gleichens Wochenschrift »Der Ring« verlieh der »Ring-Bewegung« den Namen; Hans Zehrer mit seiner Zeitschrift »Die Tat« war Kristallisationspunkt des gleichnamigen »Tat-Kreises«, der Parlamentarismus und Kapitalismus als degenerierte Zwillingsbrüder gleichermaßen verdammte. Die kulturelle Moderne war für sie nichts weiter als verdammungswürdiger »Kulturbolschewismus«.

Die breit aufgefächerte »Konservative Revolution« besaß ihren gemeinsamen Nenner in einer antiliberalen und antidemokratischen Wertehaltung. Der diskreditierte Parteienstaat sollte durch eine ständestaatlich organisierte Gesellschaft überwunden werden, basierend auf einer aus den Schützengräben erwachsenen Volksgemeinschaft. In der Endphase der Republik hielten solche Vorstellungen, die soziale Utopie und nationalistische Macht verbanden, Einzug in die obersten Regierungsetagen. Im »Kabinett der Barone« des »Ring-Autors« Franz von Papen sammelten sich neokonservative Geister.

Auch der meistgelesene Protagonist der Bewegung, Oswald Spengler, der mit seinem kulturpessimistischen Hauptwerk »Der Untergang des Abendlandes« bis 1929 eine Auflage von über 100.000 Exemplaren erzielte, entwickelte Ideen von einem neuen Staat mit einem Führer an der Spitze. Doch hielt er wie viele seiner Geistesgenossen den kleinbürgerlichen, primitiv-proletarischen Hitler nicht für den geeigneten Mann. Auch wenn zahlreiche Köpfe der »Konservativen Revolution« auf Distanz zu Hitler und seiner Bewegung gingen, so gehörten sie mit ihrem antidemokratischen Denken doch zu den geistigen Wegbereitern des Nationalsozialismus.

*

Vereinigten sich in der konservativen Revolution intellektuell-nationalistische Gegner der Republik, so stellte sich auch ihnen ein weitreichendes demokratisches Denken und Handeln im Sinne der republikanischen Verfassung in den Weg. Denn es gab ihn auch, den Verfassungspatriotismus auf allen Ebenen, in den Massenorganisationen, in der Wissenschaft, in Literatur und Presse bis hinunter ins weit verzweigte Vereinswesen, wenig analysiert und in der Strahlkraft kaum bemessen, ebenso wie die Wirkung der doch vielschichtigen Gegenstrategien von Politik und republiktreuen Verbänden gegen das antidemokratische Denken und vor allem gegen die militanten Republikfeinde. Offener Rebellion konnte über Artikel 48 begegnet werden. Wenn also »Sicherheit und Ordnung« gefährdet waren, hatte das Reich ein breites verfassungsrechtliches Instrumentarium zur Hand, das gewiss in vielen Fällen von den mit der Durchsetzung beauftragten Kräften überzogen in Anwendung gebracht wurde.

Die Palette der Gegenmaßnahmen wurde 1921/22 durch Republikschutzverordnungen bzw. Republikschutzgesetze erweitert. Die nach dem Erzberger-Mord erlassene Verordnung zum Schutze der Republik verbot antirepublikanische Versammlungen, Druckerzeugnisse und Vereinigungen. Gegenüber DVP-Vertretern, denen die Maßnahmen zu weit gingen, verhehlte Reichspräsident Ebert nicht, dass sich die Verordnung vor allem gegen rechtsradikale Treibereien richte: »Die Rechte kann sich über ein einseitiges Vorgehen gegen sie bisher nicht beklagen. Den Putschen von links ist mit schweren Strafen begegnet, von den Rechtsputschisten ist bisher leider nicht einer verurteilt« – eine durchaus treffende Erkenntnis.

Auch Bayern meldete gegen das Vorgehen des Reiches Bedenken an. Ein Jahr später wiederholte sich das Ganze, als nach dem Rathenau-Anschlag München an der zunächst erlassenen Republikschutzverordnung und dann am anschließenden Republikschutzgesetz Kritik übte, weil man Beschneidung eigener Kompetenzen fürchtete. Der DVP-Vorsitzende Stresemann schien hingegen nun die Gefahr erkannt zu haben. Es gehe jetzt, so bekannte er im Reichstag, um die »Ausrottung« der Mörderorganisationen »mit Stumpf und Stiel«. Er konnte den Großteil seiner Fraktion für die Zustimmung zum Republikschutzgesetz gewinnen, das als Verfassungsänderung eine Zweidrittelmehrheit benötigte. Die Regierung in München akzeptierte das Gesetz schließlich erst nach Zusagen der Reichsregierung über dessen Handhabung in Bayern.

Das zunächst bis 1927 geltende Gesetz legte einen Katalog von Tatbeständen fest, die sich gegen die Republik richteten und für die Strafverschärfungen vorgesehen waren. Zuständig für die Strafverfolgung war der am Reichsgericht in Leipzig zu errichtende »Staatsgerichtshof zum Schutze der Republik«. Das Gericht wurde bei der zweijährigen Verlängerung des Gesetzes 1927 auf Druck der mitregierenden DNVP aufgehoben, die im Gegenzug einer Prolongierung zustimmte. 1929 lief das Gesetz aus, dem 1930 ein zweites der abgeschwächten Form folgen sollte.

Mit dem Republikschutzgesetz wurde zeitgleich ein »Gesetz über die Pflichten der Beamten zum Schutze der Republik« erlassen, das dem Staatsdiener zur Pflicht machte, im Dienst für die Republik einzustehen und außerdienstlich zumindest nicht gegen sie aufzutreten. Vor allem mit dem Republikschutzgesetz besaßen die Behörden die Handhabe, gegen die antirepublikanischen Tendenzen, Personen und Organisationen vorzugehen. Die Aburteilung nach den im ersten Teil genannten Straftaten erfolgte über den Staatsgerichtshof, vor dem sich tausende für ihre antirepublikanischen Treibereien zu verantworten hatten. Das Verbot von Vereinigungen und Druckschriften republikfeindlicher Tendenzen lag in der Zuständigkeit von Landesbehörden. Dabei ergab sich eine Differenz zwischen den Gewalten: Während Exekutive und Legislative sehr wohl die rechtsradikalen Verfassungsfeinde in den Blick nahmen und mit dem Bann belegten, überwog in der strafrechtlichen Verfolgung durch die Judikative eine schärfere Aburteilung der linken Einzeltäter als jenen aus dem rechten Spektrum. Es bewahrheitete sich auch hier: Die Justiz schielte mit dem linken Auge nach Tätern, während eine politische Scheuklappe den klaren Blick des rechten verhinderte.

Das Republikschutzgesetz wurde hinsichtlich des Verbots von Vereinen und Versammlungen von Land zu Land verschieden gehandhabt. Auf der vom Reichsinnenministerium erstellten Liste der Verbote von Vereinen und Verbänden von 1922 bis 1929 sucht man Bayern und Württemberg vergebens: Hier wurden keine nach dem Republikschutzgesetz ausgesprochen, während in Sachsen und in Preußen allein 33 bzw. 29 Vereinsverbote ergingen. Parteienverbote stützten sich auf das Republikschutzgesetz, aber auch auf Notverordnungen nach Artikel 48. Preußen nutzte das Instrumentarium in besonderer Weise. Man überwachte die Aktivitäten der NSDAP und sammelte auch Material für ein Verbot der Hitler-Partei, konfiszierte ihre Zeitungen, Plakate und Flugschriften.

Preußen untersagte schon früh seinen Staatsdienern, insbesondere der Polizei, die Zugehörigkeit zu republikfeindlichen Organisationen und Geheimbünden, zu denen 1930 dann auch KPD und NSDAP gerechnet wurden, wobei allerdings in der Rechtsprechung der KPD per se Verfassungsfeindlichkeit attestiert wurde, während bei Affinitäten zur NSDAP im Einzelfall ein konkretes republikfeindliches Agieren nachgewiesen werden musste.

Gegen offensichtliche antirepublikanische Aktionen in Wort, Schrift und Tat war die Republik eben doch nicht ganz so machtlos. Sie bewies sich als wehrhafte Demokratie, indem sie Verfassung und Staatsform unter besonderen Schutz stellte und die offensiven Gegner belangen konnte. Aber: Mit der Normalisierung der Verhältnisse Mitte der Republik standen insbesondere die Parteienverbote in der Kritik. Sie wurden aufgehoben: Nunmehr ereilte es weniger bedeutende Gruppierungen oder Nebenorganisationen der republikfeindlichen Parteien. Und als die Republikaner nicht mehr in den Schaltzentralen saßen, rissen die Amtsträger die demokratischen Schutzwälle ein: Nachdem SA und SS im April 1932 verboten worden waren, führte die unter dem Deckmantel der Gleichbehandlung gestellte Forderung von Reichspräsident Hindenburg, auch die Schutzformation des Reichsbanners Schwarz-Rot-Gold (Schufo) mit dem Bann zu belegen, letztlich nicht nur zum Rücktritt von Reichswehrminister Wilhelm Groener, sondern insgesamt auch zu einer Schwächung der Republik in Gänze. Ein Bündnis Berlins mit den meisten Ländern zur Niederhaltung der NS-Formationen – das sozialdemokratische Preußen und das konservative Bayern gingen hinsichtlich des SA-Verbots einig und hatten das Reich hierzu angetrieben – war nur von kurzer Dauer. Die Nachfolgeregierung Papen hob Mitte Juni das Verbot auf. So lag das Manko des aktiven Republikschutzes nicht an den rechtlichen Möglichkeiten, sondern an dem zum Schluss hin nicht vorhandenen Durchsetzungs- und Umsetzungswillen derjenigen, die die Werkzeuge hätten stabilisierend handhaben können – und sollen.

*

IM FOKUS: Symbole und Tradition als Kitt der Republik

Neben der Bestrafung der militanten Gegner unternahmen die demokratischen Kräfte Anstrengungen, Republik und republikanisches Gedankengut in die aus dem Kaiserreich kommende Gesellschaft einzupflanzen. Die Instrumente zu einer solchen mentalen Republikanisierung waren Symbole, repräsentative Akte und der Rückgriff auf demokratische Traditionselemente. Die am Beginn nur dürftige Akzeptanz der neuen Staatsordnung lag bei vielen vor allem auch daran, dass sie in Abgrenzung eines weiterhin in der Bevölkerung als gute alte Zeit in Erinnerung gebliebenen Vorläufers nicht allmählich, sozusagen gleitend, sondern abrupt entstanden war. Von daher erklärt es sich, dass die Republik bei der Indienstnahme von Traditionen, Symbolen und repräsentativen Momenten als den identitätsstiftenden Elementen eines Staates das Neue in irgendeiner Weise mit dem Alten verbinden wollte.

Die Festveranstaltung zum fünften Jahrestag der Reichsverfassung 1924 im Reichstag; in der Ehrenloge (über dem Wappen von Lübeck) Friedrich Ebert und – links von ihm – Preußens Ministerpräsident Otto Braun (SPD).

Ein Musterbeispiel hierfür war Artikel 3 der Reichsverfassung: »Die Reichsfarben sind schwarz-rot-gold. Die Handelsflagge ist schwarz-weiß-rot mit den Reichsfarben in der oberen inneren Ecke.« Angesichts der gesellschaftlichen Kluft zwischen Republikanhängern und -gegnern, mittendrin die den alten Zeiten noch nachtrauernden Vernunftrepublikaner, war die Entscheidung der Nationalversammlung über die Farben des Reiches der Versuch, den Ausgleich zwischen den Lagern in der Verquickung von Überliefertem und Neuem zu finden. Doch es war ein fauler Kompromiss, der durch eine Verordnung des Reichspräsidenten im April 1921 noch weiter ausgehöhlt wurde: Nicht nur die Handelsflagge, wie in der Verfassung vorgesehen, sondern auch die Reichskriegsflagge und die Dienstflaggen von Reichsbehörden zur See sollten in den Farben des alten Reiches – im kaiserlichen Schwarz-Weiß-Rot – gehalten sein. Der Farbenwirrwarr war damit perfekt: Es gab jetzt nicht weniger als zehn amtliche Flaggen, von denen fünf die Grundfarben schwarz-rot-gold, die Farben der Revolution von 1848, aufwie-

sen, während die restlichen auf den Farben schwarz-weiß-rot basierten und nur verschämt in der Ecke die eigentlichen Reichsfarben enthielten. Die Reichswehr erhielt eine neue, in der Reichsverfassung nicht vorgesehene Flagge, und zwar in den Grundfarben schwarz-weiß-rot und mit den Reichsfarben oben in der Ecke. Die Anpassung der Reichskriegsflagge an die Handelsflagge wurde fadenscheinig damit begründet, dass die deutschen Kriegs- und Handelsschiffe eine in der Grundform identische Flagge zeigen sollten. Doch war das Ganze – so urteilte schon der Verfassungskommentator Gerhard Anschütz – nichts weniger als »eine Konzession an die Idee ›schwarzweißrot‹«.

Der Farbenstreit führte im Mai 1926 sogar zum Fall der Reichsregierung, als der Reichspräsident über eine Notverordnung verfügte, dass die deutschen Auslandsvertretungen neben Schwarz-Rot-Gold auch die in schwarz-weiß-rot gehaltene Handelsflagge hissen durften. Reichskanzler Hans Luther, der als Initiator des Erlasses galt und die Sprengkraft der Frage unterschätzte, fiel über einen Misstrauensantrag. Dieser Kanzlersturz machte weithin sichtbar, dass der Streit um die Farben nicht nur eine hochemotionale, sondern auch eine hochpolitische Angelegenheit war. Über die Farben drückte sich Gesinnung aus: Die Republikaner flaggten schwarz-rot-gold, die Republikgegner trugen das Schwarz-Weiß-Rot vor sich her.

Flagge zeigen wollten die Republikaner am Tag der Verfassung, der ab 1921 am 11. August, dem Tag der Verfassungsunterzeichnung durch Reichspräsident Ebert 1919, begangen wurde, ohne offizieller Nationalfeiertag zu sein. Dies war er jedoch in manchen Ländern, zumindest für einige Jahre. 1919 war der 1. Mai reichsweit zum einmaligen Feiertag deklariert worden, wofür SPD, DDP und Teile der Zentrumspartei gestimmt hatten. Erst 1933 erhoben die Nationalsozialisten den traditionellen Kampf- und Festtag der internationalen sozialistischen Arbeiterbewegung dauerhaft zum generellen Feiertag.

Die jährliche Verfassungsfeier, vom Reichskunstwart Edwin Redslob künstlerisch gestaltet, konnte in der in verschiedene Teilkulturen gespaltenen Gesellschaft die angestrebte Integrationskraft nur begrenzt entfalten. Auch wenn der Verfassungstag nicht den Charakter eines alle Schichten und politischen Lager umfassenden Volksfestes erlangte, so waren die Feiern doch, wie auch die Bilder belegen, eindrucksvolle republikanische Massenveranstaltungen. 1923 stand das Jubiläum angesichts der Ruhrbesetzung und der gerade im August sich dramatisch zuspitzenden Krise mit dem nahen Ende des Kabinetts Cuno, das einen Tag später besiegelt wurde, unter keinem guten Stern. Reichsweite Unruhen überschatteten die Feiern, so dass nach dem Festakt im Reichstag, dem sich die Parade von Reichswehreinheiten und das Abschreiten militärischer Ehrenformationen durch Reichspräsident und Regierungsmitglieder anschlossen, die unter der Schirmherrschaft des Reichspräsidenten stehenden geplanten

Abendveranstaltungen wegen zu befürchtender Krawalle kurzfristig abgesagt wurden. Hier zeigte sich die ganze Problematik des konstruktiv gedachten Republikschutzes. Es führte nicht zur Integration, sondern zur Vertiefung der Gräben, wenn die Demokraten solche Ereignisse zu einer Demonstration für die Republik, die starken Gegenkräfte aber zur Proklamation ihrer Gegnerschaft nutzten.

Der »Feiertag des Volkes« (so SPD-Reichsjustizminister Gustav Radbruch 1922) war nur ein Momentum, um einen Verfassungspatriotismus zu implementieren. Die massenhafte Verteilung einer Volksausgabe der Verfassung an den Schulen schon zum Weihnachtsfest 1919 – Artikel 148 der Verfassung schrieb vor, dass Schüler am Ende ihrer Schulzeit eine Verfassung zu erhalten hatten – war ebenso ein kleiner Mosaikstein in diesen Bemühungen wie das zum zehnten Jahrestag der Verfassung von der Reichsregierung in einer Auflage von 70.000 Exemplaren unter das Volk gebrachte »Gedenkbuch« unter dem Titel »Deutsche Einheit – Deutsche Freiheit«.

Zum Verfassungstag 1922 erklärte Reichspräsident Ebert das »Deutschlandlied« von August Heinrich Hoffmann von Fallersleben aus dem Jahr 1841 zur Nationalhymne. Diese Entscheidung fiel nicht einhellig, denn einige Textpassagen wie die Worte »über alles« und einige geographische Bezeichnungen riefen Bedenken hervor. Schwer wog das Unbehagen in den Reihen der Sozialdemokratie, in deren Ohren das Lied wie ein Kampfgesang gegen die sozialistische Arbeiterbewegung klang, bitterer Nachhall aus den Zeiten des Kaiserreichs. Das Deutschlandlied trug zudem die Last der Verknüpfung mit der von den Militärs im Krieg gesponnenen Langemarck-Legende, nach der Studenten und Schüler sich mit diesem Lied auf den Lippen heroisch unter hohen Verlusten in die Schlacht um ein Dorf im belgischen Flandern geworfen hätten. »Langemarck« wurde in der Republik zu einem in rechten Kreisen gepflegten und später von den Nationalsozialisten vereinnahmten Mythos jugendlich-heroischer Selbstaufopferung für das Vaterland und Teil einer weithin propagierten Idealisierung des Krieges.

Ungeachtet dessen löste das Lied bei einem Großteil der Bevölkerung starke Empfindungen aus. Bereits auf der Kundgebung der Nationalversammlung am 12. Mai 1919 gegen den Versailler Vertrag hatte Parlamentspräsident Constantin Fehrenbach das Deutschlandlied als den für die schweren Zeiten angebrachten »vaterländischen Hymnus« bezeichnet. Nach dem Mord an Außenminister Rathenau sah die Regierung den Zeitpunkt für gekommen, das Deutschlandlied offiziell als Nationalhymne einzuführen. In seiner Proklamation stellte Ebert wohlbedacht die dritte Strophe, den Dreiklang von »Einigkeit und Recht und Freiheit« in den Vordergrund, um chauvinistischen Interpretationen den Wind aus den Segeln nehmen. Nicht zuletzt, weil er die dritte Strophe so hervorhob, entwickelte sich in der Folgezeit eine Diskussion, ob nicht allein diese (heute als Nationalhymne gesungene) Strophe als eigentliche Hymne zu betrachten sei.

Insgesamt blieb ihre Integrationskraft begrenzt, denn während die Republikanhänger ganz im Sinne des Präsidenten den »Dreiklang« betonten, erkoren die rechten Republikgegner und strammen Nationalisten die Verse vom »Deutschland, Deutschland über alles« zur Parole.

Die Entscheidungen über Reichsfarben und Hymne geschahen auch aus Rücksicht auf mentale Einstellungen des den alten Zeiten noch nachtrauenden Teils der Bevölkerung. Ein Einheitsprojekt war die Errichtung einer Gedächtnisstätte für die Opfer des Weltkrieges, zu der am 10. Jahrestag des Kriegsausbruchs 1924 Reichspräsident und Reichskanzler aufriefen. Neben den zahlreichen Kriegerdenkmälern in den Orten sollte das nationale Denkmal nicht nur an die Gefallenen erinnern, sondern gleichzeitig Symbol der Einheit der Nation sein und über die politischen Lager hinweg integrierend wirken. Doch schon die Erinnerungsfeier vor dem Reichstag am 3. August 1924 zeigte die Unerfüllbarkeit solcher Hoffnungen: Anstelle der nach der Rede des Reichspräsidenten vorgesehenen Schweigeminuten entbrannte ein »Sängerkrieg« zwischen Kommunisten und Nationalisten, dem sich Ausschreitungen anschlossen. Auch wenn das Thema immer wieder auf der Tagesordnung des Kabinetts stand, das sich schließlich für die Schaffung eines »Ehrenhains« bei Bad Berka in Thüringen entschied, wurde das Vorhaben Ehrenmal nicht verwirklicht.

Als Ersatz für die nach Artikel 109 der Reichsverfassung verbotenen Orden schuf die Regierung den Adlerschild des Deutschen Reiches, eine in Bronze gegossene Medaille. Ganz so stil- und formlos wollte und durfte die Republik nun nicht sein. Davon konnte Reichskunstwart Redslob Regierung und Reichspräsident überzeugen, der im November 1922 Gerhart Hauptmann zum 60. Geburtstag diese Ehrengabe als Erstem überreichte. Das war »kein Ordensunfug« vergangener Zeiten, sondern eine republikanische Auszeichnung der Identitätsförderung, wie das SPD-Blatt »Vorwärts« herausstrich.

Zu den Initiativen, die Republik im Bewusstsein der Deutschen zu verankern und der Gesellschaft ein aus den rudimentären demokratischen Traditionen geschöpftes geistiges Fundament zu verleihen, gehörten die Feiern zum 75. Jahrestag der Paulskirchenversammlung von 1848. Nicht nur mit dieser Erinnerung am historischen Ort in Frankfurt wurde die Revolution von 1918/19 in eine Linie mit der Revolution von 1848 gestellt. Man reklamierte die Ideale der Frankfurter Paulskirche – Einheit, Freiheit, Vaterland – auch als Leitsterne der neuen Demokratie. In seiner Eröffnungsrede der Nationalversammlung am 6. Februar 1919 hatte Ebert den revolutionären Umsturz vom November 1918 in Kontinuität zur Revolution von 1848 gestellt. Dabei setzte er in der Tradition der Arbeiterbewegung den Akzent auf den 18. März des Revolutionsjahres, den auch schon im Kaiserreich von der Sozialdemokratie feierlich begangenen Tag der Barrikadenkämpfe in Berlin.

Nr. 22 XI. Jahrgang. 1923 — Preis Mk. 250.— — Frankfurt a. M., 29. Mai

Das Illustrierte Blatt

Die Gedenkfeier zur Erinnerung an das erste deutsche Parlament in Frankfurt a. M.

Reichspräsident Ebert verläßt die Paulskirche. Dem Zuge wird eine alte schwarz-rot-goldene Fahne aus dem Jahre 1848 vorangetragen. (Siehe auch Seite 2 u. 3.)

Ein republikanisches Volksfest am historischen Ort: Die Teilnehmer an der Festveranstaltung zum 75. Jahrestag der Nationalversammlung von 1848 verlassen hinter einem schwarz-rot-goldenen Banner aus dem Revolutionsjahr 1848 die Frankfurter Paulskirche.

Auf dem Römerberg in Frankfurt kamen am 18. Mai 1923 Zehntausende zusammen und vermittelten so etwas wie die klassenübergreifende freiheitliche Bürgergesellschaft, die von den Republikanern immer wieder beschworene Volksgemeinschaft. Die im demokratischen Raum artikulierte Vision von der Volksgemeinschaft hatte nun wahrlich nichts gemein mit dem autoritären und rassisch-nationalistisch aufgeladenen späteren Topos der Nationalsozialisten.

Die Massen in Bewegung: eine unüberschaubare Menge – Schätzungen sprechen von einer Million Menschen – säumt in Berlin den Weg des Trauerzuges des am 28. Februar 1925 verstorbenen Reichspräsidenten Friedrich Ebert.

Die republikanische Mitte verstand darunter den inneren Zusammenhalt über trennende politische Anschauungen hinweg, geprägt von Gleichheit, Freiheit und Einigkeit, eine künftige Gesellschaft in Harmonie.

Die Volksgemeinschaft sollte sich auch in der republikanischen Öffentlichkeit manifestieren. Angesichts nur weniger Staatsakte wie den jährlichen Verfassungsfeiern, dem 10. Jahrestag des Kriegsausbruchs 1924, den Befreiungsfeiern im Rheinland 1926 und 1930 waren es Staatsbegräbnisse, die besondere Formen der organisierten staatlichen Repräsentation darstellten. Die Beisetzungsfeierlichkeiten für die beiden jeweils im Alter von 54 Jahren früh verstorbenen bedeutendsten SPD-Politiker der ersten Republik, Reichspräsident Ebert und Reichskanzler Müller, waren unter der Anteilnahme von mehreren Hunderttausenden am Straßenrand eindrucksvolle republikanische Großkundgebungen. Insgesamt aber repräsentierte und präsentierte sich die Republik zurückhaltend, zu zurückhaltend.

Inwieweit es mit diesen Bemühungen um republikanische Traditionsfindung und -pflege und zur Formung eines republikanischen Selbstverständnisses überhaupt gelang, über den Kreis der demokratischen Kräfte hinaus für die neue Staatsordnung zu werben und zumindest einige der Republik mit Ressentiments gegenüberstehenden Kräfte für die neue Demokratie zu gewinnen, lässt sich nicht ermessen. So bleibt die Frage, welche Wirkungen dieser »positive Republikschutz« (GOTTHARD JASPER) insgesamt besaß. Sicher zeigten sich kommunistische Linke und antirepublikanische Rechte gegenüber solchem Werben nicht zugänglich. Aber vielleicht vermochten die Republikaner doch den unentschlossenen politischen Treibsand für die Republik zu erwärmen. So wurde eine »zunehmende Verfassungsloyalität« (URSULA BÜTTNER) ausgemacht, die umso mehr Beachtung verdient, als das Vergleichsbild ein glorreiches Kaisertum war, nach dem sich mancher Bürger immer noch sehnte. Dass dieser, der der Monarchie nachtrauerte, über Nacht glühender Anhänger der krisengeschüttelten und bedrängten Republik werden würde, konnte und durfte man nicht erwarten. Ihn für die Republik zu gewinnen, konnte nur in einem ebenso schwierigen wie langwierigen Prozess gelingen. Aber die Zeit dazu hatte der neue Staat nicht.

So blieb das stete Aufgabe, was die liberale »Frankfurter Zeitung« schon in einem Leitkommentar im Februar 1921 gefordert hatte: »Dem Deutschen tut eine republikanische Schule not, die ihm die Kardinaltugenden des modernen Staatsbürgers erst einmal voll zu entwickeln haben wird: den Glauben an die Freiheit [...] und den Willen zur Demokratie.« Zum Ende der Republik hin nahm sich die »republikanische Schule« dieser Aufgabe aber nicht mehr mit dem notwendigen Impetus an.

III. Die Zerstörung der Republik

1. Überlebenskampf und Tod auf Raten

Der 18. Juli 1930, der Tag der Reichstagsauflösung, war der Anfang vom Ende der Republik, deren Untergang sich in Schüben vollzog. Die Macht verlagerte sich weg vom Parlament hin zum mit umfassenden Vollmachten ausgestatteten Reichspräsidenten und seiner eindeutig antidemokratisch ausgerichteten Umgebung, die über Wohl und Wehe der Kabinette entschieden. Diesen Kurs der präsidialen Absicherung unterstützten die Reichswehrführung mit Kurt von Schleicher als Schlüsselfigur, die rechten Parteien und selbst Teile aus der bürgerlichen Mitte, zudem einflussreiche Kreise in Wirtschaft, Großindustrie und Landwirtschaft. Es folgte ein kalter »Staatsstreich auf Raten« (MICHAEL DREYER) – denn es war nichts anderes, wenn in einem eigentlich funktionierenden Parlamentarismus unter Rückgriff auf die Rechte der Reichspräsidenten eine Regierung am Leben erhalten und die Volksvertretung, das höchste Organ im demokratisch verfassten Staat, an den Rand und schließlich von der politischen Bühne gedrängt wurde.

Brünings Hoffnung, aus den Neuwahlen im September 1930 gestärkt hervorzugehen, schlug fehl. Das Votum veränderte die Lage tiefgreifend in eine andere Richtung: Der NSDAP gelang mit 6,4 Millionen Stimmen der Durchbruch zur relevanten politischen Kraft. Der Abmarsch der meisten liberalen und konservativen Wähler zur Hitler-Partei, der sich 1932 noch verstärken sollte, kam einer aus Enttäuschung und Verzweiflung sowie der Suche nach dem Heilsbringer gespeisten Völkerwanderung gleich. Der Reichstag schien zur Mehrheitsbildung nicht mehr fähig, so dass Brünings Regierung noch stärker in Abhängigkeit des Reichspräsidenten geriet. Denn eine parlamentarische Mehrheit brachte der Kanzler nicht mehr hinter sich; dazu hätte es 289 der 577 Mandate bedurft. Rein rechnerisch wäre dies möglich gewesen, etwa durch eine Große Koalition einschließlich der BVP und einer Splitterpartei, etwa der nach rechts driftenden Wirtschaftspartei, die eine hauchdünne Mehrheit besessen hätte. Auch eine Große Koalition als Minderheitsregierung wäre ein nicht zu unterschätzender Stabilisierungskern gewesen. Sie wäre gewiss nicht einfach zu realisieren gewesen und hätte viel an demokratischem Kompromiss- und Machtwillen vorausgesetzt. Aber das alles war politisch nicht mehr gewollt. Brüning und Hindenburg verschwendeten überhaupt keine Gedanken daran. Das im Oktober 1930 gebildete zweite Kabinett Brüning stand dann noch weiter rechts als das erste.

Im Schatten des übergroß plakatierten Reichspräsidenten ruft Reichskanzler Heinrich Brüning im März 1932 vor 20.000 im Berliner Sportpalast zur Wiederwahl Hindenburgs auf. Der Redner ist aufgrund der eingeschränkten Fototechnik in der Bildmitte nicht zu erkennen.

Die SPD tolerierte notgedrungen die Minderheitsregierung. Sie musste manche Kröte schlucken, aber sie tat dies unter höherwertiger Zielsetzung: Es galt, Hitler zu verhindern und die von ihr geführte Koalition in Preußen nicht zu gefährden, hatte doch das Zentrum deutlich zu verstehen gegeben, dort die Regierung zu verlassen und mit den Deutschnationalen zu kooperieren, wenn die SPD im Reich Brüning nicht stützen würde. Wieder bewies die SPD staatspolitische Verantwortung, ging es doch jetzt darum, Möglichkeiten offen zu halten, um nach der Überwindung der Krise wieder zu Formen einer geregelten Demokratie zurückzukehren. Denn den Sozialdemokraten war klar: Hitler würde den Tod der von ihr begründeten Republik bedeuten. So verschanzte sich die Partei »hinter den Mauern einer Fluchtburg des Wartens auf bessere Zeiten« (PETER BRANDT/DETLEF LEHNERT).

Die in die Defensive gedrängte SPD stützte Brüning, der jedoch seinen Argwohn gegenüber der Arbeiterpartei konservierte, obwohl sie ihm über Misstrauensanträge hinweghalf und dafür sorgte, dass Beschlüsse zur Aufhebung von Notverordnungen nicht durchkamen. Zwar stand angesichts der Mehrheitsverhältnisse die Zustimmung zu einem Ermächtigungsgesetz außer Frage, aber mit einem rigorosen Rückgriff auf Artikel 48 umging Brüning den Reichstag, zumal er immer dann forsch zur Tat schritt, wenn sich das Parlament vertagt hatte und in den langen Pausen (26. März bis 13. Oktober 1931; 16. Oktober 1931 bis 23. Februar 1932; 26. Februar bis 9. Mai 1932) die Gefahr der direkten Forderung nach Aufhebung der Notmaßnahmen durch die Abgeordneten gebannt war. Hatte sich das Parlament 1930 noch zu 95 Sitzungen (davon nur 14 nach den Juli-Wahlen) zusammengefunden, so waren es im Jahr darauf 42 und 1932 ganze 13. Der Ende Juli 1932 gewählte 6. Reichstag kam zu zwei, der 7. und letzte der Republik zu drei Sitzungen Anfang Dezember zusammen. Die Regierungsgewalt verselbstständigte sich gegenüber dem Gesetzgebungsorgan. Die Zahl der regulär verabschiedeten Gesetze schrumpfte von 98 (1930) über 34 (1931) auf lediglich 5 (1932). An die Stelle des parlamentarisch verabschiedeten Gesetzes trat die Notverordnung, wobei es Brüning auf 67 brachte. 109 präsidiale Notverordnungen sind für die Jahre 1930 bis 1932 gezählt worden; 66 Verordnungen im Jahr 1932 standen fünf ordentlich vom Reichstag beschlossene Gesetze gegenüber. Verfassungsrechtliche Bedenken, Artikel 48 auch auf bislang hiervon nicht betroffene Felder einzusetzen, wurden beiseitegeschoben. Er musste als Allheilmittel herhalten. Die »weitherzige Auslegung des Art. 48« sorgte für eine Verlagerung der Politik auf den »Reichspräsidenten als dem zweiten Repräsentanten der Volkssouveränität«, wie schon zeitgenössisch der Staatsrechtler Fritz Poetzsch-Heffter resümierte.

Brünings Regierung, die in der Wirtschaftskrise mit einem rigiden deflationistischen Sparkurs die prekäre Lage weiter Bevölkerungskreise verschärfte, wurde zum Rekordhalter in der Anwendung von Artikel 48. Doch Brüning, der in der ganzen Zeit Geheimgespräche mit führenden Köpfen der NSDAP pflegte, erreichte sein Endziel nicht. Sein Sturz Ende Mai 1932 hatte vielfältige Gründe: neben der Unzufriedenheit im Unternehmertum sowie dem Unmut in der Reichswehrführung vor allem wegen des im April verhängten SA-Verbots, den Schleicher nutzte, um Reichswehrminister Groener aus dem Amt zu drängen, war der rapide Vertrauensverlust bei Hindenburg ganz entscheidend.

Hindenburg lastete es dem Kanzler an, dass seine Wiederwahl von den »falschen« Parteien ausgegangen war. Denn neben Zentrum, BVP, den liberalen Parteien und kleineren Rechtsparteien sprach sich nun ausgerechnet auch die SPD für den 84-jährigen Feldmarschall aus, einzig und allein, um Hitler zu verhindern: »Schlagt Hitler, wählt Hindenburg«, hieß die Parole, die auch von der Eisernen Front propagiert wurde. Nachdem Hindenburg im ersten Wahlgang mit 49,6 Prozent die erforderliche Mehrheit noch knapp verfehlt hatte, siegte er in der zweiten Runde am 10. April 1932 mit 53 Prozent über den – wie er im offiziellen Stimmzettel annonciert wurde – »Regierungsrat im Braunschweigischen Staatsdienst« Hitler (36,8 Prozent). Die restlichen 10,2 Prozent gingen an den KPD-Vorsitzenden Ernst Thälmann.

Zum Anlass für den Bruch mit Brüning nahmen Hindenburg und seine Berater eine Neuorientierung der Regierung in Bezug auf die Großagrarier, voran die hochverschuldeten in Ostelbien. Zuvor noch – in diametralem Gegensatz zur sonstigen Deflationspolitik – erheblich auch über das Osthilfegesetz vom März 1931, das Kleinbetriebe eben nicht erfasste, subventioniert und protegiert, wollte man nun im Frühjahr 1932 über die sogenannte Osthilfenotverordnung die zwangsweise Enteignung und den Verkauf bankrotter, nicht mehr entschuldungsfähiger Güter ermöglichen, auch um dringend benötigtes Siedlungsland zu gewinnen und arbeitslose Landarbeiter wieder in Brot zu bringen. Bis dahin hatte die Regierung einen Schutzschirm für insolvente Großgrundbesitzer gespannt und ihre Latifundien vor dem Zugriff der Gläubiger geschützt. Die DNVP zog gegen den Entwurf zu Felde, nannte ihn »das Ungeheuerlichste an Verletzung bestehender Rechtsgrundsätze« und malte das Bild vom vollendeten »Bolschewismus« an die Wand. Auch Hindenburg sperrte sich angesichts des von den Großagrariern, seinen Standesgenossen, entfachten Sturms der Entrüstung nicht nur gegen die Neuregelung, sondern setzte in der Verweigerung weiterer Maßnahmen nach Artikel 48 dem Kanzler den Stuhl vor die Tür. Brüning trat mit seinem Kabinett am 30. Mai 1932 zurück.

Mochte der Kanzler in einem (sehr) weitgehenden Sinne noch im rechtsstaatlichen Rahmen, in den Grenzen der Verfassung, agiert haben – er war es, unter dem der Reichspräsident eine politische Schlüsselfunktion zu Lasten des Reichstags erlangte und nunmehr außerparlamentarische Machtzentren wie Reichswehr, Großagrarier und Ministerialbürokratie sowie der kleine präsidiale Beraterstab an Einfluss gewannen. Nahezu folgerichtig war es, dass der Zentrumskanzler gehen musste, als Hindenburg ihm das Vertrauen entzog und er bei den neuen (alten) Kräften auf der Politikbühne erheblich Kredit verspielt hatte. Der von Hindenburg kalt abservierte Brüning flüchtete sich in die Legende vom Sturz »hundert Meter vor dem Ziel«, eine Wendung, die er in ähnlicher Weise schon drei Wochen vor seiner Ablösung im Reichstag gebracht hatte, als er davon sprach, dass man »hundert Meter vor dem Ziele« Ruhe bewahren müsse. Was wäre denn sein Ziel gewesen? Ein Rechtsregime ohne Parteien und Parlament? Den Offenbarungseid, wohin die Reise gehen sollte, brauchte (und konnte) er nicht mehr leisten. Unzweifelhaft aber war er derjenige, der den Prozess der Auflösung der Republik mit angestoßen und schließlich vorangetrieben hatte. Er kam – politisch gesehen – in dem um, was er in den zurückliegenden zwei Jahren selbst geschaffen hatte. Er hatte sich in die Abhängigkeit vom Präsidenten manövriert, der ihn dann fallen ließ.

Wahlkampfauftakt der NSDAP zur Reichspräsidentenwahl 1932 im Berliner Lustgarten: Adolf Hitler wird sprechen.

Der Rest »zwischen absterbendem Parlamentarismus und aufgehender Diktatur« (Carl von Ossietzky) ist hier schnell erzählt, denn die Republik wurde nun, zur Gegenwehr nicht mehr fähig, im Zuge eines sich noch stärker herausbildenden Präsidialregimes auf das Totenbett gelegt: Brünings Nachfolger Franz von Papen verdankte als Hinterbänkler des Zentrums, aus dem er nach Regierungsübernahme austrat, seine Berufung wesentlich Schleicher, der hinter den Kulissen die Fäden in der Hand hielt und als neuer Reichswehrminister der starke Mann im Kabinett war. Der neue Kanzler sicherte sich die Unterstützung der NSDAP durch das Versprechen, das SA-Verbot aufzuheben – was er umgehend erledigte – und die von den Nationalsozialisten geforderten Neuwahlen anzuberaumen, die Hindenburg mit einer absurd begründeten Reichstagsauflösung am 4. Juni einleitete: Der Reichstag entspreche nach dem Ergebnis der letzten Landtagswahlen nicht mehr »dem politischen Willen des deutschen Volkes«.

*

DAS STICHWORT: Der Preußenschlag

Eines von Papens vordringlichen Zielen war es, das letzte große SPD-Machtzentrum Preußen zu zerschmettern, das sich unter Ministerpräsident Otto Braun, der nach den letzten Landtagswahlen vom April 1932 nur noch geschäftsführend im Amt war, zu einer republikanischen Bastion entwickelt hatte. Preußen hatte Reformen umgesetzt, Verwaltungsapparat und Polizeiwesen konsequent demokratisiert. Der »Blutsonntag« am 17. Juli im seinerzeit zu Preußen gehörenden Altona, als es nach einem SA-Aufmarsch in einer Schießerei mit der Polizei 18 Tote gab, lieferte Papen den Vorwand zum Schlag gegen Preußen.

Am 20. Juli setzte er über eine Notverordnung des Reichspräsidenten die Landesregierung ab. Preußen unterstand jetzt quasi der Reichsregierung. Das Vorgehen bedeutete, so kommentierte Carlo Mierendorff in den »Sozialistischen Monatsheften« treffend, »den schwersten Schlag, der dem Gedanken der in Weimar beschlossenen republikanischen Verfassung Deutschlands bis jetzt versetzt worden ist«. Die antidemokratische Rechte nutzte die »Reichsexekution«, um flächendeckend missliebige Republikaner aus den Ämtern zu vertreiben. Zwar gab es auch allenthalben papierne Proteste, aber ein Generalstreik wie jener vom März 1920 gegen die Kapp-Putschisten blieb gegen die »Reichsexekution« aus. Auch in der Provinz fernab von Berlin verhielt man sich, wie es ein SPD-Landtagsabgeordneter formulierte: »Den Führern die Treue halten und ihre Weisungen befolgen!« Weisungen ergingen nicht, obwohl die Republikaner verschiedentlich auf ein Signal aus Berlin warteten. Der Frankfurter Gewerkschaftsführer Ernst Mulansky hatte am 10. Juli 1932, zehn Tage vor dem Preußen-Coup, auf einer Großkundgebung der Eisernen Front in der Mainmetropole vor 50.000 Teilnehmern noch energisch zur aktiven Verteidigung der Republik aufgerufen (»die Zeit ist reif zum Handeln«). Doch musste auch er beim Preußenschlag eingestehen, dass man zum »Handeln« vor allem aus organisatorischen Gründen gar nicht in der Lage war. Die Passivität gegen die Entmachtung der Demokraten sorgte nicht nur bei einigen im aktionsbereiten Reichsbanner für ungläubiges Kopfschütteln, doch die Notlage mit 5,4 Millionen Arbeitslosen schwächte die Schlagkraft vor allem der Gewerkschaften. Ein (unbesonnener) Aufruf zum bewaffneten Kampf hätte unweigerlich zu einem Bürgerkrieg geführt, in dem die Arbeiterbewegung hilflos unterlegen gewesen wäre. Die NSDAP wartete nachgerade darauf, dass die Sozialisten kämpferisch agieren und ihnen Anlass zum Gegenschlag liefern würden. Die Sozialdemokraten taten ihnen den Gefallen nicht. Ihre Passivität rechtfertigte der seinerzeitige Berliner Polizeipräsident Albert Grzesinski später kurz und knapp: »Es war am 20. Juli 1932 einfach schon zu spät.« In der Tat ist solcher Einschätzung eine gewisse Berechtigung zuzuschreiben. Für eine Parole »Generalstreik« fehlte der »Resonanzboden«, räsonierte Grzesinski weiter.

Die wehrhafte Trutzburg in einer sich in Auflösung befindlichen Republik, »die letzte zuverlässige Machtposition der Demokratie in Deutschland« (Ferdinand Friedensburg in seinen Erinnerungen), war zerstört. Nicht nur einige republikanisch gesinnte Zeitgenossen erblickten in diesem Schlag das faktische Ende der Demokratie.

*

Noch im Amt. Preußens Ministerpräsident Otto Braun (l.) und sein Innenminister Carl Severing (r.) im März 1932 mit dem SPD-Vorsitzenden Otto Wels.

Dass Papens »Kabinett der Barone« nur minimalen Rückhalt im Reichstag besaß, änderte sich auch nicht nach den Wahlen vom 31. Juli 1932, als die NSDAP mit 37,4 Prozent auf 230 Mandate hinaufkatapultiert wurde. Als nunmehr stärkste Fraktion stellte sie mit Hermann Göring den Reichstagspräsidenten. Mit ihrem völkisch-nationalen Programm, der Ablehnung des Parlamentarismus, einem militanten Antisemitismus und der Idee der »Volksgemeinschaft« sprach die Hitler-Bewegung vor allem Wähler aus dem protestantischen Milieu an, dem ländlichen wie dem (groß-)städtischen, und gewann nun auch die gewerkschaftlich nicht gebundene Industriearbeiterschaft. Das sozialdemokratische und vor allem das katholische Milieu erwiesen sich als weitgehend resistent. Und bei den Arbeitslosen rangierte die NSDAP hinter der KPD. Die beiden extremen Parteien bildeten nunmehr eine »negative Mehrheit« im Reichstag, der weitgehend handlungsunfähig, aber doch willens war, Papen die Stirn zu bieten. Die zweite Sitzung am 12. September 1932 bot ein groteskes Schauspiel: Während der Abstimmung über einen Misstrauensantrag gegen den Kanzler, der schließlich mit 512 zu 42 Stimmen angenommen wurde, übergab Papen das bereits mitgebrachte Auflösungsdekret Reichstagspräsident Göring, der dieses aber für hinfällig erklärte, da die Regierung durch das Misstrauensvotum der Parlamentarier abgesetzt sei. Ungeachtet verfassungsrechtlicher Scharmützel, ob Abstimmung oder Dekret gültig waren: Das Parlament wurde aufgelöst. Mit zwei kurzen, auf 16 Seiten protokollierten Sitzungen Ende August/Anfang September besaß der 6. Reichstag die kürzeste Amtsperiode in der gesamten Republik.

Auch nach den Wahlen vom 6. November 1932, in denen die NSDAP vier Prozentpunkte einbüßte, änderte sich nichts an der Situation. Papens Versuch, die NSDAP über eine Einbindung in die Regierung zu »zähmen«, gelang auch nach den Wahlen nicht. Hitler blieb bei seinem Nein zu einem Regierungseintritt als Vizekanzler und damit Juniorpartner. Papen hielt an seinem offen den Verfassungsbruch in Kauf nehmendes Kalkül fest, nach der Reichstagsauflösung keine Neuwahlen anzusetzen, die nach der Verfassung innerhalb von 60 Tagen stattfinden mussten, um dann diktatorisch regieren zu können. Er hatte im August des Präsidenten Zustimmung erlangt. Die 60-Tage-Frist per Notverordnung auszuhebeln, war von Hindenburgs erstem Mann Otto Meissner bereits in der Krise Ende 1923 auf einer Kabinettsitzung als Möglichkeit ins Spiel gebracht und auch für rechtens erklärt worden. Sein damaliger Dienstherr Ebert aber hatte ihn zurückgepfiffen. Jetzt jonglierte man im Präsidentenpalais und in der Reichskanzlei munter weiter damit. Zwar schreckte das Kabinett nach der Reichstagsauflösung Mitte September vor diesem riskanten Verfassungsbruch zurück und schrieb Neuwahlen aus, doch wurde danach der nun allenthalben auch in der Öffentlichkeit erörterte Staatsnotstand zur »Rettung des Vaterlandes« (so die »Deutsche Zeitung« Ende Januar 1933) innerhalb der Regierung erneut diskutiert, bis Schleicher dem Kanzler am 2. Dezember im Kabinett eine Niederlage bereitete, die Papen zum Rücktritt zwang: Der Reichswehrminister sprach sich gegen die Verhängung des militärischen Ausnahmezustandes aus. Die Reichswehr sei nicht in der Lage, die Regierung im Falle des Staatsnotstands zu stützen. Damit war Papens Strategie geplatzt. Hindenburg musste nunmehr schweren Herzens Papen entlassen und am 3. Dezember als einzige Alternative Schleicher berufen, der ein nur achtwöchiges Intermezzo gab. Auf Papen, den ersten Reichskanzler, der »nie im Reichstag das Wort« ergriff, folgte mit Schleicher der einzige deutsche Kanzler, »der nie in einem Parlament« sprach (BERND BRAUN).

Zwei der Totengräber der Republik auf der Pferderennbahn in Berlin-Grunewald 1932: Reichskanzler Franz von Papen und (in Uniform) Reichswehrminister Kurt von Schleicher.

Während Papens Staatsnotstandsplanungen die Verfassung sprengten, wollte Schleicher innerhalb der Verfassung regieren, aber diese in der Ausnutzung der präsidialen Rechte bis zum äußersten dehnen. Sein Konzept der »Querfront«, eine vom Arbeitnehmerflügel der NSDAP bis hin zu den sozialistischen Gewerkschaften getragene autoritäre Regierung, erwies sich jedoch nicht als realisierbar. Die SPD lehnte strikt ab, und auch in der NSDAP unterlag der Schleichers Plänen durchaus offen gegenüberstehende Gregor Strasser, zweiter Mann der Partei, der Alles-oder-Nichts-Position Hitlers. Schleicher gelang nicht der »Zusammenschluss aller gutwilligen Kräfte«, die »gerade einem Präsidial-Kabinett für seine Arbeit den Rückhalt und Widerhall im Volke geben müssen«, wie er es in seiner über den Rundfunk ausgestrahlten Regierungserklärung vom 15. Dezember als Ziel formuliert hatte.

Allein abhängig vom Reichspräsidenten, musste der in den Verdacht der Kooperation mit den Gewerkschaften geratene, nun auch von Großindustrie und Großagrariern bekämpfte Schleicher gehen, als Hindenburg sich von ihm ab- und wieder Papen zuwandte. Papen revanchierte sich bei seinem einstigen Förderer für dessen Rolle bei seinem Rücktritt und war der Strippenzieher bei der Inthronisierung Hitlers zum Reichskanzler, für die Hindenburg, der dem Weltkriegsgefreiten und seiner Partei im August 1932, als dieser die Reichskanzlerschaft gefordert hatte, noch glatt die Regierungsfähigkeit abgesprochen hatte, durch die Einflüsterungen seines Umfelds gewonnen werden konnte. Auch führende Industrielle wandten sich an den Reichspräsidenten, nun endlich Hitler zu berufen. Der Präsident, der im August noch Papen freie Fahrt in seiner Staatsnotstandsplanung signalisiert hatte, verweigerte am 23. Januar 1933 Schleicher die Auflösung des Reichstags, die der Kanzler mit einer Verschiebung der Neuwahlen »um Monate« verbinden wollte, was letztlich zur Bildung einer autoritären Regierung geführt hätte. Schleicher wurde in diesem Intrigenspiel mit seinen eigenen Waffen geschlagen; er selbst war aber nicht bereit, »ein Prätorianerregiment gegen das eigene Volk und dessen verfassungsmäßiges Oberhaupt zu errichten« (ANTON GOLECKI).

Es ist die Frage aufgeworfen worden, ob in dieser höchst angespannten Lage die von Schleicher angedachte Diktatur nicht doch die einzig verbliebene Chance zum Überleben Weimars gewesen wäre, da man nach Überwindung der Krise wieder in das parlamentarisch-demokratische Spiel hätte zurückkehren können. Das wäre aber nur der Fall gewesen, wenn Schleicher nach dem Ende der Staatskrise die reichswehrgestützte Diktatur tatsächlich aufgehoben hätte. Ob er dies getan hätte? Das bleibt offen. Hindenburg jedenfalls wies den anderen Weg: in die dauerhafte Diktatur der Nationalsozialisten.

Am 30. Januar 1933 bekam Adolf Hitler die Reichskanzlerschaft in den Schoß gelegt. Die Londoner Satirezeitschrift »Punch«, die den Abgang des Eisernen Kanzlers Bismarck 1890 mit der berühmten Zeichnung des vom Bord gehenden Lotsen karikiert hatte, brachte zu Hitlers Ernennung ein Bild vom neuen Kanzler auf den Schultern von Hindenburg und Papen. Prägnanter konnte man die Inthronisation nicht auf den Punkt bringen. Es war keine »Machtergreifung«, kein Staatsstreich, sondern bewegte sich im Rahmen der vorherigen Kabinettsbildungen. Hitlers Regierung mit nur drei Nationalsozialisten und immerhin neun Konservativen (darunter neben Papen der Medienzar Alfred Hugenberg) war wie die vorherigen ein Präsidialkabinett. Wer in der nach den Bestimmungen der Reichsverfassung korrekt erfolgenden Berufung Hitlers einen halbwegs demokratischen Auftakt zur Rückkehr in das parlamentarische Spiel erblickte, unterlag einer Sinnestäuschung. Denn mit ihm hielt ein Mann die Macht in den Händen, der die Zerstörung der Demokratie und die Errichtung einer Diktatur kompromisslos verfolgte. Diese sollte er in unvorstellbarer Skrupellosigkeit und Brutalität bald errichten. Die Weimarer Demokratie war Geschichte.

2. Über das Scheitern des Experiments von Weimar

Wir schreiben den 11. Juli 1932; der Schauplatz ist das Rathaus von Kassel: Der nationalsozialistische Abgeordnete Roland Freisler, der ab August 1942 als Präsident des 1934 eingerichteten berüchtigten Volksgerichtshofes oberster Scherge in Richterrobe der Hitler-Diktatur werden wird, löst durch wüste Beschimpfungen tumultartige Szenen aus. Als der »rasende Roland«, wie ihn die örtliche SPD-Zeitung schon 1924 charakterisiert hat, die Sozialdemokraten in übelster Weise als »Zuchthäusler« beschimpft, fliegen die Fäuste. Schließlich werfen die Abgeordneten von SPD und KPD mit vereinten Kräften die Nationalsozialisten aus dem Rathaus. Mochten die beiden Parteien der Arbeiterbewegung sich hier eines der wenigen Male einig zeigen: So einfach wie aus dem Sitzungssaal der Kasseler Stadtverordneten waren die braunen Horden nicht mehr von der politischen Bildfläche in Deutschland zu vertreiben. Denn kaum ein Jahr später, im Juli 1933, konnte der nationalsozialistische Stadtverordnetenvorsteher einem völlig gleichgeschalteten Stadtparlament mit Blick auf die leeren Stühle der Sozialdemokraten, die bei der Kommunalwahl am 12. März zwar noch gewählt worden waren, ihr Mandat aber aufgrund der nationalsozialistischen Repressionen nicht mehr wahrnehmen konnten, höhnisch mitteilen, dass »die linke Seite des Hauses uns nun endgültig verlassen hat«. Wie hat es, so ist abschließend die Frage zu stellen, zu diesem schmählichen Ende der ersten deutschen Demokratie kommen können?

Die 14 Jahre der Weimarer Republik waren von einem permanenten Überlebenskampf geprägt. Das Scheitern war ihr aber nicht in die Wiege gelegt worden. Wenn auch die Ergebnisse des Umsturzes vom November 1918 von einigen Zeitgenossen (und nachgeborenen Historikern) kritisiert, die Basiskompromisse als zu weitgehend bewertet, die Chancen für einen radikalen revolutionären Umsturz mit stärkerer Fundamentierung des Systems als verpasst angesehen wurden, so gelang unter den Handlungszwängen am Ende eines verlorenen Weltkrieges doch die Begründung einer jederzeit ausbaufähigen und abzusichernden repräsentativen Demokratie, für deren Untergang 1933 ein ganzes Bündel an Ursachen verantwortlich war. Von einer Zwangsläufigkeit des weiteren Weges seit 1919 kann keine Rede sein; bewusste Entscheidungen und unbewusste Versäumnisse der Akteure in konkreten Situationen tragen für das Weitere die Verantwortung. Das personelle Element trat besonders in der Auflösungsphase in den Vordergrund, als Hindenburg und seine ihn umgebende Kamarilla letztlich die Republik Hitler auslieferten, obwohl noch andere Optionen vorhanden waren.

Parlamente und Regierungen besaßen die Chance, die Demokratie im Reich über Reformen zu festigen. Preußen machte es vor. Doch der Resonanzboden für Strukturveränderungen und für eine konsequente Republikanisierung schmolz. Zudem mangelte es an einem breiten republikanischen Grundkonsens und an dem für die Funktionstüchtigkeit eines segmentierten parlamentarischen Systems unbedingten Willen der milieuverhafteten Parteien zum Kompromiss, die, im Spannungsverhältnis zwischen dem Verlangen der Basis und der Staatsnotwendigkeit stehend, in zentralen Entscheidungsmomenten die Interessen der Anhängerschaft für höherwertig erachteten. Die Weimarer Verfassung vom August 1919 wäre ein solides Fundament der Republik gewesen, wenn die politisch Handelnden genuin den demokratischen Willen gehabt hätten. Doch daran mangelte es in der Endphase. Im Zeichen einer fehlenden parlamentarischen Mehrheit und in tiefer Krise wurde die Verfassung fahrlässig und zielgerichtet von den Demokratiegegnern in den Schaltzentralen der Macht zum Entkernen der Republik missbraucht. Unheilvoll war es in diesem Moment, dass ein unfähiger Amtsinhaber ohne Weitblick die präsidialen Rechte, die sein Vorgänger systemstabilisierend eingesetzt hatte, missbrauchte.

Zu den Schwächen der Republik, die sie in die Wiege gelegt bekam, gehörten Vorbelastungen und Kontinuitäten, überlieferte Traditionen und Denkmuster, soziale Schief- und wirtschaftliche Zwangslagen, so dass die neue Ordnung nicht auf durchgehende Zustimmung der Bevölkerung stoßen konnte, die in weiten Teilen noch Glanz und Gloria der Monarchie nachtrauerte. Die mit schwerem Ballast ins Leben getretene Republik besaß nicht Zeit und Raum, die Lasten zu reduzieren und sich zu stabilisieren. Hinzu kamen außenpolitische Erschwernisse, vor allem der von vielen als Schmach empfundene Versailler Vertrag, das Resultat einer unverantwortlichen Hasardeur-Politik der Hohenzollernmonarchie, die zum Ersten Weltkrieg geführt hatte.

Die Außenpolitik, allen voran der Friedensvertrag, trug ihren Teil zum Untergang der Republik bei. Sich von den Fesseln des Friedenskonstrukts zu befreien, wurde bei vielen zur Obsession, die den Blick auf die schrittweisen Erfolge der auswärtigen Politik vernebelte. Im Kurzschluss brachten viele der Weimarer Bürger Revolution und Versailles in direkten Zusammenhang, den es so aber nicht gab. Wie überhaupt die Republik keine der fundamentalen Belastungen selbst erzeugt hatte. Man hatte sie geerbt oder sie hatten ihren Ursprung in externen Entwicklungen wie der Weltwirtschaftskrise. So wurden die Friedensbedingungen der Republik und ihren Trägern angekreidet, also den Konkursverwaltern, nicht den Verantwortlichen für Krieg und Niederlage, die sich vor der Liquidation des Krieges drückten. Die nachhaltig die politische Kultur vergiftende Dolchstoßlüge untermauerte, aufbauend auf Grundmustern politischer Diffamierung aus vordemokratischer Zeit, bei vielen die Ansicht, dass die Republik auf Unrecht basiere und ihre Begründer, vor allem die

Sozialdemokraten, nichts anderes als Vaterlandsverräter seien. Alte Vorurteile aus der Bismarck-Zeit schienen sich nun zu bestätigen; langlebige Einstellungen wie der Antisemitismus traten in neuem Gewand auf, waren aber in der Diskreditierung der Republik und ihrer Träger nicht minder gefährlich. Aus dem Krieg war die Gesellschaft mit hohen Erwartungen in das neue System getreten, das das Gepäck der Vorzeit zu schleppen hatte und sich immer wieder mit neuen Problemen konfrontiert sah.

Zum wilhelminischen Erbe gehörten tradierte Wertvorstellungen, die fortlebten in den von personeller Kontinuität geprägten Bereichen wie Verwaltung, Armee, Justiz, Universitäten und Industrieeliten. Mit der Revolution waren eben nicht, wie Albert Einstein am 11. November 1918 bereits glaubte schreiben zu können, »der Militarismus und der Geheimratsdusel gründlich beseitigt«. Zu viele rückwärtsgewandte Antirepublikaner kochten weiter ihr Süppchen. Sie zogen die Demokratie in den Schmutz, verleumdeten die neue Ordnung und ihre Repräsentanten. Sie hätten die Republik am liebsten gleich wieder gänzlich zertreten. Der linkskritische Schriftsteller Heinrich Mann hatte schon im Dezember 1918 vor dem Politischen Rat geistiger Arbeiter in München festgestellt, dass die Republik keine Errungenschaft der Revolution, sondern ein »Zufallsgeschenk der Niederlage« sei, das erst noch mit republikanischem Geist und Personal ausgestattet werden müsse. Die Transformation alter Denkweisen in demokratische Muster benötigte Zeit. Die Demokratie erhielt gar nicht die Chance, sich langsam zu entfalten und unter ruhigen Bedingungen von den Protagonisten eingeübt zu werden. Sie waren sogleich in den überhitzten Kessel der weitgehend unverschuldeten Probleme geworfen worden und zum Handeln unter extremen Bedingungen verdammt. So hielt der republikanische »Geist« nur ganz langsam Einzug in alle gesellschaftlichen Ebenen. Gegenläufiges formierte sich unbehelligt, so dass die Polarisierung zunahm und die Auseinandersetzungen sich verschärften.

In der Konfrontation mit den antidemokratischen Kräften konnte sich die Republik auf eine stattliche Heerschar von Republikanern stützen. Sie war keineswegs »ohne Republikaner«, wie eine bereits zeitgenössisch verwandte, allerdings unzutreffende Formel plakatierte. Viele aus dem linksrepublikanischen Spektrum gingen in ihrer Kritik am Ist-Zustand noch ein Stück weiter wie Carl von Ossietzky 1924: »Man spricht häufig von der Republik ohne Republikaner. Es liegt leider umgekehrt: die Republikaner sind ohne Republik.« Solches war weit überzogen. Sicher: Die Erwartungshaltung war (zu) hoch und man ignorierte dabei, dass die neue Staatsform erst eine Phase der Einübung benötigte, nicht nur um sich zu festigen, sondern auch diejenigen zu gewinnen, die dem Alten nachtrauerten. Es war eine Republik – gewiss eine unvollendete, aber es war keine »Republik ohne Republikaner«. Es gab eine ganze

Reihe überzeugter Herzensrepublikaner, dazu »Verlegenheitsrepublikaner«, die sich mangels Alternative mit den Gegebenheiten arrangierten. Viele von den letzteren aber legten ihre Hände in den Schoß und sahen untätig zu, als in den entscheidenden Momenten die Demokratie in Gefahr war und die Antirepublikaner schalten und walten konnten.

Schlange von Arbeitslosen in der Wirtschaftskrise vor dem Arbeitsamt in Hannover. Viele folgen der Losung an der Wand: »Wählt Hitler«.

Nur sehr vorsichtig und vielleicht auch zu halbherzig hatte die demokratische Elite zuvor den Versuch unternommen, die Republik im Bewusstsein ihrer Bürger zu verankern, zu wenig erzeugte sie eine Wagenburgmentalität, die den Anhängern das Gefühl gab, auf die demokratischen Errungenschaften stolz sein zu können. So fehlte insgesamt auch der positive Gründungsmythos dieser Republik. Selbst in den Reihen der Sozialdemokratie gedachte man nicht mit voller Inbrunst, sondern eher defensiv an die Novemberrevolution. Zudem wurden die durchaus vorhandenen Instrumente des Republikschutzes nicht vollends und nicht konsequent, schon gar nicht kontinuierlich genutzt.

Es blieb dem Reichsbanner Schwarz-Rot-Gold überlassen, couragiert den republikanischen Gedanken zu verteidigen. Im Endkampf aber war auch das Reichsbanner den Gegenkräften unterlegen, gegen die die Republik und ihre

Träger aus Furcht vor einem permanenten Bürgerkrieg zu nachsichtig aufgetreten waren. Es stellte sich als Verhängnis heraus, dass in dem Moment, als die Demokratie unter wirtschaftlichen, die Desintegration forcierenden Druck geriet und die inneren Feinde zum Angriff bliesen, die Republikaner ihre Leistungsfähigkeit bereits im permanenten Abwehrkampf abgenutzt hatten und ihre Kräfte schlichtweg erlahmt waren.

Die fortbestehende soziale Zerklüftung der Kaiserzeit wurde nicht gemindert, sondern verstärkte sich in der Hyperinflation sogar, als die Mittelschichten verarmten und sich davon auch nicht wieder erholen sollten. Sechs Jahre später überzog die nächste Wirtschafts- und Finanzkrisis das Land mit verheerenden Folgen. Unsicherheit und Identitätsverlust machten sich breit, ein idealer Nährboden für Radikalisierung im Denken und Handeln, was zugleich die Empfängnis für systemzerstörende Lösungen vergrößerte, zumal die nach dem Krieg und Revolution in die neue Republik gesteckten überaus hohen Erwartungen nicht erfüllt werden konnten. Wirtschaftliche Prosperität und demokratische Eintracht, wie sie sich nach 1945 einstellten, fehlten nach 1918, um die Verfassung zur vollen Entfaltung und die Demokratie in eine dauerhafte Stabilität zu führen. Und noch ein gravierender Unterschied: Nach 1945 standen die westalliierten Siegermächte Pate bei der Demokratiegründung. Unter ihrem Schutzschirm wurde die zweite Republik allmählich geschaffen. Die erste Republik musste im Angesicht unnachgiebiger Sieger gezimmert werden.

Trotz all dieser Schwächen überstand die Republik erstaunlicherweise das erste Jahrzehnt, doch die in besonderer Weise auf Deutschland ausschlagende Weltwirtschaftskrise mit Massenarbeitslosigkeit bewirkte neben Massenelend und gesellschaftlicher Entsolidarisierung einen weiteren Verlust an Vertrauen in den Weimarer Staat und die demokratischen Parteien, so dass die Schwächen und Strukturmängel in der ganzen Breite auf die demokratische Verfasstheit wirkten. So gibt es gute Gründe für die Annahme, dass ohne die Weltwirtschaftskrise die Demokratie vermutlich nicht den Nationalsozialisten aufgeliefert worden wäre. Der anfängliche Konsens von sozialdemokratischer Arbeiterbewegung und demokratischem Bürgertum zerbrach. Das eklatante Versagen des Bürgertums, von dem große Teile sich aus der Demokratie verabschiedeten, spiegelte sich auch in einem gravierenden Bedeutungsverlust der Parteien der Mitte wider. Zwischen der sozialen und wirtschaftlichen Krise und dem Aufstieg der NSDAP bestand ein enger Zusammenhang.

Die Enttäuschung der an die Republik gestellten hohen Erwartungen sorgte für Delegitimierung der parlamentarischen Demokratie. Wunsch und Wirklichkeit klafften immer weiter auseinander, so dass nach Lösungen aus der Krise gesucht wurde. Einen attraktiven, zugleich den radikalsten Ausweg boten die Nationalsozialisten an, die im Verein mit den rechten Kreisen das Krisenszenario kräftig geschürt hatten. Genau in diesem Moment kam es zu folgenschweren Entscheidungen, die sich deshalb so fatal auswirken konnten, weil der demokratische Staat erheblich geschwächt war: Die Große Koalition war zerbrochen, die Macht des Präsidenten zu Lasten des Parlaments aufgewertet worden. Die Parteien befanden sich im Schockzustand, die Republik am Tiefpunkt ihres Ansehens. Der Sozialstaat stand unter Beschuss; die militärische Führung mischte sich destabilisierend in die Politik ein. Jetzt kam es entscheidend darauf an, wie die Kräfte an den Schalthebeln der Macht diese bedienen würden. Instrumente zum Erhalt der Demokratie lagen parat, wurden aber von den Entscheidungsträgern nicht angewandt, die irgendwelche Möglichkeiten einer republikanischen Sanierung nicht mehr sahen – oder sehen wollten.

Aufmarsch der SPD vom Oktober 1930 in Berlin: »Nazi-Sieg führt Deutschland in den Bürgerkrieg«. Der Sieg der NSDAP führt letztlich in die Diktatur.

Der in dem Krisengeheul immer stärker zu vernehmende Ruf nach einem starken Mann, so analysierte der Kommunist Wilhelm Pieck Ende 1929 im Reichstag, sei nichts anderes als die »Vorbereitung der offenen faschistischen Diktatur«. Es sollte so kommen. Ein die Klaviatur von Propaganda und Selbstinszenierung meisterlich beherrschender Demagoge nutzte die Notsituation von Staat und Wirtschaft. Es gehörte zur Tragik der Stunde, dass Hitler kein mit gleichem politischem Charisma und gleicher Popularität ausgestatteter republikanischer Gegenspieler von Format Paroli bieten konnte. Hitler und seine Bewegung boten allen etwas und sammelten die Unzufriedenen und die Protestierenden. Der rasante Aufstieg der Braunhemden konnte nur auf einem zerbröselnden Parlamentarismus erfolgen, als sich der Wähler von den alten Parteien ab- und sich jenen zuwandte, die eine neue vermeintlich sichere staatliche Ordnung jenseits der Parteiendemokratie offerierten.

Auch wenn die NSDAP spätestens mit dem Jahr 1930 als ernsthafte Bedrohung für den Fortbestand der Republik gesehen werden musste und die Gewalt bis in die kleinsten Dörfer getragen wurde, so hatte die Republik bis (fast) zuletzt die Chance, gerettet zu werden. Bis 1932 wäre im Rahmen der Verfassung – wenn auch in einer großen Kraftanstrengung und unter hoher Kompromissbereitschaft – um der Republik willen die Bildung einer die Demokratie stabilisierenden Regierung möglich gewesen. Ohne Mehrheit im Rücken hätte sie sich eben von Fall zu Fall um eine Mehrheit bemühen müssen. Das wäre nicht von vorneherein ein aussichtloses Unterfangen gewesen. Aber dieses alles war von den zentralen Entscheidungsträgern, die sich außerhalb demokratischer Vorstellungen bewegten, nicht mehr gewollt. Der fahrlässige Umgang mit der Verfassung in der Zeit der Präsidialkabinette untergrub die Republik und ebnete letztlich den Weg Hitlers zur Macht, der diese gewissenlos zur Zertrümmerung der ersten deutschen Demokratie und zum Aufbau einer menschenverachtenden Schreckensherrschaft nutzte.

Das Weimar-Experiment wurde Opfer einer zu allem entschlossenen antirepublikanischen Kampfbewegung, denen offen agierende, die Verfassung missbrauchende antidemokratische Kräfte in die Hände spielten. Das von den Nationalsozialisten geforderte Todesurteil fällte eine allzu bereitwillige antidemokratische Machtelite. Die Exekution fand in Anwesenheit einer Vielzahl von ganz unterschiedlichen Schaulustigen statt: Unwissende Claqueure standen neben anfeuernden Antirepublikanern, die das Szenario befördert hatten und nun mit Genugtuung quittierten. Es gab in der Menge aber auch die, die von Abscheu beseelt waren, die aber den Überlebenskampf der Republik mit Untätigkeit bis hin zum völligen Gesichtsverlust beigewohnt hatten. Viele von diesen, die angewidert die Zerstörung der Demokratie registrierten, aber apathisch und regungslos dem Untergang zusahen, überwinterten, zum großen Teil unbehelligt, im System Hitlers, was sie später mit dem Wort von der »inneren Emigration« umrissen. Es war ein Rückzug ins Schneckenhaus, wofür es gute Gründe gab: die Furcht um das eigene und der Familie Leben. Verfolgung durch das Terrorregime und Emigration in Staaten rund um den Globus war das Los vor allem derjenigen, die den Gang der Republik auf das

Schafott bis zuletzt mutig zu verhindern versucht hatten. Viele der Republikaner, allen voran aus den Reihen der Sozialdemokratie, und viele auch der für eine andere Gesellschaftsordnung eintretenden Kommunisten bezahlten für ihre Überzeugung und ihren Widerstand gegen den Nationalsozialismus mit dem Leben.

Die Republik kam nach langem Siechtum am 30. Januar 1933 zu Tode. Zuvor war dem auf dem Krankenbett liegenden Patienten keine oder die falsche Hilfe zu Teil geworden, bewusst oder unbewusst. Demokratische Mittel wurden ihm nicht verabreicht. Viele machten sich der unterlassenen Hilfeleistung, andere der aktiven Sterbehilfe schuldig. Der Totenschein wurde der Republik mit den Reichstagswahlen am 5. März 1933 ausgestellt.

Ihre Beerdigung erfolgte wenige Tage später mit dem von Hitler geforderten Ermächtigungsgesetz. Dessen Verabschiedung am 23. März durch den Reichstag wurde zu einem erbärmlichen Schauspiel mit dem Kotau der bürgerlichen Parteien, zugleich zu einem Fanal der Aufrichtigen mit dem Widerstand der Sozialdemokraten. Die bürgerlichen Mandatsträger der Mitte verhalfen dem Gesetz zur notwendigen Zweidrittelmehrheit und stießen die geöffnete Tür zur Diktatur weit auf. Die Abgeordneten der Zentrumspartei und auch die kleine Schar der Liberalen, die 14 Jahre zuvor zu den Mitbegründern der Republik gehört und diese durch die Zeit getragen hatten, ergaben sich und luden unendlich Schuld auf ihre Schultern. Nur die anwesenden 94 SPD-Abgeordneten verweigerten dem Diktator ihre Zustimmung; die gewählten Kommunisten waren bereits verhaftet, untergetaucht oder ins Ausland geflüchtet. Unter lebensbedrohlichen Begleitumständen hielt der SPD-Vorsitzende Otto Wels gegen die tobenden Nationalsozialisten eine mutige Rede für Freiheit und Demokratie, mit einem unerschrockenen Bekenntnis zur Republik, die nun nicht mehr existierte.

Epilog – Das Schicksal eines Republikaners

Am 17. März 1929 hält Philipp Scheidemann zwei öffentliche Reden, eine vormittags in Berlin, eine am Abend in seiner Geburtsstadt Kassel. Darin warnt der Sozialdemokrat, der schon 1919 öffentlich den Feind der Republik rechts verortet hat, vor einem Sieg der Nationalsozialisten: »Nehmen wir an, dass die Reaktion zum Siege gelangen könnte – glaubt jemand, dass drei Tage später noch ein Republikaner in seinem Amte sein würde?« Der Demokratiegründer und Republikverkünder beweist sich damit als Prophet. Seine Vorausschau zeigt allerdings nicht im Entferntesten auf, mit welcher Unmenschlichkeit die vier Jahre später von verantwortungslosen konservativ-antirepublikanischen Steigbügelhaltern in den Sattel der Macht gehobenen Nationalsozialisten zunächst das Deutsche Reich, dann die Welt überziehen werden. Das Ausmaß der Brutalität und Menschenverachtung liegt 1929 außerhalb des Vorstellbaren.

Philipp Scheidemann auf einer Versammlung der SPD 1922 in Kaub.

Als einer von den Nationalsozialisten meistgehassten Männer der ersten Republik muss Scheidemann Hals über Kopf Ende Februar 1933 emigrieren. Er flieht mit einer seiner drei Töchter über Prag, wo er vorübergehend in einer Ein-Zimmer-Wohnung Unterschlupf findet; schließlich gelangt er im August 1934 nach Kopenhagen. Die Nationalsozialisten, die ihm als Ikone der Republik bereits im August 1933 als einem der ersten die Staatsbürgerschaft aberkennen, rächen sich stellvertretend für den ihren Fängen Entkommenen an seinen beiden anderen im Reich des Unrechts verbliebenen Töchtern. Im Mai 1933 nehmen sich die älteste Tochter und deren Mann nach Misshandlungen durch die Nationalsozialisten das Leben. Die jüngste stirbt nach einer Operation 1935; die Verfolgung durch die Nationalsozialisten hat sie herzkrank gemacht.

Verbittert verstirbt der ausgebürgerte, heimatlose und besitzlose Philipp Scheidemann am 29. November 1939 in seinem Kopenhagener Exil, wenige Wochen nachdem Hitler mit dem Überfall auf Polen begonnen hat, die Welt in Trümmer zu legen. Etwa hundert deutsche Emigranten geben dem ersten Reichskanzler das letzte Geleit. Die Presse der Nationalsozialisten meldet mit zynischer Genugtuung den Tod eines »der unrühmlichst bekannten Figuren der Systemzeit«.

In der Tat ist Philipp Scheidemann ein Mann der »Systemzeit«, der ersten deutschen Demokratie, gewesen, die mit so viel Hoffnung gestartet ist. Er hat am 9. November 1918 mit seinem entschlossenen Auftritt vom Reichstag aus die Tür zur Republik weit aufgestoßen. Das sichert ihm einen vorderen Rang in der Geschichte der Weimarer Republik und auch einen dauerhaften Platz in der deutschen Demokratiegeschichte.

Anhang

Weiterführende Literatur

Hier wird nur eine begrenzte Auswahl angeführt: neben Gesamtdarstellungen Betrachtungen, die die einen vertiefenden Einstieg in einzelne Themen ermöglichen. Genannt werden vor allem die wichtigsten nach dem Jahr 2000 erschienenen Publikationen.

Überblicksdarstellungen und Übergreifendes (auch Aufsatzsammlungen)

Boldorf, Marcel u. a.: Die Republik von Weimar, Darmstadt 2018
Bracher, Karl Dietrich / Funke, Manfred / Jacobsen, Hans A. (Hrsg.): Die Weimarer Republik 1918–1933, Düsseldorf 1987
Büttner, Ursula: Weimar. Die überforderte Republik 1918–1933. Leistung und Versagen in Staat, Gesellschaft, Wirtschaft und Kultur, Stuttgart 2008
Dreier, Horst / Waldhoff, Christian (Hrsg.): Das Wagnis der Demokratie. Eine Anatomie der Weimarer Reichsverfassung, 2. Aufl. München 2018
Dreyer, Michael / Braune, Andreas (Hrsg.): Weimar als Herausforderung. Die Weimarer Republik und die Demokratie im 21. Jahrhundert, Stuttgart 2016
Föllmer, Moritz / Graf, Rüdiger (Hrsg.): Die »Krise« der Weimarer Republik. Zur Kritik eines Deutungsmusters, Frankfurt a. M. / New York 2005
Gessner, Dieter: Die Weimarer Republik, 3. Aufl. Darmstadt 2018
Graf, Rüdiger: Die Zukunft der Weimarer Republik. Krisen und Zukunftsaneignungen in Deutschland 1918–1933, München 2008
Hardtwig, Wolfgang (Hrsg.): Ordnungen in der Krise. Zur politischen Kulturgeschichte Deutschlands 1900–1933, München 2007
Hardtwig, Wolfgang (Hrsg.): Politische Kulturgeschichte der Zwischenkriegszeit 1918–1939, Göttingen 2005
Kluge, Ulrich: Die Weimarer Republik, Paderborn 2006
Kolb, Eberhard / Schumann, Dirk: Die Weimarer Republik, 8. Aufl. München 2013
Lehnert, Detlef: Die Weimarer Republik, 2. Aufl. Stuttgart 2009
Longerich, Peter: Deutschland 1918–1933. Die Weimarer Republik, Hannover 1995
Mai, Gunther: Die Weimarer Republik, 3. Aufl. München 2018
Möller, Horst: Die Weimarer Republik. Demokratie in der Krise, Neuaufl. München 2018
Mommsen, Hans: Die verspielte Freiheit. Aufstieg und Untergang der Weimarer Republik, Neuaufl. Berlin 2018

Peukert, Detlev J. K.: Die Weimarer Republik. Krisenjahre der klassischen Moderne, Frankfurt a. M. 1987
Pyta, Wolfram: Die Weimarer Republik, Opladen 2004
Schildt, Axel: Die Republik vom Weimar. Deutschland zwischen Kaiserreich und »Drittem Reich« (1918–1933), 3. Aufl. Erfurt 2016
Schulz, Gerhard (Hrsg.): Ploetz – Weimarer Republik. Eine Nation im Umbruch. Freiburg / Würzburg 1987
Schulze, Hagen: Weimar. Deutschland 1917–1933, Berlin 1994
Wehler, Hans-Ulrich: Deutsche Gesellschaftsgeschichte. Vierter Band: Vom Beginn des Ersten Weltkriegs bis zur Gründung der beiden deutschen Staaten 1914–1949, München 2003
Weigel, Björn: Die Weimarer Republik. Politik, Kultur und Gesellschaft 1918–1933, Berlin 2017
Winkler, Heinrich August: Weimar 1918–1933. Die Geschichte der ersten deutschen Demokratie, Neuausgabe München 2018
Wirsching, Andreas: Die Weimarer Republik. Politik und Gesellschaft, 2. Aufl. München 2008

Revolution 1918/19 (Allgemein)

Braune, Andreas / Dreyer, Michael (Hrsg.): Zusammenbruch, Aufbruch, Abbruch? Die Novemberrevolution als Ereignis und Erinnerungsort, Stuttgart 2019
Führer, Karl Christian u. a. (Hrsg.): Revolution und Arbeiterbewegung in Deutschland 1918–1920, Essen 2013
Gallus, Alexander (Hrsg.): Die vergessene Revolution von 1918/19, Göttingen 2010
Gerwarth, Robert: Die größte aller Revolutionen. November 1918 und der Aufbruch in eine neue Zeit, München 2018
Holzer, Anton (Hrsg.): Krieg nach dem Krieg: Revolution und Umbruch 1918/19, Darmstadt 2017
Jones, Mark: Am Anfang war Gewalt. Die deutsche Revolution 1918/19 und der Beginn der Weimarer Republik, Berlin 2017
Käppner, Joachim: 1918. Aufstand für die Freiheit. Die Revolution der Besonnenen, München 2017
Keil, Lars-Broder / Kellerhoff, Sven Felix: Lob der Revolution. Die Geburt der deutschen Demokratie, Darmstadt 2018
Niess, Wolfgang: Die Revolution von 1918/19. Der wahre Beginn der Demokratie, Berlin 2017
Platthaus, Andreas: Der Krieg nach dem Krieg. Deutschland zwischen Revolution und Versailles 1918/19, Berlin 2018
Regulski, Christoph: Die Novemberrevolution 1918/19, Wiesbaden 2018

Nationalversammlung und Verfassung

Bollmeyer, Heiko: Der steinige Weg zur Demokratie. Die Weimarer Nationalversammlung zwischen Kaiserreich und Republik, Frankfurt a. M. 2007

Braune, Andreas / Dreyer, Michael: Weimarer Republik. Nationalversammlung und Verfassung, Erfurt 2016

Buchner, Bernd / Roßberg, Julia / Schultheiß, Michael (Hrsg.): Weimar und die Republik. Geburtsstunde eines demokratischen Deutschlands, Weimar 2009

Di Fabio, Udo: Die Weimarer Verfassung. Aufbruch und Scheitern. Eine verfassungshistorische Analyse, München 2018

Die Weimarer Verfassung. Wert und Wirkung für die Demokratie. Hrsg. von der Friedrich-Ebert-Stiftung, Landesbüro Thüringen, Erfurt 2009

Gruhlich, Rainer: Geschichtspolitik im Zeichen des Zusammenbruchs. Die Deutsche Nationalversammlung 1919/20: Revolution – Reich – Nation, Düsseldorf 2012

Gusy, Christoph: 100 Jahre Weimarer Verfassung. Eine gute Verfassung in schlechter Zeit, Tübingen 2018

Holste, Heiko: Warum Weimar? Wie Deutschlands erste Republik zu ihrem Geburtsort kam, Köln / Weimar / Wien 2018

Kühne, Jörg-Detlef: Die Entstehung der Weimarer Reichsverfassung. Grundlagen und anfängliche Geltung, Düsseldorf 2018

Sobiella, Jörg: Weimar 1919. Der lange Weg zur Demokratie, Halle 2019

Parlament, Parteien, Verbände

Brandt, Peter / Lehnert, Detlef: »Mehr Demokratie wagen«. Geschichte der Sozialdemokratie 1830–2010, Berlin 2013

Heinsohn, Kirsten: Konservative Parteien in Deutschland 1912 bis 1933. Demokratisierung und Partizipation in geschlechterhistorischer Perspektive, Düsseldorf 2010

Hoppe, Bert: In Stalins Gefolgschaft. Moskau und die KPD 1928–1933, München 2007

Mergel, Thomas: Parlamentarische Kultur in der Weimarer Republik. Politische Kommunikation, symbolische Politik und Öffentlichkeit im Reichstag, Düsseldorf 2002

Ohnezeit, Maik: Zwischen »schärfster Opposition« und dem »Willen zur Macht«. Die Deutschnationale Volkspartei (DNVP) in der Weimarer Republik 1918–1928, Düsseldorf 2011

Potthoff, Heinrich: Freie Gewerkschaften 1918–1933. Der Allgemeine Deutsche Gewerkschaftsbund in der Weimarer Republik, Düsseldorf 1987

Raithel, Thomas: Das schwierige Spiel des Parlamentarismus. Deutscher Reichstag und französische Chambre des Députés in den Inflationskrisen der 1920er Jahre, München 2005

Richter, Ludwig: Die Deutsche Volkspartei 1918–1933, Düsseldorf 2002

Schneider, Michael: Kleine Geschichte der Gewerkschaften. Ihre Entwicklung in Deutschland von den Anfängen bis heute, Bonn 2000

Schönhoven, Klaus: Reformismus und Radikalismus. Gespaltene Arbeiterbewegung im Weimarer Sozialstaat, München 1989

Wein, Susanne: Antisemitismus im Reichstag. Judenfeindliche Sprache in Politik und Gesellschaft der Weimarer Republik, Frankfurt a. M. 2014
Winkler, Heinrich August: Von der Revolution zur Stabilisierung. Arbeiter und Arbeiterbewegung in der Weimarer Republik 1918 bis 1924, Berlin / Bonn 1984
Winkler, Heinrich August: Der Schein der Normalität. Arbeiter und Arbeiterbewegung in der Weimarer Republik 1924 bis 1930, Berlin / Bonn 1985
Winkler, Heinrich August: Der Weg in die Katastrophe. Arbeiter und Arbeiterbewegung in der Weimarer Republik 1930 bis 1933, Berlin / Bonn 1987

Außenpolitik

Blessing, Ralph: Der mögliche Frieden. Die Modernisierung der Außenpolitik und die deutsch-französischen Beziehungen 1923–1929, München 2008
Conze, Eckart: Die große Illusion. Versailles 1919 und die Neuordnung der Welt, München 2018
Kolb, Eberhard: Der Frieden von Versailles, 3. Aufl. München 2019
Kraus, Hans-Christof: Versailles und die Folgen. Außenpolitik zwischen Revisionismus und Verständigung 1919–1933, Berlin 2013
Krüger, Peter: Versailles. Deutsche Außenpolitik zwischen Revisionismus und Friedenssicherung, München 1986/1993
Krüger, Peter: Die Außenpolitik von Weimar, Darmstadt 1985
Leonhard, Jörn: Der überforderte Frieden. Versailles und die Welt 1918–1923, 2. Aufl. München 2019
Niedhart, Gottfried: Die Außenpolitik der Weimarer Republik, 3. Aufl. München 2013

Biografisches (Politik)

Baddack, Cornelia: Katharina von Kardorff-Oheimb (1879–1962) in der Weimarer Republik. Unternehmenserbin, Reichstagsabgeordnete, Vereinsgründerin, politische Salonnière und Publizistin, Göttingen 2016
Braun, Bernd / Hörster-Philipps, Ulrike: In jeder Stunde Demokratie. Joseph Wirth (1879–1956). Ein politisches Porträt in Bildern und Dokumenten, Freiburg 2016
Braun, Bernd: Die Reichskanzler der Weimarer Republik. Von Scheidemann bis Schleicher, Stuttgart 2013
Braun, Bernd: Die Weimarer Reichskanzler. Zwölf Lebensläufe in Bildern, Düsseldorf 2011
Dowe, Christopher: Matthias Erzberger. Ein Leben für die Demokratie, Stuttgart 2011
Gasteiger, Daniela: Kuno von Westarp (1864–1945). Parlamentarismus, Monarchismus und Herrschaftsutopien im deutschen Konservatismus, München 2018
Hömig, Herbert: Brüning. Kanzler in der Krise der Republik. Eine Weimarer Biographie, Paderborn 2000
Kolb, Eberhard: Gustav Stresemann, München 2003
Möckelmann, Reiner: Franz von Papen. Hitlers ewiger Vasall, Darmstadt 2016

Mühlhausen, Walter: Friedrich Ebert 1871–1925. Reichspräsident der Weimarer Republik, 2. Aufl. Bonn 2007
Mühlhausen, Walter: Friedrich Ebert, Bonn 2018
Mühlhausen, Walter: Friedrich Ebert. Sein Leben in Bildern. Hrsg. von der Stiftung Reichspräsident-Friedrich-Ebert-Gedenkstätte, Ostfildern 2019
Pohl, Karl Heinrich: Gustav Stresemann. Biografie eines Grenzgängers, Göttingen 2015
Pyta, Wolfram: Hindenburg. Herrschaft zwischen Hohenzollern und Hitler, München 2007
Reichel, Peter: Der tragische Kanzler. Hermann Müller und die SPD in der Weimarer Republik, München 2018
Sternburg, Wilhelm von (Hrsg.): Die deutschen Kanzler. Von Bismarck bis Merkel, Berlin 2006
Strenge, Irene: Kurt von Schleicher. Politik im Reichswehrministerium am Ende der Weimarer Republik, Berlin 2006
Volkmann, Peer Oliver: Heinrich Brüning (1885–1970). Nationalist ohne Heimat. Eine Teilbiographie, Düsseldorf 2007
Wright, Jonathan: Gustav Stresemann 1878–1929. Weimars größter Staatsmann, München 2006

Kunst und Kultur

Becker, Sabina: Experiment Weimar. Eine Kulturgeschichte Deutschlands 1918–1933, Darmstadt 2018
Hoeres, Peter: Die Kultur von Weimar. Durchbruch der Moderne, Berlin 2008
Nerdinger, Winfried: Das Bauhaus. Werkstatt der Moderne, München 2018
Nippoldt, Robert / Pofalla, Boris: Es wird Nacht im Berlin der wilden Zwanziger, Köln 2017
Pfeiffer, Ingrid (Hrsg.): Glanz und Elend in der Weimarer Republik, Frankfurt a. M. 2017

Weitere Einzelaspekte

Beckstein, Hermann: Städtische Interessenpolitik. Organisation und Politik der Städtetage in Bayern, Preußen und dem Deutschen Reich 1896–1923, Düsseldorf 1991
Braun, Michael: Der badische Landtag 1918–1933, Düsseldorf 2009
Ein Staatsstreich? Die Reichsexekution gegen Preußen. Darstellungen und Dokumente, Berlin 2007
Gusy, Christoph (Hrsg.): Demokratisches Denken in der Weimarer Republik, Baden-Baden 2000
Hagemann, Karen: Frauenalltag und Männerpolitik. Alltagsleben und gesellschaftliches Handeln von Arbeiterfrauen in der Weimarer Republik, Bonn 1990
Heinemann, Patrick Oliver: Rechtsgeschichte der Reichswehr 1918–1933, Paderborn 2018
Hermann, Konstantin / Schmeitzner, Mike / Steinberg, Swen (Hrsg.): Der gespaltene Freistaat. Neue Perspektiven auf die sächsische Geschichte 1918 bis 1933, Leipzig 2019
John, Anke: Der Weimarer Bundestaat. Perspektiven einer föderalen Ordnung (1918–1933), Wien / Köln / Weimar 2012

Keller, Peter: »Die Wehrmacht der Deutschen Republik ist die Reichswehr«. Die deutsche Armee 1918–1921, Paderborn 2014

Krumeich, Gerd: Die unbewältigte Niederlage. Das Trauma des Ersten Weltkriegs und die Weimarer Republik, Freiburg 2018

Linnemann, Dorothee (Hrsg.): Damenwahl! – 100 Jahre Frauenwahlrecht. Begleitbuch zur Ausstellung, Frankfurt a. M. 2018

Metzler, Gabriele / Schumann, Dirk (Hrsg.): Geschlechter(un)ordnung und Politik in der Weimarer Republik, Bonn 2017

Mühlhausen, Walter: Das große Ganze im Auge behalten. Philipp Scheidemann – Oberbürgermeister von Kassel 1920–1925, Marburg 2011

Peter, Lewek: Arbeitslosigkeit und Arbeitslosenversicherung in der Weimarer Republik 1918–1927, Stuttgart 1992

Reulecke, Jürgen (Hrsg.): Die Stadt als Dienstleistungszentrum. Beiträge zur Geschichte der Sozialstadt in Deutschland im 19. und frühen 20. Jahrhundert, St. Katharinen 1995

Schmidt, Manfred G.: Der deutsche Sozialstaat. Geschichte und Gegenwart, München 2012

Schmidt, Manfred G.: Sozialpolitik in Deutschland. Historische Entwicklung und internationaler Vergleich, 2. Aufl. Wiesbaden 2005

Schönhoven, Klaus / Mühlhausen, Walter (Hrsg.): Der deutsche Sozialstaat im 20. Jahrhundert. Weimarer Republik, DDR und Bundesrepublik Deutschland im Vergleich, Bonn 2012

Schumann, Dirk: Politische Gewalt in der Weimarer Republik 1918–1933. Kampf um die Straße und Furcht vor dem Bürgerkrieg, Essen 2001

Weber, Petra: Gescheiterte Sozialpartnerschaft – Gefährdete Republik? Industrielle Beziehungen, Arbeitskämpfe und der Sozialstaat. Deutschland und Frankreich im Vergleich (1918–1933/39), München 2010

Wirsching, Andreas / Kohler, Berthold / Wilhelm, Ulrich (Hrsg.): Weimarer Verhältnisse? Historische Lektionen für unsere Demokratie, Ditzingen 2018

Ziemann, Benjamin: Veteranen der Republik. Kriegserinnerung und demokratische Politik 1918–1933, Bonn 2014

Personenregister

(ohne Autoren und Autorinnen)

Abkürzungen

ADGB	Allgemeiner Deutscher Gewerkschaftsbund
BVP	Bayerische Volkspartei
CNBL	Christlich-Nationale Bauern und Landvolkpartei
DDP	Deutsche Demokratische Partei
DNVP	Deutschnationale Volkspartei
DStP	Deutsche Staatspartei
DVP	Deutsche Volkspartei
KAG	Kommunistische Arbeitsgemeinschaft
KPD	Kommunistische Partei Deutschlands
KVP	Konservative Volkspartei
NSDAP	Nationalsozialistische Deutsche Arbeiterpartei
O. C.	Organisation Consul
OHL	Oberste Heeresleitung
RDI	Reichsverband der Deutschen Industrie
SED	Sozialistische Einheitspartei Deutschlands
SPD	Sozialdemokratische Partei Deutschland
USPD	Unabhängige Sozialdemokratische Partei Deutschlands
VDAV	Vereinigung der Deutschen Arbeitgeberverbände
WP	Wirtschaftspartei

Bildnachweis

Archiv der sozialen Demokratie, Bonn: 12, 14, 18, 22, 23, 29, 35, 39, 42, 58, 66, 90, 98, 106, 112, 119, 133, 154, 158, 168, 174, 203, 231
Bildarchiv Preußischer Kulturbesitz, Berlin: 211
Bundesarchiv Koblenz: 50 (Bild 102-00685), 54 (Bild 102-04817), 63 (Bild 102-09696), 92 (Bild 146-1971-109-42), 114 (Bild 183-R14433), 164 (Bild 183-R32437), 172 (Bild 102-10677), 175 (Bild 102-02441), 181 (Bild 102-00337A), 184 (Bild 102-00700), 188 (Bild 102-09663), 201 (Bild 102-11682), 226 (Bild 102-13228), 229 (Bild 102-13324), 233 (Bild 183-R90629), 240 (Bild 102-10544)
Bundesarchiv Berlin, SAPMO: 53 (Bild Y-1-542-26970), 177 (Bild Y-1-335-26958)
Historisches Museum Frankfurt a. M.: Umschlag (Bild C 25.866 d)
Stadtarchiv Kassel: 141, 161, 243
Stiftung Reichspräsident-Friedrich-Ebert-Gedenkstätte, Heidelberg: 61, 83, 199, 218, 222, 223
Wolfgang Haney (†), Berlin: 108
Walter-Ballhause-Archiv, Plauen: 238

Der Autor

Walter Mühlhausen (*1956 im nordhessischen Eichenberg), Historiker, ist Geschäftsführer und Vorstandsmitglied der Stiftung Reichspräsident-Friedrich-Ebert-Gedenkstätte in Heidelberg und lehrt als apl. Professor an der Technischen Universität Darmstadt, wo er sich 2006 habilitierte. Seine Forschungsschwerpunkte sind die Geschichte der Arbeiterbewegung und der Weimarer Republik sowie die hessische Zeitgeschichte.